战胜胆怯，体验成功，实现梦想

Your First Year in Network Marketing

直销第一年

（白金版）

［美］马克·亚内尔 瑞恩·瑞德·亚内尔 著

曹海波 张兴权 译

電子工業出版社

Publishing House of Electronics Industry

北京·BEIJING

版权贸易合同登记号　图字：01-2006-0688

图书在版编目（CIP）数据

直销第一年：白金版 /（美）亚内尔（Yarnell,M.），（美）亚内尔（Yarnell,R.R.）著；曹海波，张兴权译. —北京：电子工业出版社，2012.6
书名原文：Your First Year in Network Marketing
ISBN 978-7-121-17074-4

Ⅰ. ①直…　Ⅱ. ①亚…　②亚…　③曹…　④张…　Ⅲ. ①销售－基本知识　Ⅳ. ①F713.3

中国版本图书馆 CIP 数据核字（2012）第 101008 号

策划编辑：刘露明
责任编辑：马晓云
印　　刷：河北虎彩印刷有限公司
装　　订：河北虎彩印刷有限公司
出版发行：电子工业出版社
　　　　　北京市海淀区万寿路 173 信箱　邮编 100036
开　　本：720×1000　1/16　印张：14　字数：220 千字
版　　次：2007 年 1 月第 1 版
　　　　　2012 年 6 月第 3 版
印　　次：2025 年 6 月第 28 次印刷
定　　价：52.00 元

凡所购买电子工业出版社图书有缺损问题，请向购买书店调换。若书店售缺，请与本社发行部联系，联系及邮购电话：（010）88254888，88258888。
质量投诉请发邮件至 zlts@phei.com.cn，盗版侵权举报请发邮件至 dbqq@phei.com.cn。
本书咨询联系方式：（010）88254199，sjb@phei.com.cn。

前　言

作为一个商报记者和自由撰稿人，我从事直销方面的研究已有8个年头了，并且自己也写了一些相关的书籍。在这期间，曾有幸采访了这个行业的一些巨头，聆听他们介绍自身的成功经验。而由马克和瑞恩写成的《直销第一年》，是我读过的内容最丰富、最实用的一本书。尽管我自认为对直销有深入的研究，可是通过拜读本书所得的收获比我过去所有年头学的总和都要多。

当然，给我印象最深刻的绝不是这本书，从第一次接触马克·亚内尔，我就知道他是一个善于与人沟通的人。对于许多从事直销多年的人来说，当你跟他们谈起怎样搞好直销、要注意什么时，许多人可能一时之间无从说起。但是马克不同，他充满着智慧和热情，总会用商人独有的睿智、浅显易懂的语言，把他的成功经验娓娓道来，让人受益匪浅。在几次印象深刻的采访中，马克讲述的他的经历和其独特的见解给了我很大的启发，促成我最终写成了《第三波营销》一书。读者可以从书中读到瑞恩如何与她能干的丈夫结成不败联盟，一起经历风风雨雨。读者可以和书中的主人公一起体验他们在艰难时刻的辛酸和在成功时刻的喜悦。本书呈现给读者的是一幅非比寻常的真实画面，从中我们可以领悟直销行业的真谛，以及如何才能取得成功。

本书绝不是教你如何一夜暴富，瑞恩家族经历了无数的艰辛才积累了上亿的资产。大家都清楚，商场是残酷无情的，只有具备了超人的毅力，经过不懈的努力，并且持之以恒，才有可能赢得财富并获得成功。

建议那些刚刚步入直销领域的人一定要读读本书，因为你可以从中了解哪些地方最容易出现失误，以及诸如如何合理避税之类的经验与体会。书中每个要点都使用了真实的事例，并且语言浅显易懂，介绍的方法行之有效。凡是想拿工作当回事的网络工作者，本书非读不可。如果你是一个工作认真负责的人，如果你第一次接触直销，这本书真的值得一读。

——理查德·波，《第三波营销》《建立你的下线》的作者

（本书介绍的是美国的直销模式，谨供读者参考。——编者注）

导　言

《韦伯词典》把“生存”一词解释为活着或存在着，尤其指在别人死去，你却依然活着，这才叫生存。直销就是如此。在许多时候，生存就是当同行人都接二连三被淘汰后，你还能在行业中立足并能不断发展。要达到这种境界，认真是一个很重要的因素。只要在这个行业中始终如一地努力工作，终究是会成功的。那些失败者最大的敌人往往是他们自身，他们自己不断地做重复劳动，使自己通往成功的道路复杂化而终不能成功。

当然，情况因人而异。有些人把直销当做摇钱树，有些人却把做这行当做享受。后者通过组合营销法扩大了朋友圈子，给自己的信心增加了砝码，获得了更大的成就感，他们仍是属于这个行业的，只是赚不到大钱而已。当然，赚钱也不是他们的最终目的，本书中有很多他们的故事。事实上，成功的例子不胜枚举，许多优势、好处只有设身处地才能体验到。

在直销这个行业，不持之以恒，就会灭亡，中途退出则注定会失败。第一年过后，建立起自己的分销商就向成功迈出了很大一步。据分析，那些在直销行业做了十几年的人有近 95%认为他们所获得的财富比他们预想的最大金额还要多。这些人不仅获得了金钱方面的巨大回报，同时也有了大把“自由时间”，也就是说，可以有足够的时间跟你喜欢的人一起去做你梦寐以求的事情。

在这个传统行业的保险系数越来越小的时期，直销至少从字面上来讲是最后的自由产业。在直销这个行业，平民百姓都可以以小股投资，通过纯粹的个人考虑做出决定，可以慢慢地获得财富上的回报，并且可以有许多自己自由的空间。这样可以避免许多传统行业的缺陷，如支付工人工资、广告费用等。直销有它自己完全不同的一套。一旦把这些理解了，一切就迎刃而解了。从最初，我们就坚信成功与否主要取决于能否意识到会出现什么问题，以及我们如何解决这些问题。这也正是本书所关注的。

追本溯源，直销行业兴起于20世纪40年代，当时也正是纽崔莱公司开发的辅食添加产品刚刚上市的时候。10年之后，安利品牌已经涉足家居用品。50多年过去了，这个行业已经逐渐成熟并开发出了一个合法有效的销售渠道，这正迎合了这个行业以后的长远发展，引发了商界的又一次浪潮。我们得感谢瑞兹·德沃思和杰万·阿德尔，正是他们的远见卓识使他们能成为这个行业的先行者。单是在美国，直销的年均销售额就接近2 000万美元，消费者达到约800万人。在世界范围内，约有3 000万名独立的直销人员可以售出超过100万种产品和服务项目。并且不要忘记，我们的这个行业还刚起步，很年轻，前景是光明而美好的。几项研究都表明：在西方国家，21世纪初，就会有1/3的商品和服务项目的交易会通过网络来进行；在发展中国家，到2010年，将会有高达50%的商品和服务项目通过网络进行交易。

有史以来，这个行业都是以物品的销售为动力的。可以买卖的东西可谓琳琅满目，包括起初的个人护理产品、维他命或营养添加剂、家居产品，以及休闲和益智类产品。自20世纪80年代开始，服务占的比重越来越大，尤其是电信产业最为明显。其他的服务包括信用卡、金融服务、保险和预付法律服务项目、旅游、自我发展项目等。在1998—2002年间，许多公共事业日渐下滑的时候，直销公司乘虚而入，在销售市场中的地位日渐高涨。

我们的直销业正在日新月异地成熟起来，这一点可以通过近20年来的销售业绩来证明，这些直销公司都可以公开在纽约股票交易系统上运作。许多其他公司也会相继加入。因此，一旦上市，这些公司就必须保证和维护自身的良好商业行为，这也在无形中提升了直销业的整体形象。

投资者对已经上市运作的直销公司给予了一致好评。*Up Line*杂志是一本关于工业贸易的出版物，这本刊物创办了“线上指数”栏目，主要跟踪报道已上市的直销公司的经济状况。1996年，直销业的股票市场价值指数增加了0.63点，而道琼斯工业平均增长指数是0.34点。与一般公司相比，直销公司的增长指数高了近两倍，这无疑会极大地刺激直销投资者。

在直销行业开展之初，人均网上交易的消费只达到200～300美元，这个数字还包括人们购买的一些极其普通的个人或公共消费品。产品或服务项目靠口碑来销售；产品直接从生产者手里到了消费者手里，没有经过中间的代理商和经销商，这些代理商与经销商和产品的销售与生产完全没有关系。产品卖出去之后，直销公司就可以收到回报，这些收入相当于许多大公司的广告费。许多年以来，我们一致认为口头宣传是最好的广告形式，直销难道不是最有利的销售方式吗?

在我们从事直销以后共同经历的20多年里，我们前后录制了20多盘录音磁带，一直畅销的一盘叫做《如果直销法奏效的话，我们为何还会如此苦闷？》。人们之所以喜欢这盘磁带，主要的原因我想是由于我们敢于把我们这个行业的缺陷告诉大家。撇开成功不谈，我们必须得承认，在起初的几年里，打退堂鼓的想法会有，而且不止一次。其实，如果在创业之初就听了我们的磁带，许多棘手问题都可以解决。可惜的是有些人听到磁带的时候已经太晚了，他们已经失去了创业之初的那种动力和激情，而在直销这个行业，这种动力和激情对于成功又是必不可少的。无论出于什么原因，在刚起步的几个月里，一旦丧失了创业的动力和激情，成功的机会就会变得微乎其微。在这个行业中有一条流行谚语："新发掘一个销售商远比挽救一个没落的销售商容易得多。"然而，当本书穿过大西洋远播瑞士的时候，我们才真正意识到，它确实能够拯救许许多多丧失信心的直销者，前提是他们都能阅读本书，了解这个行业中实实在在发生过的传奇。

我们所叙述的也许只是这些故事的细枝末节，我们希望它能影响您的生活。这里有必要提一下道格·威德，他是历史最悠久、最大的组合营销公司的老总。在介绍他的故事之前，我们先来介绍一下道格·威德先生本人。海湾战争开始的那天晚上，你还能看到道格·威德先生接受丹·瑞泽的电视采访。之后，道格成为布什总统的特邀顾问，成了《纽约时报》《新闻周刊》《世界报道》《华盛顿邮报》《华尔街日报》和其他数百种核心出版物的红人。他写的26本书被翻译成15国语言，销量超过300万册。除了6年的政治幕僚生涯，道格在世的最后20年都致力于直销、创建营销组织、研究撰写直销的书籍。1997年，道格还向波兰、匈牙利、法国、土耳其、英国、澳大利亚、印度尼西亚和美国等国家的一些礼堂、大型足球运动场推荐优秀的直销商。

像道格这样一个传奇式的人物是如何处理金钱、信誉、自由时间和权利间的关系呢？1979年，当他跟潘德布尼和波士顿商学院的大主教伯纳德一起并肩作战的时候，道格就创办了至今仍是世界著名的救济组织——国际慈善公司。1997年，这家公司向世界范围内的各个灾区捐助了价值7 300万美元的药品和救济物资。

道格如何看待他在直销这个行业中的最初时光呢？现在，我们一起通过他那风趣有力的笔锋来看一下吧。

“很多人之所以会选择直销这个行业，多半是出于想遭遭罪的心理。从本质上说，我们最初正是因为讨厌自己才选择网络行业的。我们认为这会让我们受点儿磨难。我需要这个。这确实会让我感到痛苦，但在我看来这很值。”

“你或许不会知道我是多么的成功。赚钱、周游世界、总统接见、参与慈善事业，对于我来说，没有什么事情是做不成功的。甚至我想失败都很难。”

“从这个角度来说，我预料到在网络市场上我可能遇到的麻烦就是信心的丧失。因为我不存在四处碰壁的问题。我喜欢跟所有人打交道，包括会拒绝我的人。对于那些会拒绝我的人，在他们做出决定之前，我会比他们更快看清形势并采取行动。每次被拒绝都是对负面自我形象的积极重塑。同样，不吃、不睡、也不为了赚钱，完全是我自找的，我曾有这么个傲慢自大的想法，要想在这个梦想的旅途上走好，这些是必需的。”

“不，对我来说，身体上的劳累还真不是问题。金钱、人力、物力和时间这些都不是问题。对我来说，挑战完全是自我挑战。一直都是如此，一开始的斗争都是心理上的。当然，我能应付，任何人都能。真正烦人的、一直缠着你不放的问题是：我应该这样做吗？这样对吗？这是我想过的生活吗？诸如此类。”

“不自信是最伤脑筋、最累人的。不自信可以很容易地使你所做的一切前功尽弃，也会在顷刻间把你的热情浇灭。”

“我们把直销行业看做一台传感器，从事这个行业是我一生中遇到的第一次挑战。虽然这个行业不会影响你的情感和心理，你的态度却很容易影响这个行业。它只会像冷冰冰的计算器一样吞噬数字。对我来说，解决问题的办法就是多学、生存，然后能够踏实地往前走。首先，我不能退缩。随着时间的过去，当我慢慢地沉浸在这种坏心情中时，这种感觉成倍地增加。”

“‘自信，你必须得自信。’他们不停地告诉我。我甚至必须得按照他们说的去做。2乘以2得4，你想不想结果都是4，这是不变的事实。除了自我的因素，我的生意还是有一定进展的。”

“累？思想上大概会累，精神上或许也会累。但是这些困难到最后展示给你的就是成功或失败。对于经受了战争创伤的疲惫灵魂来说，贫穷并不是最终的避难所。而且，我也克服了这些困难，然后用赚的钱与人合办了现在的国际慈善公司。1997 年，我们在世界各个地方捐助了价值 7 300 万美元的食物和药品。我终于给自己的问题找到了答案。”

我们希望本书也可以解决你们内心的问题。本书能及时提醒大家哪里容易出问题、该注意什么，从而使那些初入直销行业的新人快速成长，不会因受挫而丧失最初的热情和动力。这也是我们的愿望。因为一旦没有了动力，一切努力就会化为乌有。在这个行业的第一年，工作不仅仅是充满挑战的，它更像是战斗。你要在危机四伏的环境中学会生存。也许你还没有觉察到即将到来的危险，可是当危险一下子突然袭击你的时候，你会不知所措。写这本书的最初目的就是让大家未雨绸缪，在“战争”真正开始之前就彻底了解对手，做到有备无患，而不至于被动挨打。同样的道理，在你从事直销这个行业的第一年，一旦问题或矛盾将要出现了，而你已经做好了充分的准备——必要的技巧和“武器”，你就会安然无恙。相信我们，在第一年中最主要的就是能立足。从公司调查的数字来看，在第一年中，有超过 60%的直销从业者会半途而废，不管我们的切身经历还是这些公司的统计数字都证明了这一点。因此，第一年是整个从业历程中最重要的阶段。在家上班一个月赚的钱比一个儿科心脏病专家连带他手下十个工作人员一年赚的总和还要多，这是可能的。只要是个正常人，难道有谁不愿意用 1～2 年的时间来研究一下“直销”吗？跟医生 12 年的钻研历程相比，只花费一年的时间，这难道不是一件极惬意的事吗？

比起代理人佣金和直接的雇用佣金，我们这个行业的损耗率算比较低的。我们需要尽力来帮助那些新手，让他们知道接下来会出现什么问题，以及如何应对才能克服这些困难和问题，这些都是至关重要的。

业内人都这么认为：每个出色的直销商起初并不是一个优秀的营销商，我们也都是如此。遗憾的是，我们中的任何人，在做出努力的时候，都是很容易受伤的，至少在最开始的时候是这样的，这是生活中的一个事实。尽管直销的学习培训环节相对简单，但是这个环节对于许多新手来讲压力也很大。原因很简单，没有什么比被家人或朋友抛弃更让人心痛的了。如果在前四五个月，那些你熟悉、喜爱和尊敬的人每天都对你翻白眼，嘲笑你，用不了多久你就会信心全无。然而，如果你能明确知道你想要什么，而不是被动地、傻傻地被人勾引、欺骗、纠缠的话，那么即使在起始阶段，直销也是挺有趣、让人相对舒心的。充分的准备和必要的了解都很重要。

在本书中，我们详细说明了在第一年都会遇到哪些不可避免的棘手问题以及应对的有效策略。这些策略都是实用的，绝非单纯空洞的理论。更重要的是，它们教你提前做准备，了解一些生存策略。我们还会鼓励你坚持下去，这样你就会避免打退堂鼓，也不会挫了你最初的锐气，能够长久地走下去，这样获得财富、取得成功的概率就大得多。

我们拥有丰富的资源库，我们可以从中吸取经验和教训。在过去几年里，我们曾有幸和芝加哥伊利诺伊州哈佛大学的查尔斯·金博士合作讲授了美国唯一的大学水平的直销资格认证课程。来自美国和其他国家不同公司的顶级直销人员和 CEO 参加了我们的课程，并与我们进行了许多重要的私人接触。在授课同时，我们也从我们的学生那里学到了很多。这些经历在书中都有记录。这些经历并不单单在我们身上发生，在其他出众的人物身上也都发生过，许多大人物的名字都会在书中出现。所以，如果你是刚入行的新手，我们有足够的信心，并且会尽最大的努力让你学到行之有效的生存之道。利用书中所列出的一些简单易行的策略，许多业内人士不但轻松度过了第一年的艰难时刻，而且逐渐发展壮大，成为国际知名的行业领头羊。过了第一年，你也就有极大的机会去创造这样的奇迹。

在我们的第一本书《强大的组合营销》中，我们就向大家展示了成功背后的理论，我们尽量用生动的形式让大家知道成功的秘诀。但是在本书中，我们真正在让事实说话，就是通过可能发生或者已经发生的具体事例来指导那些经验不丰富的新手。理论上，人们只要意识到问题的存在，其实已经把问题解决了 90%。许多心理学家都赞成这一理论，我们也这么认为。我们热切地期望，在读过这本书之后，一个成功的直销者在他们入行之初所遇到的问题都可以迎刃而解。我们愿意与大家共享这些来自实践的、有力的生存策略，这些策略都来自行业中的精英之手，遵从它们，你也会获得极大的成功。

我们很幸运，查尔斯·金博士从专业的角度对直销进行了高质量的分析，这使本书的受众范围更加广泛。许多最重要的数据都是由他辛苦收集整理的。从金博士那里，我们学会了很多面向这个行业的心理工作和营销技巧。整本书都闪现着他思想的火花。在过去几年里，他敏锐的洞察力使我们受益匪浅。他和他能干的妻子桑德拉执教了大学的整个资格认证课程。有近千名学员修完课程并成为直销业的行家，所以要特别感谢查尔斯和桑德拉。

直销确实是资本主义发展史上的一个很好机遇，我们深深地意识到，我们有幸加入了这个行业。所以，当顶好出版社（Prima Publishing）联系我们出书的时候，我们欣然同意。在成功出版了理查德·波传奇性的《第三波营销》之后，我们又向前跃了一大步。

正如行业中所提倡的，我们认为当一家网络公司失利后，所有员工都会遭难。行业将来的发展靠的是我们现在的相互合作而不是相互敌对，行业扩展的成功靠的是提升组合营销公司的产品，而不是毁坏名誉、希望和梦想——只有这样，直销行业才能在所有的自由行业中成为最有前景的职业。一些直销者错误地认为要成功就得把竞争对手打倒，他们不知道，正是因为这样他们才不能成功。

老一套的“各个击破”的策略在传统行业中一直是很有效的。其他老牌的公司一直在利用媒体和政府来攻击和限制我们这个新兴行业，他们同时也希望我们自己会放弃。但是我们认为他们这样做是错误的。我们尊重所有的公司（不仅仅是我们行业内的公司），我们也确实是这么做的。

综观 20 年来这个行业总的发展，我们祝福遍布世界各地的直销人员。用“老鼠赛跑”这个形象的比喻来描述传统行业再贴切不过了。它的字面意思描述的是，在黑死病期间有一半的英国人口死去，啮齿类动物和人四处奔跑的状况。人类应该避免出现类似的状况，毕竟，人类应该像鹰一样愉快地飞翔，而不是像啮齿类动物那样狂乱地奔跑。

最近，太平洋股份公司前副总贝蒂·卡特以图表的形式把传统行业和直销行业做了一个统计对比。用她自己的话来说就是：“当传统行业发展的时候，能够产生许多人口过剩、交通拥挤的问题，几年前，我就是因为生活质量的问题而去西雅图半岛的。今天，由于两大企业的膨胀，整个城市的人被逼得每天几小时都在辛苦奔波；主要高速公路的平均速度已经降到每小时 21 英里（1 英里≈1609 米）；犯罪和其他的社会问题显著增加。还没有人能预测出每月数以千计的人口流入会带来什么样的负面生态影响。不过，环保主义者们很显然都非常焦虑了。”

“问题是，当直销公司在持续发展的时候，数以千计的人却回到家里，而当传统行业膨胀时，全世界的人都像老鼠一样涌到街头。当别人受制于狭小的办公空间，得不到安静的自由时间的时候，直销给了我们自由的空间去完成自己的事业。”

我们意识到我们有责任告诉大家，我们不应该再背负巨大的压力在传统生产线的行业中挣扎了。我们完全同意《你所能做的》的作者亚特·威廉姆斯的看法，他建议我们要成为改革者去挽救大家，尤其是那些为每周 80 小时的工作拼搏、薪水很低又因为工作压力大而患上冠心病的人。对于许多人来说，美国梦只是一场噩梦。而直销工作是你摆脱传统工作压力的转换契机。我们每个从事这个行业的人都有责任和义务向别人宣传，把他们从传统行业的束缚中拯救出来。

你现在手里拿到的这本书是最好的直销生存手册。感谢那些无私的企业经营者们，正是他们提供的机会使我们能够分享他们的经验，然后学会怎样尽快改变人生。他们敢于把他们并不太成熟的行业经验告诉大家，教你如何成功。正是这种无私的精神使得我们以有这样的网络工作者而自豪。

如果本书早几十年写出来的话，我们就不必被迫目睹许多精力充沛、雄心勃勃的人只是因为不能经受第一年的考验而从这个行业中退出。正是因为有了本书，你可以避免再走弯路。我们可以毫无保留地告诉大家：在读的过程中，有一些关于早期挑战的传奇轶事可能使你捧腹大笑，甚至笑出眼泪为止，像我们一样，你最后不得不放下书，擦干眼泪然后接着看。这些故事与这个行业相伴而生，我们相信，在接下来的几十年中，随着新技术和分销渠道的发展，以及直销行业在世界范围内的逐步壮大，书中所提到的困难会显著减少。

我们收集了无数带有启发性的、温暖人心的事例和事迹。很遗憾，受版面限制，我们不能逐一尽述。我们要特别感谢那些提供素材的直销工作者们，很高兴与他们分享他们的故事。他们敢于在事情发生之后，告诉世人他们的曲折辛酸。这样，数以百万的受众，包括他们的行业竞争对手，也可能受到鼓舞，从他们追求了 40 多年的“美国梦”中彻底觉悟。无论你在起初的一年中做得怎样，千万不要中途退出！因为，你只有在这个行业中奋力争取才能生存。

马克·亚内尔和瑞恩·瑞德·亚内尔

目　录

1 忽视拒绝导弹

让拒绝成为你的同盟者而不是你的敌人

直销是世界上最有趣最有价值的行业之一，但所有的直销人员都会面临某些普遍存在的流行甚广的挑战。不管我们参加直销有多长的时间，不管我们多么成功，我们总有可能暂时被最普遍、最危险的武器——拒绝导弹所击倒。拒绝导弹能在任何时候发起袭击，让我们无所适从，从而削弱我们的热情和激情，而热情和激情是成功的基本要素。

来自配偶的拒绝

每个人在生活中都面临过拒绝，但是最具有破坏性的拒绝来自我们最热爱和尊敬的人——我们的配偶、父母和商业伙伴。我们确信，比起其他因素来说，拒绝让更多的人在直销中失败。严格地讲，他们还没开始就失败了，因为他们的方法来自头脑而不是感情。下面是一个经典情节。

鲍勃处于人生的转折期，想要进行职业转换。他乐于接受一种新的行业观念，他去参加了直销会议，第一次一切都变得有意义了。以前他也曾经三番五次考虑过在这个行业工作，但是在以前的讲座时他从来没有处于“转变”的状态。现在，因为他将被裁员，他有了一个转型的心态。所以，鲍勃开始看到直销的智慧，而且他发现自己对于潜在的收益很热情。在一小时讲座的后半阶段，他开始在头脑中列出他认为适合招募的朋友和同事的名字。现在，让我们看两个可能的结果。无论鲍勃是否签约参加这个工作，他将受到这个行业第一个敌人的进攻。除非举办讲座的这个人给鲍勃和其他人讲将会发生什么，在第一次招募的访谈中讲述一些事实，否则鲍勃将在他开始之前退出。下面我们会回到这个故事的细节，但是先让我们看看鲍勃在讲座之后发生了什么。

因为时机很合适，鲍勃非常兴奋。鲍勃知道有几个人非常适合招募，他迫不及待地想告诉他们，他找到了“最终机会”。如果介绍鲍勃参加直销的是那种第一次培训就让人签约的人，鲍勃可能会签了一个销售协议，承诺周六回来接受培训。通常情况下在第一次会议上不会签约，而是让鲍勃承诺思考这个行业然后把他的答案告诉讲座者。但是，除非招募者仔细地为鲍勃做好了准备工作，否则鲍勃肯定会失败。他很激动，尽管他可能还没有向任何人承认这一点。但是鲍勃马上就要受到拒绝导弹的袭击了，这是不可避免的，大部分招募者没有恰当地解释这一点。因为他没有被培训，这就是所发生的。

首先，鲍勃让他的妻子落入圈套。他很激动，对话是这样的：“亲爱的，我们的担忧结束了。我想菲尔给了我们一个来自上帝的礼物。你记得我是怎么向你解释我们公司的裁员的，我告诉你我可能就是那个被裁掉的人。”

“是的，鲍勃，但是你不会真的认为工作了这么多年，你会被裁掉吧。我的意思是你不是认真的，是不是？”他的妻子觉得这是无法想象的。

“亲爱的，听着，这没关系。我刚去了菲尔那里，他和南茜刚加入了一个新行业，这个行业可真不错。我不敢相信能赚那么多钱，能享受那么多自由。亲爱的，菲尔将得到他的第一张大额支票。我带回家一些样品。南茜很喜欢这些面霜和香波。我给你带来一些试试。她让你给她打电话。”（拒绝导弹对准了鲍勃的头，马上就要发射了。）

鲍勃的妻子拿了两包保湿乳液和香波，看着这两样东西，然后用怀疑的眼光看着他：“等一下，鲍勃。你是认真的，是不是？让我弄明白。你在公司干了7年，公司给我们派车，我们有健康保险，我们刚买了一直想买的房子。你老板对你视如己出，要把你推荐到金地产乡村俱乐部。他们会裁掉一些糟糕的主管人员。你真想放弃一个合法的职业？那些年我多么辛苦，支持你读完工商管理硕士。鲍勃，告诉我这是一个噩梦。告诉我是我听错了。”

鲍勃笑了笑，去摸他妻子的胳膊，她向后闪了一下，像一只被困的码头鼠一样咆哮着。从上次他不小心倒车碾过小狗之后，他再没看到过妻子有这种表情。

“不，亲爱的，你没听明白。我们得到一个机会，能早点进入这个行业。一年后我们每月能赚 2 万美元。你知道我每天工作多少小时吗？我一抱孩子她就哭，因为我几乎是个陌生人。这个季度他们裁掉了 35 人，我可能是接下来的那个。亲爱的，听着，我告诉你，菲尔和南茜是我们的朋友，他们不是 ”

“噢，鲍勃！”他妻子打断他的话，“你自己曾说过菲尔不负责任。他在轮胎公司没干好，保险公司也没干好，然后他试着做那愚蠢的贺卡交易，我们都嘲笑他好愚蠢。鲍勃，鲍勃，鲍勃，你想的没道理。”她软了下来，开始了一种新的策略：“鲍勃，亲爱的，我们是有准备的，你自己这样说的。而且，我怎么告诉我的父母？你离开了公司，挨家挨户卖香波？”

鲍勃家的争吵是这些年来无数其他男性和女性也争论过的。也可能是妻子在第一次严肃地参加直销讲座后，鲍勃对妻子发出同样的反对意见。通常是妻子受到丈夫面对面的攻击。如果鲍勃在把妻子带到菲尔和南茜的合法讲座之前，什么都不和妻子说，拒绝导弹就永远不会发射。或者，方法是感情上积极，而不是理性上消极，结果可能就会不同。

但是，记住：即使环境不同，结果常常是一样的。讨论也可能发生在周日早上，周六的训练课上鲍勃已经签了销售申请。这不重要。重要的是：我们相信有 50%的潜在成功直销人员在开始之前就失败了，因为他们的上线没有帮他们准备好应对拒绝导弹的办法。令人悲伤的是，通过准备和先前的措施，这种情况即使不能完全消除也很容易减轻。每一个招募者都有责任帮助有希望的营销者为拒绝做好准备，然后给他们提供克服拒绝的武器。菲尔应该坚持让鲍勃把妻子带到成熟的讲座中来，或者看第一次的简报，或者去接下来马上会有的讲座。另外，他应该强调：“鲍勃，在你有更多的信息之前，别和你妻子解释这个。或者，更好的办法是，把她带到我们这儿来。”

来自家人和朋友的拒绝

在提供下一个问题的解决方案之前，让我们先看一下另一个经常发生的情节。虽然参与者稍有不同，结果同样也是可以预测和否定的。我们假设鲍勃的妻子对于直销的机会和他一样激动。让我们也假设鲍勃也签约了，他和他妻子受到了培训，对于拒绝也做好了准备。最初，鲍勃决定先参加，等孩子大一点之后，他妻子会和他一起做。鲍勃知道潜在的直销人员所面临的基本的反对意见，对每一个都记住了一个回答。实际上，他对于自己的知识非常骄傲，甚至对自己能克服反对意见的能力感到一丝自满。

鲍勃对于自己劝说的新技能非常激动，沾沾自喜地相信自己能有效地面对每一种反对意见。他确信在这场关于智慧的战斗中，他的潜在销售对象是无防备的。他期待着打赢关于直销的任何一场战役，他想向每一个朋友证明他的新事业比传统行业优越很多。带着这些知识装备，他拿起电话，给 25 个潜在销售对象——他愿意在余生中作为合伙伙伴的人——打电话。通常，可以预测的结果是以下 3 个结果之一。因此，让我们把这 3 个都评估一下。

赢得战役

第一种结果是我们所说的“赢得战役”。鲍勃刚刚让他好朋友的秘书接通电话，开始了他的预期对话。这个人鲍勃高中时就认识。现在他们的生活很不一样，因此不常见面，但不论怎样，他们保持了友谊。谈话是以闲谈开始的，但是让我们跳到关于行业的对话。鲍勃开始了他的方法：“你知道，史蒂夫，我打电话的另一个原因是找一个方便的时间，萨莉和你能过来看看我妻子和我的新生意　　”

斯蒂夫打断他的话：“鲍勃，我听着像金字塔销售，别告诉我你和克伦斯蒂陷入那种诈财骗局了。”

当然，鲍勃受过培训，尽管不是十全十美的，他能应付反对，他准备好了打这场战役。“实际上，史蒂夫，我能理解你不愿意看这样的交易，但我所要求的就是保持开放的头脑，听一个 35 分钟的讲座。我问你，史蒂夫，周二或周四可以吗？”鲍勃对于自己预先准备的回答很满意，但是我们将看到，他的骄傲是非常短暂的。

“鲍勃，我们回到主题。你别说那些背好的演讲，和我直接说。萨尔和我对于这些交易一点都不感兴趣。实际上，我的爸爸去年夏天陷入了一些金字塔骗局，投入了 5 000 美元，没签约一个人，整个车库都是落满灰尘的价值不菲的金币。”史蒂夫温和而坚定地说。

这时，甚至在对话进行到这儿以前，鲍勃应该意识到现在还不是史蒂夫生命中见到这个机会的适当时期。他对于这个行业一点都不开放。再说什么只会让史蒂夫越离越远。将来史蒂夫更乐于倾听的时候，鲍勃可能也没有机会接近他的朋友了。实际上，鲍勃不知道，再继续这个话题，可能会给他们的友谊带来不可弥补的伤害。（这本书里有具体的“6 个月”原则，我们会帮助你避免鲍勃的窘境。）不幸的是，鲍勃不想停歇。他知道自己处在一个伟大的行业，他相信如果自己对每一个拒绝者都能恰当回应，他就能将史蒂夫和史蒂夫的妻子说服。因为史蒂夫是一个职业人士，认识很多有身价的人。鲍勃绝对相信在他所有的朋友当中，史蒂夫最有潜力。鲍勃相信他所要做的就是有技巧地克服朋友的拒绝，他在第一线就是赢者。他相信自己能“赢得战役”。但是这不会发生，不发生的原因很简单：现在不是史蒂夫改变的恰当时间，鲍勃接近朋友的方法也不对。

在这个特定的情节中，拒绝和回应可能会持续 5～10 分钟。最后为了让鲍勃不再继续，史蒂夫可能会同意去听讲座。当然，他真的去听的可能性会很小甚至没有。在这个“赢得战役”的情节中，很可能鲍勃的前景是“没戏”，从长远来看，他甚至会输掉战争。不能运用 6 个月原则，战争再也不会开始，更别说赢了。换句话说，另一个潜在的、伟大的直销人员成为历史了。你可以打赌，史蒂夫会在将来鸡尾酒会上告诉 10 个朋友，他的“前”朋友，鲍勃，变得多么的怪异疯狂，和 10 个可能的直销人员说再见吧！

确定的否定

第二个结果是我们所说的“确定的否定”。在这个情节中，鲍勃一提起自己的想法，史蒂夫就打断他的话，生气地指出他讨厌和朋友做生意，憎恶多层次销售和任何其他的家庭金字塔销售。他还说：“看在上帝的份上，最好我们的友谊中再也不要出现这种事。”当然，鲍勃立刻不说了，又把话题转到了闲谈。他感到被拒绝，因为他好朋友非常确信直销是一个非常糟糕的行业。因为史蒂夫对于直销持非常确定的否定态度，鲍勃决定再也不把机会提供给朋友，这是一个严重的错误，我们在详细定义6个月原则之后将会解释这一点。

老朋友

第三个结果是我们所说的“老朋友”。这个情节的一个例子如下：“史蒂夫，你知道，我打电话的另一个原因是因为我的妻子和我正在从事一个我们想和你一起分享的行业。最多也就花上一小时，我们可以在星期二晚上8：00或星期四7：30见你，对你来说哪一个时间更好？”

史蒂夫高兴地回答道：“上帝呀，罗伯特，听上去不错，你能给我讲讲吗？”

“好，我不想在电话讨论，因为有 90%的资料都是视觉的。我想让你和萨莉看些录像，然后试用样品，带点儿资料回去研究。但是我告诉你这家公司正在全球范围内扩张，他们正在寻找那些一个月想赚2.5万美元的新销售者和培训者。”

“上帝，鲍勃!”斯蒂夫激动地说，“每月2.5万美元！哇！我告诉你我们对于新的机会总是开明的，尤其是有这么好的赚钱潜力。我想周四最好。几点钟呢？”

最后一个场景实际上在新的销售者给朋友打电话时很常见。在直销中，我们把朋友称为“热市场”。因为大部分家庭成员和朋友不想拒绝你，他们对于自己不想做的事情经常同意，就是为了“热”，因此有了这个术语。但是我们可以告诉你，有一半的热市场约会——我们指的是朋友、家人、同事——承诺到你家来听私人的行业演讲，实际上并不会出现，这比其他形式的拒绝更令人沮丧，因为你感到受骗了。所以，记住，无论他们在电话里说得多好，你一半的家人和朋友不会出现，尤其是如果你和他们讲了产品广告、手册、录像和样品之后。提前知道事实会减轻你的痛苦。

简单地说，所有人都憎恶拒绝，尤其是家人和朋友的拒绝。俄勒冈州西林城的弗兰克·皮奈里参加这个行业一星期后，经历了人生中最糟糕的一次拒绝，他解释说：“我等不及要和一个敬佩的人一起吃早餐。和我一样，他是一个房地产经纪人，很成功。我们都处于离开地产业开创新事业的时期。我认为我们可以互相依赖。我开始向他描述我的直销行业，一分钟都没有犹豫。他告诉我即使他是街上的乞丐，推着手推车四处逛，世界上他最不想做的事就是直销。我哑口无言，当时我的世界就坍塌了，一个我尊敬的朋友竟然觉得我还不如街上的乞丐。”

“两年过去了，今天我真的感激我这位以前的朋友。他冒犯了我，我发誓说一定要非常成功，证明他是错的。他把我当做傻瓜来对待，直到今天这人仍是推动我的极大动力。”现在，弗兰克和他妻子乔安娜一起，每月赚 5 000 美元，而不是像他们的前朋友那样无家可归，每周工作 70 小时。他们都待在家里，是两个孩子的父母，用他们的话来说是在“工作中共同分享”他们这个行业，朋友是我们梦想的最大抢夺者，一旦梦想被夺走了，恢复很不容易。但是弗兰克和乔安娜把一个被偷走的梦想变成了一种燃烧的愿望来实现自己的潜能。现在，他们因为他们的朋友想要击碎他们的梦想，但可能等他们到达顶峰的时候，他们的房地产朋友会决定加入他们的行业。

丹尼斯·克林弗顿和他的弟弟戴维一起建立了我们强大的全球组织。1986 年 5 月我们任何人都不知道自己在做什么，丹尼斯就签约了，他记得当时对未来的激动：“我顺着我的‘名单’向下看的时候，我意识到这不会像我想的那样轻松。几乎我打电话的每个人都不愿意和我见面。但尽管这样，我仍旧很乐观　　直到有一天早晨。我有个‘朋友’，在当地一家电台做主持人，他工作时我给他打电话，向他解释我在做什么。他的回答是我以前从来没经历过的。他开始放声大笑，我并不是指心血来潮的微笑或友善的咯咯笑——我的意思是撼动墙壁的、触动心灵的、从腹部发出的笑声。”

“挂上电话时我很沮丧。以前从未有人那样嘲笑过我。然后所有的声音都在问我，‘我到底为什么要做这个？什么也不能弥补这种羞辱。看来没有人想做这个，可能他们知道我不知道的事。如果现在我放弃，我再也不用经历这个了。’”

“很多新的销售者掉进了这个‘黑洞’，再也没有出来　　我的电话响了，是我的上线马克·亚内尔。他问我：‘孩子，怎么样？’我回答说：‘马克，你不会相信。但是我被嘲笑了很长时间。’我告诉了他发生的一切，猜猜他做了什么？他开始不由自主地笑。几分钟后他回过神儿来，说：‘丹尼斯，别担心那个家伙。6 个月后送给他一张你的支票复印件。’”

“多么好的回答！在我生命中第一次我理解了‘笑到最后的人才是笑得最好的’这句谚语的意义。今天，十多年了，那个嘲笑我的人仍旧是得克萨斯州奥斯汀城的主持人。我与夫人、孩子居住在科罗拉多的山间，经营着一家跨国公司，销售者遍布于全世界 20 多个国家。自从第一次被嘲笑以后，我赚了几百万美元。请相信我，这是值得的。让他们笑去吧。”

圣芭芭拉的玛丽亚·伯金斯已经在公司工作 8 年了，已经到了她补偿计划的第三阶段。她把这种觉得卖东西难为情的人在直销中的角色看做中间人或桥梁，她推荐自己同伴作为职业咨询者接触这个职业。这些年来为了支撑自己，她在头脑中放着自己想象的磁带：“不管我 40 岁的弟弟嘲笑我的努力，不管那些承诺要来的人出现与否，甚至是朋友突然把我看做骗子，想哄骗他们进入我最新的骗局——他们都会把我引到山顶。我会一直待在那儿！玛丽亚坚信我们应按照自己而不是别人的计划行事。”

希望在你的朋友让你当众出丑或嘲笑你的时候，你能和弗兰克、丹尼斯和玛丽亚一样幸运。以后，我们会讨论为了降低这些销售者而面临的拒绝，最妙的是“朋友的方法”。但是，我们希望对拒绝战役的了解能帮助你应付你自己面临的拒绝。上等葡萄酒可能是酸葡萄的副产品。把你的战役变成一种动力，让这种力量推动你走过早期的拒绝，丹尼斯是对的，这是值得的。

准备好面对拒绝

拒绝导弹会在你职业生涯的任何时候瞄准你。问题是你通常看不到它过来。它是个隐性武器——它可以有很多形式，经常在起作用之前还看不出来。然后，结束了！虽然我们不能帮你想象出你可能会面对的每一种拒绝，我们可以让你准备好应对最具有破坏力的拒绝。要是在一开始（也就是在第一次招募会议结束时）你就培训你的营销专业人才，避免这些危险武器就很简单。

让我们设定阶段。通过一种特定的形式（这个在以后的章节中我们会解释）你非常有效地陈述了你的商业机会，你确信客厅里的 5 人中有 3 人会对这种潜在收入极有兴趣。他们问了恰当的问题，你尽你所能回答了这些问题。你放了录像，在你的总体陈述中你简单明了地解释了数字，递给他们一些样品，最后解释说培训是下周日上午 10 点在你家中。你准备好了结束语——精心准备好的结束语，引起他们对拒绝的注意，帮助他们在被击中前避免拒绝。我们确信大部分人在听完第一次讲座后很激动，但从未签约或回来接受培训，通常他们都是很容易避免的拒绝导弹的死亡者。

这就是我们如何准备毫无警觉的潜在顾客的。我们建议你为了自己的使用记下或复述这个，根据情况用单数或复数。

“伙计们，我知道你们中的一些人对今天听到的数字很激动。我意识到你们想努力工作，正如任何有责任的企业家一样。但当我们面临它，如果我是正确的话，如果你真能挣这么多月薪，三四年内就半退休，至少是拥有很大的个人和财政自由，你如果不接着做这个交易就是傻子了。但是我想告诉你两个主要的失败情况，这样你在做调查的时候就能避免它们。”别害怕对你的潜在顾客运用像“愚蠢的”这样的评价，不管他们看上去多成功、多职业。从来没有人对这个评价不笑话的。但更重要的是，你显然在展示你的领导才能，这是他们考虑加入我们的行业之前急切需要在导师身上寻找的品质。

“失败的第一种情况出现在新的直销人员听别人说话时，这些人不知道自己在谈什么。失败的第二种情况出现在他们不听我们说话时，我们的确知道我们在谈什么。让我举个例子。人性就是我们对一个事物感到激动时，就想和别人分享，不管是新口味的冰激凌还是商业机会——我们想分享，尤其是和我最关心的人分享。这对于冰激凌和好电影来说是可以的，但除非你完全受过培训或对你的公司非常了解，和别人分享这个行业是不正确的。为什么？因为我们职业失败的主要原因是有人对巨大的潜在收入很激动，在一点都不知道怎么做生意的情况下，就立刻出去告诉好朋友和亲戚。关键是在我们教你成功的方法之前你不和任何人提起这个行业。”

“如果你和亲戚或朋友谈起这个行业，大部分人都会告诉你你疯了。即使你知道所有的事实，即使你知道潜在收入的真相，即使你的朋友、邻居、亲戚一无所知，他们仍会告诉你你是一个白痴。如果有 10 人、20 人连续质疑你是否神志正常，尤其是你了解和爱的人，你开始之前就会放弃。所以别试着向你的配偶推销这个机会，尽快把他或她带来听讲座吧。”

“现在我想你已经足够强大，可以避免受到对我们公司一无所知的人的影响，每个人都这样认为。我们说你的确足够强大，即使 20 个朋友或亲戚拒绝你，告诉你你是弱智，在他们反对下你也不会崩溃。真正的问题是：一旦他们告诉你不要参加，即使将来你非常有技巧地证明他们是错的，回答了他们的每一个问题，他们也不会签约。记住，一旦他们讽刺你进入多层销售，他们自己不可能签约，因为那就等于承认自己愚蠢。在这个时候，很多人对于‘印象管理’更感兴趣，而不是对自己的生命负责以及创造财政独立和时间自由。”

“所以直到你签约、做出承诺，直到我们教会你如何与他们分享信息，别走近，我很强调地说，别走近你的朋友、亲戚甚至配偶。无论你多么成功，如果你不恰当地接近他们，你的一些最好的‘热市场’招募者可能决不会加入你。几年的经历告诉我们失败最主要的原因就是倾听那些不知道自己在说什么的人讲话。”

这就是问题：新潜在顾客的朋友和家人对你的公司和直销行业一无所知。因为他们的无知，他们确信这是一个诈财骗局。在你财政上卷入之前，他们并没真正地承诺。所以他们会尽其所能来“拯救”你不犯错误。当你说：“大家好，我准备好开一家餐馆。”你可以期待这样的回答：“你确定要干这个吗？我听说大部分开始干的人都赔了。”但是，一旦你进行了投资，你的家人和朋友会尽他们所能来支持你的新事业。当你说：“大家好，我刚开了一家餐馆。”回答可能是：“哦，太好了。我们什么时候能来？”

直销中最大的挑战就是家人和朋友的拒绝。但是你只能通过改变自己的态度来改善他们。只有当你提升了自己的自尊心和自信水平后，你才能帮助别人提高。（通常改变他们的观点，增强你家人的支持或兴趣，然后对朋友和同事敞开大门。）

我们通过讨论失败的第二种情况来结束我们的行业讲座：不听那些知道自己在谈什么的人讲话。“要是你们中任何人的确决定签约，成为我的第一线伙伴，你必须愿意重复我所教你的。这个行业和传统行业不同，如果你想签约，浪费时间做无用功，你注定要失败。所以答应我你会遵循我们的体系。否则，坦诚地说，我宁愿你不签。幸运的是，我们处于一个有经验的组织，知道自己做什么。你的前 90 天很关键，今天你开始做决定，我们开始计时。”

这个对话是我们结束家庭招募讲座的方式，可以说几乎一字不差。实际上，潜在顾客开车要走的时候，我们经常会最后一次提醒他们：“别忘了，除非你已经完全接受培训，不要试图向任何人解释这个行业，尤其是你的配偶。”他们离开的时候，我们已经开始把他们想象成伙伴了。

如果新直销人员和潜在顾客见面时预见了并完全理解拒绝，可以非常有效地阻止拒绝导弹。实际上，如果你根据这本书中我们提出的系统恰当地培训你的下线人员，拒绝就会是你最少担忧的事物。实际上，一旦新的销售者做完了他们的“热市场”，进入“冷市场”，拒绝会成为他们最伟大的同盟者之一。为什么？越早确定一个拒绝者，销售者就可以越早决定把他归到 6 个月后进一步采取行动的名单中，不浪费时间，把精力移到更可能的潜在顾客身上。

和很多直销人员一样，加利福尼亚州伯克利的保罗·戴尔·威克齐奥和珍尼弗·泰罗仍在努力建立自己的小组。因为他们的积极态度，他们有了缓慢的发展。但拒绝仍是他们想要克服的最大障碍，尤其是在第一年里。用保罗自己的话说：“我相信有些人轻松地进入直销，很快就开到顶部，但我不是这样。我从大学退学，年轻时候追求诗歌、古典吉他和东方哲学。我没有商业背景，人生的大部分时间是独自度过的，开一辆老的 76 年雪佛兰轻型货车，保险杠断了，我都付不起修车费。”

“我很内向，我觉得自己做直销，像是南美的外交官在优雅地行使外交职责时，努力用结结巴巴的英语解释为什么他们夫妻没孩子：‘我老婆，她怀不了孕。’但那明显没能激起他所期待的回应。他又说：‘我的意思是她生不了。’看到听众吃惊的表情，他又说：‘不，不，我的意思是她不能怀孕。’我感觉自己像那个外交官一样缺乏交际能力。我在卡车上装满货物，开到商业区，走近有钱的、时间充裕的、西装革履的陌生人。我告诉你，他们一点都不觉得好笑。”

“因此我有意识地运用各种方法来避免拒绝的痛苦，包括想象一个并不存在的下线，但我总能采取行动保持一种积极乐观的态度。经典图书《思考和致富》的作者拿破仑·希尔让我理解我的精神状态肯定是绝对信仰，我和别人交流，尽我所能来传递信息——不仅仅是希望和愿望。对我来说，这个行业是世界上自我发展最好的事业。我离开家去寻找预期销售者时，我知道我能创造下面两种心态之一。我能努力让那些我接近的人接受我，这个过程叫坚持不懈。或者我能避免拒绝的痛苦，这是一个 3 步的公式：一句话不说，什么都不做，什么都不是。坚持不懈再加上绝对信仰，可以战无不胜。这就是我们为什么知道保罗和珍妮一定会发展起来的原因。”

打电话犹豫

很多时候害怕和想到拒绝会让新的直销人员待在家中。在我们这个行业中，害怕开始是失败的主要原因。这是一个明显但说不出的现象。新的直销人员会畏缩不前，不断地研究产品，再参加几次会议，一遍一遍地看你怎么做，尽管他们已看了 10 遍。他们高兴地一次次参加会议，花时间听磁带，学习如何寻找潜在顾客和克服拒绝。他们做任何事情都可以，就是不去实际寻找下线。他们参加各种各样没有生产力的行动，就是避免伟大的耐克公司所说的话："做就好!"这样忙碌了几天、几个星期甚至几个月之后，他们觉得这个行业没有效果。毕竟，他们没能成功地建立一个组织。

原因所有人都知道，只有他们自己不清楚。想到拒绝导致了"打电话犹豫"，这可以而且通常的确导致了失败。通常，在他们放弃前的一个星期，我们在评论中听到了他们失败的本质："要是什么都不发生的话，我得找个工作维持生计了。在传统行业中，事情可能会发生，但是在直销中，成功只属于那些让事情发生的人。

另外，"打电话犹豫"并不是局限于非职业者的一种经历。通常最精明的管理者有这种秘密的恐惧，不是害怕真的被拒绝，注意，是害怕可能被拒绝。马克招募了南方一个大城市的市长，经历了 6 个月的无所作为之后，他问市长要热市场名单。市长极不情愿地交过来 25 人名单，但是马可发现市长没有给任何一个人打过电话。在最后的分析中，市长不得不承认他害怕给这些朋友打电话，因为选举年要来了，他不想破坏自己在选民中的名望。他放弃了，没给一个下线打过电话，因为他害怕拒绝。由于同样的原因第二次直销失败后，他公然说："直销是诈财骗局。"他没有给一个预期销售者打电话就得出了这个结论。

不被当回事

那些克服了最初恐惧而开始的人经常受到拒绝火箭等其他元素的攻击。在女性中常见的是别人不把她说的话当回事——这是最降格的拒绝形式之一。看到了职业女性营销者展示的商业机会后，感兴趣的男性销售者可能会这样想："我得和老婆谈谈这个小的家庭行业。"这并不是说女性没效率，男性有失体面；只是大部分男性无法接受他的招募者是在家工作的女性。如果他在销售化妆品或其他男性无法讲述的产品或服务，这会让问题更复杂。

不管女性领导者多么强大，有时候男性还是无法自我释怀。在这种情况下，男性上线或男性同伴来帮她结束预期销售就可以避免拒绝。这不是彼此依赖，而是内在本性和我们所说的"双性别"结束理念的一部分，因为我们的行业是建立在团队基础上的。第一年的伙伴不需要独立结束预期销售。团队合作领导者有权获得多层补偿。

在有些情况下，女性发现性别挑战不是来自内部而是无中生有。从历史上讲，男性有更多的自信而女性还在努力和虚弱的自尊心作斗争。多少年来，女性在经济上依赖丈夫，经常忽视职位上的提升。我们意识到在美国这已经发生了变化，但在东方文化和老年人中还很普遍。女性对于这个行业可以贡献很多，她们的公司、丈夫、男性伙伴，当然还有她们组织中的成员。问题源于整个行业都没意识到女性需要贡献多少以及在今天的全球市场中多么需要女性品质。女性的角色和形象马上就要发生重大的改变。

如果你怀疑因为你持有的态度让你受到拒绝，在试着建立组织之前花点时间充实自己吧。通过读书、参加研讨会、听磁带来增强自我形象。让你周围充满积极的人，他们能经常提醒你作为人的价值和你能做出的贡献。摆脱任何负面自尊的残留物，任何你可能背负的感情包袱，为自己感到骄傲。重要的是理解你有无限的潜能提升你周围的人。试着通过抬头挺胸展示你的内在力量，你立刻就会发现别人对你的接受程度、你的领导才能、你的收入都会有所不同。可能在直销的 45 年历史中最好的例子就是凯茜·丹尼森。她证明了女性一旦接受和突出了她的力量，女性的生活就会出现转折。

30 岁时，凯茜·丹尼森意识到她的生活是一个噩梦，她的婚姻充满暴力，她 12 岁的女儿要忍受看妈妈受虐待的痛苦。她觉得是采取行动的时候了。她离开了丈夫，来到了科罗拉多的巴萨特小城，在那里她靠给别人清洗房子来养活自己和孩子。接下来的几年里她的个人生活有了改观，她的财政状况却一团糟。但是没有学位，她机会很少。凯茜一直相信自己有成为百万富翁的天赋和心智，但是第一次她知道直销是没有极限不需要多少投资的行业。5 年内，她就可以躺在圣地亚哥的海滩上，和丈夫马克·罗格待在梦想的房子里，丈夫和她有同样的目标和梦想。

很多人是在理查德·波的畅销书《第三波浪潮》中知道凯茜·丹尼森和她不同寻常的故事的。但是没有人能像马克·亚内尔那样清楚地描述凯茜，马克亲自发展了凯茜，在第一年里是凯茜的老师。

“1987 年我在科罗拉多的阿斯彭第一次遇到凯茜·丹尼森。她是单亲母亲，住在只有一间卧室的小公寓里，尽其所能用她做女仆的微薄收入供养家庭。我求我的房地产经纪人帮我找个管家，因为我们要招待很多朋友，我们家很快就变成了餐厅。（另外，要是你到阿斯彭来，你就会明白会有多少朋友爱你。）”

“凯茜答应见我，因为房地产经纪人是她最好的朋友，但是她决定不接受这份工作。那时，她清洁无数间房子，感觉自己要崩溃了。另一方面，凯茜很感激房地产经纪人，因为在凯茜结束不幸的婚姻后，她帮凯茜安排了很多工作。”

“凯茜来到我家的第一天，有两点我印象深刻。第一，她明显是个外向的人。第二，她有热情，热情地微笑。虽然她是个女仆，她无疑是‘合群的人’，很自然，每次在我遇到一个有个性的人的时候，老‘招募亚内尔’又出来活动了。”

“但是在凯茜的例子中，我的热情一出现我就抑制了它，主要是我想花一年的时间滑雪、做悬挂式滑翔运动，写我的书《力量直销》。真的，尽管我告诉新销售者别‘扮演上帝的角色’，也就是说，不要去评定潜在顾客，应该认为每个人都有潜力成功。我违背了自己的教导。我觉得虽然她有热情，在 2 000 人的小城里我不会发展我的管家，因为她成功的几率太小了。我太傻了！最后我从恍惚中清醒过来，让她签约，凯茜立刻让巴萨特和阿斯彭每一个可能的潜在顾客都签了约，然后搬到圣地亚哥，逐渐建立起一个事业，把自己转变成百万富翁。意识到我自己对一个女仆的偏见，我决定再也不违背我们行业一个固定的认识：‘每个人都有伟大的种子。不要因为任何原因评定潜在顾客。’”

10 年后，凯茜·丹尼森的确是真正的直销英雄之一。随着越来越多像凯茜一样的女性加入我们的行业，我们听到越来越多财政上和感情上穷人变富翁的故事。越来越多的女性会占据重要的职位。正如理查德·波在他的《第三波浪潮》里所指出的，“丹尼斯的拆卸方法对她很适合。几年内她从地位低下的女仆变成了百万富翁”。1997 年，在杰里·霍夫曼的《直销国际电话簿》中，凯茜被列为十大“杰出女性”之一。

1997 年冬天，我们在瑞士滑了一下午雪。回到家后，我们看到自动录音电话上熟悉的红光，说明我们有留言。那个简单的两分钟留言和我们俩生命中任何其他成就一样，对我们意义很大。马克按下按钮，电话里传来我们的伙伴凯茜那激动的声音。她的留言很简单：“谢谢你信任我！”那天下午，凯茜和她伟大的伙伴——丈夫马克·罗格在办公室接受了百万富翁徽章，意味着他们已赚到了 100 万美元，成为公司百万富翁精英俱乐部的成员。凯茜如此高兴，如此感谢我们，她的留言太令我们感动了，我们坐下来喜极而泣。在那个短暂的时刻，有力地驱动我们进行直销的目的实现了。直到现在我们可以毫不含糊地说你可以拿走我们拥有的一切——我们的收入、所有的下线、房子和汽车——就是因为那天下午我们为凯茜和马克感到高兴，我们在直销中付出的精力就是值得的。在一生中，如果有的话，也很少有事物像凯茜的留言那样触动我们内心的深处。

凯茜有内在的力量，个人信仰和毫无异议的自我价值，这让她从女仆变成百万富翁。我们相信有成千上万的女性和她一样，如果她们能摆脱有限的自我，每个人都能成功。对于任何由于和自我设定的负面自我形象斗争而感到受到拒绝导弹攻击的女性，我们建议你选择另一个成功的女性作为老师。让她教你事业上的每一步，然后复制她成功的脚步。

别太把拒绝当回事

必须教会新伙伴“不，谢谢”不是私人拒绝。咖啡店里倒咖啡的女服务员可能听到一个顾客说“不，谢谢”，另一个顾客说“暂时不要了”。她也可能听到“我喝得够多了，谢谢”甚至是“我不喜欢咖啡”，但所有这些都不会让她跑到女厕所哭泣。这和新的销售者的经历是有可比性的。无论怎么，他们把“不”字太私人化了。在我们行业中，拒绝加入机会很多时候意味着“现在对我来说时机不合适”，偶尔也意味着“我不喜欢直销”，但从来不意味着“我不喜欢你”。把多层销售中的寻找预期想象成筛选的过程，像一个女服务员拿着咖啡壶四处走，我们仅仅在寻找愿意接受我们提供的东西的人。接受“不”仅仅是寻找说“是”的人的过程的一部分。

思考这个事实：马克最开始寻找的、让他们加入这个组织的 67 人中，有 66 人说了不。这个缓慢的开始主要是由于马克放弃了他的热市场，那时他是牧师，他觉得号召他的教友与他的兴趣相悖。于是，他在冷市场中开始他的事业。后来，在他确定自己公司的长期稳定性之后，他发展了几个教友。然而，他最初的预期是拒绝电话，除了一个人，其余的人都不来听听讲座。马克想放弃，那个星期，他的上线就放弃了。马克给上级理查德·考尔打电话，理查德劝他待在这个行业。如果马克原来的上线没有因拒绝感到沮丧，而是继续参加。5 年后，仅从下级马克那里，她就可以赚超过 100 万美元。1991 年我们结婚了，把下级合并在一起，数量就超过了两倍。这就是说拒绝导弹会让我们付出代价。

个人拒绝是任何人所经历的最难的感情。但是正如我们所知，生命是一种平衡，有拒绝就会有接受。面对这些是持续不断的任务。有一阵子，拒绝几乎让得克萨斯州葡萄藤市的菲尔·弥米斯退出直销。正如他解释的：“进入直销行业之前，我在珠宝批发业有 17 年的从业经验。那个职业让我有很好的生活方式、好朋友和职业自我。”

“转入多层次销售意味着重新开始，让我从舒服的区域中走出来，我走近朋友、家人和珠宝同行，让他们成为我的顾客或加入我们的行业。我看到了性格的改变，朋友变得冷淡、不信任，家人开始嘲讽，珠宝同行开始关心我是否神志正常。他们感到我在利用他们，破坏我们的关系，这让我感到很受伤。我只想说：‘好，别介意。’然后回到我舒服的区域，开始‘安全的’珠宝生活。我几乎要完全放弃直销。这种感觉在我最初 18 个月的多层次销售中持续存在着，因为我的朋友是重要的，他们的接受是关键的。”

“但是有一件事触动了我。我的下级开始感谢我。他们感谢我的帮助，实现了他们人生中的大转变。哇！感谢让我心跳加速、眼中噙满泪水。我明白了，要是我放弃，回到珠宝行业，我可能会失去我更喜欢的新朋友和商业伙伴。直销人员是关心别人、乐于分享、愿意付出和热情兴奋的人。他们和我一样，在寻求成功、和平和自由。传统行业只给少部分人提供了这些，但直销中很多人都可以成功。”

“到现在还记得我几乎放弃，因为我那受伤害的骄傲让我理解我的下线代表所面临的困难。摆脱过去的我变成了一个全新的人。这的确是个痛苦的过渡，最艰难的就是离开舒适的珠宝行业。但是由于我找到了新的个人自由、个人发展和感激，我找到了更大更好的舒适区域，我将继续作为直销人员，感谢上帝为我打开大门，给我勇气穿越大门，给我光线照亮行程。”

没有和足够的人谈话

如果我们一周内只和十几个人谈话，这些人的拒绝就成了生命中的大事。如果我们每周都和十几个人联系，拒绝就不是问题，因为总有几个会参加！记住这个平衡法则：增加接近别人的方法，减少拒绝的影响。

苏珊大约每周签 10 个合同，因为她只是兼职，平时很忙。因为她关注她的热市场名单，肯定回答的比率很高。5 人承诺周二晚来参加她的介绍，更多地了解这个机会。两个的确来了，但是没签约。她所想的就是那 3 个没来的人，都没有礼貌地打个电话取消约会。这种拒绝再持续 4 个星期，她就得退出行业。为什么？因为她的预期数目太少了。苏珊可能是我们例子中假设的预期，但是如此小数目的预期能够也的确曾经让很有希望的人出局——被拒绝导弹击中了。

作为一个兼职者，除非你每天接近 5～10 个潜在顾客，否则你对于在行业中取得成功就不是认真的。作为认真的兼职者，数目应该增加；作为全职者，一旦进入冷市场后，他们每天得和 30 人或更多的人谈话。参加会议和阅读手册不能算作“真正的时间”。第一次开始事业的时候，如果你的目标是建立组织，你 80%的时间应花在发展预期上，直到你达到了一定程度的成功，其余的活动都是消磨时间的工作。不要成为一个职业的观众参与者！从看台上站起来到运动场上去！

和苏珊不同，我们两个在开始建立自己的组织时发展了大量的人。在和雷娜结婚以前，马克受到的最大的拒绝是在 1986 年，他 7 个下线管理者中有 6 个撤出资金，去从事维生素交易。7 个管理者中他失去了 6 个——他失去了主要的领导者。这是最终的拒绝。有一次，他相信了理查德·考尔，懂得了坚持不懈的重要性。想一下理查德灵感的影响。有两个重要的胜利：第一，现在那个留下来的管理销售者给我们赚来超过一半的收入；第二，因为马克继续寻找大量的潜在顾客，他又有了 7 个更加有资格的潜在顾客，很快就能取代以前的 7 个。

记住：就是我们接触的大量潜在顾客让我们不受反对方的影响。只接触少量的潜在顾客让拒绝变成生活中的大事，接触大量的人让我们更关注那些说是的人。要是在一周内，你和 100 人联系，20 人说“好，我愿意看你的东西。”80 人说：“不，谢谢。”你的关注点就是肯定回答。在这 20 人当中，有 3 人签约，你就会很激动，你不用关注于那些不感兴趣的人。另一方面，如果你只接触 10 人，其中两个人说愿意看一看，然后决定不参加。你的关注点无疑就会是那 10 个走掉的人。直销开始时是个数字游戏，如果建立了合法的直销人员组织，就变成了人的行业。

关注范围过小的问题

很多人犯了邀请拒绝的错误，因为他们的关注范围太小。他们经常只推销一种产品或者仅仅面对公司的一个部门，而没有强调因订购经常使用的产品和服务所带来的联动收益和自由时间。直销的内在设计能吸引每个人。它并不意味着是一个精英俱乐部，也不是你只推销单一产品线就是有效的。但是新手和老手都容易犯这个错误。

20 世纪 90 年代初期公司增加了一个营养品分部，很多人没能赚到他们应赚的。原因很简单：即使宽泛的估计也显示那时只有不到 30%的人使用维生素补充剂。因此，10 人中有 7 人对新产品没兴趣。他们无法想象营养品，也不愿意改变自己的行为。公司原来的部门包括个人护理产品，我们的人民 100%都定期沐浴、洗头、刮胡子、保湿、除臭、刷牙等。因此，如果销售者在讲座中提供这两种生产线的产品，成功就会更普遍，这样就能避免有限的关注所带来的不必要的问题。

重要的是，他们应该告诉潜在顾客一个“美国梦”：轻轻松松赚大钱。几乎每个人都对达到富裕的方法感兴趣。所以你的讲座应关注个人和财政自由，确保让你的预期对你所有的服务和产品感兴趣。这种全面的方法是传奇人物建立庞大的、充满活力的组织的方法。

把拒绝变成积极的动机

约翰·康科尔已为一家著名的保险公司工作了 10 年，他父亲在同一家公司工作了 40 多年。他们喜欢在一起工作，分享着成功的业绩记录。当企业政治变得无法忍受时，在他父亲的理解和支持下，约翰在公司里开展针对竞争对手的工作，第一年工资就增至 3 倍。接下来的 5 年里，他创造了 6 位数的收入。接着，由于合并，他被裁员。他的父亲仍旧在公司里拥有同样的职位，并且开始负责一个新的部门于是提供给约翰一个新职务，但是收入微薄。

他要开始工作的前一个星期，有人向他介绍了直销。他发现自己找到了正确的公司，立刻开始全职工作。听到这个消息后，他父亲的评论是："约翰，我想每个人都要做点什么。但是，如果你那个没成功，你还能卖化妆品，因为德拉斯就有一家很大的。但不管你做什么，我只希望你不要把产品拿到家里向你父亲兜售。我很了解直销。那些人每月赚 200 美元，10 个有 9 个都失败了。"约翰对父亲说，父亲对他新的职业道路不赞成是可以理解的，他不想依赖父亲获取家庭支持。

约翰完全没有抵触情绪，似乎打动了他的父亲，他意识到自己像一个外国政客一样对待自己的儿子。他让约翰坐下来，开始询问他的目标。当父亲意识到儿子致力于成为十个中那一个成功者时，就像他自己在他们两个都工作过的公司一样，父子关系又和好如初了。

对约翰来说，他父亲的"拒绝转变而来的接受"成为他坚持从事直销事业的动力。他做得很好，这要感激父亲的拒绝和最终的接纳。约翰计划和父亲同时退休，这样他们可以一起享受财富。他很感激父亲让他有一个正确的开始。对于家庭拒绝的反应可以重新调整，成为建立新事业的积极力量。

摘 要

- ❑ 直销的失败经常源于两个问题：
  1. 这些新的销售者在招募下线人员时使用有争议的方法，很明显这些人没有处于他们生命中最好的时机。
  2. 错误地认为直销的目标是去克服拒绝，不计成本签约，然后通过热情和管理系统把他们拽过终点线。
- ❑ 如果热和冷市场的潜在顾客被正确地接近，如果时机不合适，他们将拒绝你的邀请，在这种情况下，你应该轻轻退出。6个月后再接近他们。
- ❑ 拒绝者是你的同盟者，不是你的对手，如果操作正确，它会加速你的招募活动，实际上会使你产生一个更积极的结果。
- ❑ 直到你做了承诺并接受了培训，不要和你的朋友或亲戚谈论你的行业。(在你的讲座快要结束时把这个作为重要的一点教给他们。)
- ❑ 当你开始和潜在顾客谈话时，你会产生两种思维模式中的一种：
  1. 你努力去被那些你接近的人很好地接受，同时使你得到友好的回报。
  2. 你尝试避免拒绝的痛苦，什么也不说，不做。
- ❑ 坚持加上绝对的信念就从来不会被击败。
- ❑ 当你没有从你的家庭和朋友得到你期待的支持时，首先要坚持你自己的态度，随之而来的就是他们行为的变化。
- ❑ 一旦你被培训后，迅速拿起电话，给你电话簿上的所有人打电话。
- ❑ 在你开始直销的冒险之前，不要让"打电话犹豫"和害怕拒绝阻碍你。
- ❑ 信赖你的上级。
- ❑ 记住，你是为了自己而进入这个事业的，但是你在这个事业中不是独自一人。
- ❑ 作为他们的支持者，潜在顾客把你看做他们的老师和领导者。

- ❑ 如果你感到自尊受损，应阅读、学习、听磁带、参加讨论会，同时做所有你能做的事去继续个人的成长。
- ❑ 当你个人成长时，你的直销事业也在发展。同时，你的事业成长时，你也在成长。
- ❑ 直销事业建立太慢令人沮丧，同时经常导致直销人员关注那些拒绝的人而不是接受邀请去了解这个行业的人。
- ❑ 你的事业的增长会和你在平常的、每天的基础上发展潜在顾客的数目成正比。
- ❑ 直销经过头 90 天的热市场后，仍是个数字游戏。如果建立了合法的直销人员组织，就变成了人的行业。
- ❑ 拒绝不是针对个人的，仅仅表明在人们生活中时机不合适。
- ❑ 为了给你自己必要的激动去正确地从事这个行业，要保持每一点热情。
- ❑ 招募少量的人会使拒绝变成生命中的大事，招募大量的人会让你关注于说“是”的人。
- ❑ 很多人犯了拒绝邀请的错误，因为他们的关注点太窄。他们经常只推销一种产品或者仅仅是公司的一个部门，而没有强调因订购经常使用的产品和服务所带来的联动收益和自由时间。
- ❑ 当销售时：
    1. 给你的消费者提供机会，重新引导他们在已使用的普通消费商品上的花费。
    2. 给你的消费者介绍你所有的新产品及服务，从而改变他们的行为。
- ❑ 拒绝会被重新引导而变成一个好的力量去建立你自己的事业。

2 避免管理陷阱

增强自给自足，减少依赖

直销是建立在团队建设的哲学基础上的，而不是强调监督。可能直销失败最常见的原因就是错误地认为我们要管理自己的下级销售者。非常典型的是新伙伴在前一两个月招募了 10～15 个朋友之后，他们余下来的时间就花在努力让这少部分人成功上了，这就是我们所说的管理陷阱。我必须立刻指出管理和支持下级组织是有很大区别的。成为组织的照管者会让新的直销人员不成比例地把时间花在某一个或某几个下级上，忽略了其余的人和其余的事情。这会创造一种错误的互相依赖，为他们做，而没有教会和鼓励他们自己做。

管理陷阱给组织建立者带来了两个严重的问题。第一，这会产生虚弱的、无精打采的销售者，因为别人在为他们工作。第二，忙于管理别人，营销者失去了宝贵的时间，这些时间应该更明智地用在招募新的下线销售者上。记住："新生血液是任何组织的生命线。"持续不断地发展新伙伴给整个行业带来活力。在你赚到足够可以舒适生活的钱以前就停止招募，会让你失去根基。更糟的是，因为我们是一个通过范例领导的行业，你的领导者也会模仿你，这样每个人都在管理，没有人招募潜在顾客了。另一方面，支持一个组织是直销内在团队方法的一部分。它包括回应你的任何伙伴的合理要求来结束对一个重要预期的招募。在他们感到沮丧时，要给他们支持。在本章中，我们将向你描述在组织中创造独立和增强自给自足的区别。关键是新的直销人员意识到有生产力的能力和不称职的浪费时间的实践。

发展家庭成员，为他们建立团队

马克在发展了自己的父亲之后，意识到监管家庭成员的困难。正如他所讲的故事，"父亲这样说真令我很受伤，'儿子，你加入了金字塔诈财骗局卖蛇油，这会令我很尴尬，让我们家族在密苏里的名望受损！'这话让人很受伤，因为我一直爱戴我的父亲。我们长大的时候，他从来没赚过很多钱，但是他开了自己的广告和公共关系公司。他也写了两本小说，其中一本《人陷阱》，1948 年成为畅销书。爸爸是个骄傲的人，他总告诉我正直比财富更重要，别和你一握手就感到不信任的人做生意。"

"我 16 岁在密苏里州斯普林菲尔德市上格兰戴尔高中时，爸爸离开了写小说和杂志文章的行业，开了一家广告公司。他相信我，让我出去找客户，这令我很骄傲。他说要是我能找到一个客户，他就会让我试着写稿件。我非常热情，出去找客户，第一周真的找到了一个客户。那个人的名字叫杰里·梵甘，他想在我家附近的小购物中心开一家宠物商店。不管怎样，可能是由于勇气和热情，我让他相信我，给我一个机会。"

"我回到父亲办公室，几乎无法掩饰自己的兴奋，告诉了他这个消息。我不记得爸爸对我的任何成就感到激动，但我可以看出他很高兴。接下来的几年，我写稿子，为我的客户制作广告。有些广告活动反应很好，而另一些却不太成功。但是那些年里，父亲支持我、鼓励我。这直到我大学毕业前 6 个月。"

"那时我没有意识到这一点，但是父亲不想要压力。很明显，我很无知，没能看出他对我大学毕业后的希望——顺便说一下，这件事从来就没发生过——我愿意成为他的合伙人，有一天接管整个广告公司。我有其他的计划。现在想来，在 1971 年家庭聚会上我宣布加入神学院，成为一名牧师，这真的让他很痛苦。后来我从妈妈那里知道，这么多年一起工作之后，爸爸把我的决定当成一种侮辱。但是，那就是生活。一系列的销售工作之后，几年后我想成为一名牧师。”

“就在我的父亲将要接受我加入牧师行业的时候，并且事实上已经开始骄傲地告诉我们的朋友，儿子的教堂进展得怎么样时。我告诉他一件事，这让我们几乎一年没说话。我打电话告诉他我成了直销领域一家新公司的销售者。我不会忘记那令人不舒服的两分钟的沉默。我问他：‘爸爸，我能送你一些香波和护发素吗？我知道你会喜欢它们。’沉默。”

“几分钟后——每分钟都像一年——我问他想让我把香波邮到哪个地址，这打破了沉默。”

“‘到底怎么了，儿子。你去了神学院，成为一个牧师，现在这你也要放弃。你是个放弃者。你加入了金字塔，你多让家族的名誉蒙羞呀？’他突然挂断了。”

“很自然，对于拒绝，我很痛苦。但是，一年后，我接到了一个道歉电话，这一切都改变了。父亲从妹妹那里听说我建立了一个有规模的组织，一个月赚的钱比他一年赚的都多。他打电话祝贺我的成功，然后他和盘托出了自己的健康状况——压力让他产生了心脏病。除了向我道歉，表示对我的判断太草率了之外，他也暗示我能否帮助他摆脱讨厌的公共关系竞赛。”

“这就是我需要的。下一周我就在去密苏里的飞机上，去签约我父亲，让他退出传统行业。我很高兴能够帮父亲改变他的生活。我之所以在这里详细地解释我们的背景就是想帮助你理解我非常想帮助父亲的原因。你看，这就是我第一次经历难对付的管理陷阱，也就是监管下级。在指出我的错误以前，我想让读者完全理解我的处境。我想尽我所能帮你避免这个破坏性极大的陷阱，因为它非常没有效率，经常导致失败。我们的父母、兄弟姐妹和亲密的朋友经常诱惑我们进入管理陷阱。”

“我在密苏里的斯普林菲尔德待了 4 个月，帮助我父亲建立他的组织。问题是父亲的人总在我身上寻找领导，因为我什么都为他们做。不仅这样，我自己整个组织的其他人都受到伤害，因为我没法回应他们的问题。那 4 个月我致力于管理父亲，他的整个小组成为我整个直销生涯中最没效率的。这段时间的真正价值在于我意识到帮助下级承担监护人角色的破坏作用，并且立刻把它包括进我们的培训课中，目的是为了避免其他人犯同样的错误。”

“我离开斯普林菲尔德时，我所建立的一切立刻就垮掉了。我父亲管理的人把我当成他们的老师，当我没时间像住在斯普林菲尔德时有效地支持他们时，好几个人都变得很失望，第一个月就退出了。父亲很沮丧，因为他不知道怎么领导他的人，那些人也不把他当成领导。我给自己的父亲创造了缺陷，为了所有实际的目的，我成了成人看护中心的主任。但这是真正的悲剧：父亲具有在直销中非常成功的能力。他有极强的交际能力，喜欢和别人在一起工作，有全面的商业能力，这能让他建立和经营世界范围内非常成功的组织。但我把这一切给毁了。你看，我太爱他了。非常致力于他的成功，我无意之中把一个强人变成了弱者。”

“我父亲走了，他去年过世的。有时，独自一人坐在书房里想起父亲，我希望会出现一个天使，挥舞着魔杖，在他骨灰上留下一小块金匾，上面写着：‘这躺着一个伟大的人，杜安·亚内尔，要是他儿子不那么爱他，他会更伟大。’但是，因为那时我并不知道我现在知道的，我没有真正感到罪恶。直到最后，父亲和我都有密切的关系。”

“接着，我直接去了奥兰多，我妹妹玛莉莎是特百惠公司的高级分析师。对于妹妹，我有合法的理由进入管理陷阱，那时我是这样认为的，因为我感觉她有个人利益的冲突。因为特百惠是直销公司，玛莉莎感觉到她要是在另一家公司建立网络，可能会不合适。我尊重她的决定，就再一次决定管理我妹妹的整个下级。我招募了她的下线领导，培训他们，支持他们，因为玛莉莎无法辜负特百惠对她的信任。我又一次糊里糊涂地成了管理角色的受害者。同时，整个国家其他的组织很少能找到我，都感到很沮丧，因为我专注于管理我自己家庭的小组。”

“长话短说，我回到科罗拉多州阿斯彭时，已浪费了 8 个月为父亲和妹妹建立和管理下线。一年之内，他们俩就都放弃了，他们组织中的人要么放弃要么成为产品的批发商。我浪费了很多时间，更糟的是，我太爱他们了，糊里糊涂地剥夺了他们的领导角色。幸运的是，父亲招募了一些我的高中和大学好友，比如盖里·图纳和吉姆·格兰迪。这几年他们做得很好，但最后，他们俩都选择了追寻其他的路。我们虽积极地为亲戚工作，但我们一分钱也没赚到。成为小组的监护人降低了我的收入，毁坏了父亲和妹妹成功的机会，几乎有整整一年我陷入了错误的轨道。真理是，我应该在每个城市只花一个星期培训爸爸和玛莉莎——那样他们可能都会准备好建立自己的组织。”

如果你发现自己在直销中是一个人，没有一个家庭成员支持你，最好的方法是改变他们，而不是强迫他们进入行业，然后为他们做所有的事。如果你想改变其他人，首先就要改变自己，他们的改变也会随之而来。

事实是，遗传、幸运和环境给我们的力量要远远小于我们真正相信自己能做到的。华盛顿州里顿市的吉米·考瑟特是直销领域的传奇。但是，一天早晨的自我评估让他打破了在家族中占据了一个多世纪的传统。他这样向我们解释：

“在我选择直销将近一年之后，有一天早晨 5 点，我打破了家族几代人贫穷的怪圈。我招募的每一个人都放弃了，每个人，每个我爱的人都告诉我不行。我没有钱注入，没有任何财政转好的希望，在其他领域又没有经验，没有大学教育，没有意志想坚持，只好回到日益衰退的房地产市场。我的曾祖父很穷，没受过教育，我祖父、我父亲和都是如此。我想，贫穷控制着这个家庭。”

“我的妻子和孩子安静地睡着，我坐在那儿思考我非常爱的人和我们不确定的未来。过去，每个人都时不时地抱怨他们拿到了一手糟糕的牌，但与他们不一样，我有一张王牌。我有幸待在一个大公司里，员工收入不菲。家里没有哪一个人曾拥有这样的机会。我，吉米·考瑟特，注定要带领我们家冲锋陷阵，走出人人差遣和庸庸碌碌的局面。在我之前，没有人能像我这么幸运，恢复了家庭的尊严。当我掂着脚走过我一岁和三岁的孩子床边时，我对自己说：‘我会为你做如果我曾祖父有同样机会也会做的事情。我会完成这场比赛，我要赢。’”

“从那时起，我决心打破贫穷的怪圈。我知道，如果我的祖辈也拥有聚集财富的机会的话，他们也可能会这样做。我以我的财富向曾祖父证明，他一辈子坚持做自己的事，但当时穷人、没受过教育的人并没有一点财富和时间的自由。我的孩子再也不用 5 点钟坐在黑暗中，因为贫穷而感到沮丧。感谢直销，这个圈被打破了。”

拯救情结

我们知道我们很有可能成为“拯救情结”的受害者，这和管理陷阱相似，只不过前者更强调拯救别人。考虑到我们的背景，有时我们想帮助和我们发展关系的每个人。每次我们找到一个好人，尤其是需要帮助的人，我们就会花很多时间管理那个人或他（她）的整个组织。但是这不奏效，雷娜和我一次又一次地认识到这一点。

这很有讽刺意味。那些需要最少关注的下线经常是最成功的，如丹尼斯和戴维·克里弗顿，来自得克萨斯的兄弟俩。那时，丹尼斯是一个学生，在得克萨斯大学读博士，戴维是休斯敦警察局的侦探。在进入行业大约一个月后，马克招募了丹尼斯，教会了丹尼斯他会的一切，然后丹尼斯把马克和他所分享的教给了戴维。

当他们不再天天来电话之后，马克最初有被冒犯的感觉。但是他发现他们不再像开始那样需要他了，他们让重要的潜在顾客给他打电话，确认行业的真实性，签约结束。但是，他们知道如何招募和培训。我们在第一年学到的重要的教训，就是那些最需要我们的招募者通常是最不成功的，那些自己就能发展的人值得获得所有的赞扬。马克回忆说："我感到自我受到了很大的打击，丹尼斯·克林弗顿整整一个月都没给我打电话。但是，当我从需要、被需要的恍惚状态中清醒过来时，我非常吃惊地发现克里弗顿兄弟不需要我了。只有在直销中，我们的下线成员在补偿计划中超过我们到达了顶部时，我们才感到是有回报的。"

凯茜·丹尼斯和德里·希尔都不需要帮助。尽管他们以前没参加过直销，甚至下线销售者都没做过，他们不需要马克帮助他们。除了最初一两个月的电话，最初几年帮助接近潜在顾客，他们立刻就完全变得自立了。那些哭哭啼啼、呻吟和抱怨的人几个月后就都退出了行业。那些成为百万富翁的人主要还是靠自己的努力。有了马克给予他们支持和理查德·考尔教给他的那些可以复制的系统，他们开始向成功迈进。而成功者最不需要的就是管理者和拯救者。

记住：如果新招募者结束培训之后，没有每天给你打电话，让你为他们做一切事物，别觉得被冒犯。你应该高兴！在这个行业中，每个人都有能力做伟大的事情，但是那些每件事都依赖上级的人经常是失败最快的人。我们的事业比传统企业就业机会好，是因为我们能力互补。我们和传统的公司不一样，像环球航空公司，在出版这本书的时候，公司已经 10 年没给员工加薪了，而他们的首席执行官据说每天赚 3 000 美元。如果新同事想比某一个的上级赚钱多，他们只需要更有能力，也就是，找到更多的销售者和使用、分享产品的消费者。这是我们最喜欢公司的地方。我们永远不会失去下级——除非我们停止订货——我们的下属也有可能赚钱比我们还多。1992 年以来，我们通过正面的文章和媒体报道，去大学、俱乐部和组织做演讲，还有出版图书，努力提高行业的形象。我们招募销售人员的规模也没有像最初几年那样大。

此外，我们是一些颇具规模的国际组织的管理者，这些组织希望我们每年都至少出现在他们的城市一次。我们在 20 多个国家来回穿梭，从东京到达拉斯，从悉尼到伦敦。我们非常愿意和世界各地的朋友和合作伙伴共度时光。即使现在，我们也有意避免端坐管理者的宝座、不问世事，我们愿意在每一个管理者所在的城市度过一定的时间。我们几个主要的下属——有一些待在这个行业的时间是我们的一半——变得非常成功。为什么？因为他们一直在进行市场招募——这是增加收入的主要方法。即使陷入了管理陷阱或救世主情结，很多人也收入颇丰。

坦白地说，有些人有时一个月可以赚 100 万美元，比我们还要多，于是有人会怀疑我们是否神智清醒。我们为什么选择提升整个行业，而不是通过全球范围内的成员招募成为富翁呢？我们的回答很简单：读一下彼得·海尔斯的《激情生活》吧。我们在这里找到了激情。我们毫不怀疑直销是最好、最公正的经济体制，它可以解决某些地方如“第三世界”的一些比较紧迫的问题。有很多巨大的全球问题在等着我们。为了使世界变得更加美好，许多年收入达百万美元的直销人员加入了这个体系。事实上，有些事情比变得富有更有意义。在这个行业，我们可以支配更多的金钱和时间，自由地去另创一番天地。

我们不是唯一感染了拯救情结的人。尤·塔尼亚是一个理想的直销人员，和许多人一样，她也有这个问题。

“我最大的挑战是，在别人显示了兴趣之后，判断谁真正能成功。为了成功，应该在事实发生之前就充满自信，也就是说，他们能够在成功实际发生之前刻画并且感受到成功。最初我并不理解这一点，因此我就仅仅埋头工作和管理那些看不清未来的人，然后当他们放弃时，我会变得很沮丧。我想让每个人都成功，所以我花很多时间和精力尽我所能地去帮助他们。结果，我发现自己筋疲力尽，对他们的失败感到气馁。”

“通过学习如何使长远目标变得更切合实际，我克服了这些挑战。但是，对于和谁在一起工作，我仍要仔细选择。我意识到，我的成功与我最看重的和我的精力投入到哪里息息相关。执著于一种管理模式是不必要的，作为一个领导者，我们真正需要做的是为我们的新伙伴提供一种可以复制的策略，然后让他们去创造属于自己的成功。”

尤和里克·塔尼亚是加拿大顶级直销领导者，曾在一家公司几乎待了 20 年。我们希望更多的直销人员可以在 20 年之后同样骄傲地这样说。

当你发现自己因为伙伴的不得志而变得很沮丧时，你应该教会他们如何看到未来，并把主要精力花在那些可以看到最终结果的人身上。

招募一些人，然后把他们的范围扩大

直销行业中一个常见的错觉导致人们掉入管理陷阱。有些管理者认为我们行业成功的关键就是找到四五个能干的人，然后积极地支持他们，推动整个小组的成长，直到他们变得很富有。然后再找五个人，做同样的事。这绝对不是我们行业成功所需要的。一个神奇的词是“快速扩张”，每个月尽可能多地招募下线销售者，直到你能每月都至少赚到一万美元。然后放松一下，养足精神，重新开始。

不幸的是，很多抱着良好初衷的作者和管理者对直销行业造成了很大的伤害。他们常常误导新销售者，让他们觉得我们这个行业成功很容易。事实上，传授这种哲学的人是无辜的，因为只不过在照搬他们的上级管理者从书本和磁带中学来的东西而已。最初 90 天的市场勘测更加个人化，而且拥有密集有力的支持，这是因为新的营销者把主要精力放在自己的朋友和家人身上（成功的可能性更大）。在后面的章节里我们还要讨论这个问题。但事实是你无法像行业中的传奇人物那样获得高额的收入，除非你把这当成一场数字游戏，尤其是当你进入冷市场之后。

罗恩·威格斯，27 岁时进入直销行业，此时他在制鞋业已经待了 11 年。他说他在第一年学到的最重要的东西就是：“成功蔑视所有的逻辑，所以别再寻找成功，关注于数字吧。招募了很多人之后，别告诉他们你知道的一切。要引起他们的兴趣，而不是满足他们的兴趣。”他接着说：“我做了很多错事，最终，所有的结果叠加了起来。从这些错误中，我懂得，要想成功就必须打破陈规，避免重蹈覆辙。你必须抛弃个人曾有的观念，从一开始就要接受这个事实：一直要持续不断地艰苦工作。

经过一年的辛苦工作，罗恩的收入恢复到以前的水平。不久之后，他妻子克里丝也离开了自己原来的行业，和他一起工作，他们已经成为德拉斯顶级的直销团队之一。罗恩和克里丝花了四年半时间达到了公司补偿计划顶端。现在，他们的月收入达到了五位数。他们利用自己的经验成为培训专家，努力简化培训，使其他人能够轻松地复制他们的系统。

如果直销人员真正在做成功需要的数字，就没有人会陷入管理陷阱。人性倾向于寻找受到抵抗力最小的销售线，显然，与现有的销售者工作比招募新人、每天面对拒绝要容易得多。因为这是一个复制的行业，你的人会做你做的事。如果你管理你的下属，他们也会这样做。如果你大部分时间都在招募新人，他们也会这样做。秘诀不是管理你的组织，而是寻找管理者，然后他们再寻找新的管理者。通常来说，必须寻找管理者，而不是创造管理者。但是，很多人有未被开发的管理才能。为了“找到”那些管理者，你必须不停地招募，并且应该意识到新血液是任何直销组织的生命线。招募是抵消不可避免的消耗的唯一可行方法。这是一个数字游戏，一旦销售者被发展，进入这个行业，形成毕生的联系，它就不可避免地变成了人的行业。

要是我们仅和一些下线管理者工作，每个月拿 10 万美元的支票去银行，那该有多好呀！人的本性想让我们相信有捷径可以寻觅。我们警告你不要听那些管理者和作者不负责任的言论，他们粗略地、不公正地误导别人，让人们相信可以不劳而获。别被那些教授成功管理哲学的人蒙骗了，因为实际上这是直销从业者半数失败的根本原因。下面有一个情节：一个新伙伴无意间接触了这个系统，花了几星期劝朋友签约，接下来他短暂的事业就包括试着把那 5 人拖到终点。接下来你知道的就是我们的直销人员像个保姆一样，天天待在某个人的客厅里。

安利非常幸运，一开始两个主要的管理者就看出了这种哲学的愚蠢。因为，作为管理者，下属很尊重他们，而且对他们很忠诚，所以他们能够很快抛弃这种理论，用更加现实的理论指导。我们认为，安利持续增长，成为拥有几十亿美元的商业帝国的原因之一就是没有受到这种管理哲学的支配。在这一点上，它的竞争对手与其相差甚远。安利的销售者并不试图管理每一个人，他们更强调显示计划，因此会增加新的下线销售者。我们自己的下属也是这样，这些年来我们鼓励他们阅读《力量直销》（我们的书）和威廉姆斯的《所有你能做的》。因此，我们最成功的管理者继续招募大量的下线销售者，教授自己的人做同样的事。

照顾下线

我们见面以前，雷娜最有前途的一个小组在纽约州的罗切斯特。那是一个充满活力的小组，管理者是一对夫妇，盖里和劳拉，他们有直销成功所需要的远见、正直和热情。他们发展了一个叫迈克的朋友，他是他们强大的催化剂。几乎两年的时间，一切都很顺利。雷娜两年去一次那里，和他们一起工作，接下来的时间她通过远程会议和电话会议支持他们。通常有两三百人参加会议，每一次去拜访都会有更多的新的管理者出现。这是远距离直销组织成功的标志。可是，在一星期内，一切都改变了。

迈克，整个小组中最好的招募者，陷入了管理模式。他的小组已经很有规模，他感到应该把精力投入到监管他们的招募行为上来。由于他能力很强，别人感到什么事也无法像他做的那样好。而且迈克随叫随到，他的小组一切都很依赖他——讲座、演示、签约、适应期、产品诊断和电话里的准备谈话。迈克对此感到灰心丧气。于是他给盖里打了个电话，盖里建议他和雷娜谈谈。电话内容是这样的：

“迈克，你听上去很沮丧，怎么了？”雷娜很关心。

“我不知道。只是突然觉得，照看整个小组实在让我心力疲惫，难道没有人能自己做吗？”

“迈克，你是行业中最好的招募者。这个月你发展了多少人？”

他在回答之前，犹豫了一下：“我忙着照看。不管我多么努力地工作，我的小组都没有增长。我办不到了。”

“你知道那句话：‘新血液是这个行业的生命线’。停止招募，你的组织就会慢慢死去。你希望它活过来吗？你应该回到有效而且你最擅长的——招募。”

“我看不见渠道的前景。看上去我接下来的工作就是一直看护别人。可是问问我妻子，我都不擅长照顾自己的孩子。如果我能找到不再充当‘保姆’的方法 ”

一个月后，迈克找到一家新公司—— 一个批发者俱乐部。这就是迈克寻找的——没有电话簿，不需要学习产品信息，不用培训，不需要照顾下属，只是在人们订货时提供一下资源，管理者就能得到报酬——他是这样想的。他把这个消息告诉给罗切斯特的每个人。盖里和劳拉很震惊，但他们担心自己可能会失败，也签约了新公司。几乎所有的管理者都跟着迈克进入了新行业，当然只是作为对我们公司的支持。但是由于这种分心，盖里和劳拉的下线不再专注于这个事业。雷娜最后一次去罗切斯特时，盖里和劳拉退出了那个行业，销售者的数量从 100 多人减少到 25 人。6 个月后，批发者俱乐部破产了。

我们停下来分析一下到底发生了什么。我们意识到，这一切都是从迈克停止招募，对照顾下线感到失望开始的。这是对罗切斯特小组给予广泛支持的时间—— 一个新管理者出现的时间。如果盖里和劳拉更加关注自己事业，不让迈克分散他们和整个组织的注意力，这个小组会成为我们最大的小组之一。如果时间能倒流，雷娜愿意把他们都召回来——“我建立了亲密的关系，无论和盖里、劳拉还是他们的上线、下线。我怀念这种友谊，它曾经是我生命的一部分。”但是组织一旦分开，“催生”新人比“复活”旧人要容易得多。

国外经历

当我们开拓国外市场的时候，发生了一件事，可称得上是管理陷阱最生动的例子。我们发展了一对夫妇，教会他们我们知道的一切，和他们一起在新国家建立了一个“王朝”。我们之间产生了友谊，而且发现我们有很多共同的东西，包括相似的人生观。正式开张之前，我们每周都进行电话会议，这是开拓新市场最合理、最有效的方式。通过我们共同的努力，我们惊喜地发现，有 1 500 多名认真的潜在顾客参加了我们在当地一个私人处所举办的开张庆典，这是我们在国外市场参加过的最盛大的一次午宴。可是，一年半之后，这对夫妇的收入下降了。

如此好的一个开头之后，怎么会出现这样的结果？正式开张之前，一切都很简单：没有旅馆会议，就是朋友告诉朋友；没有文献，甚至没有产品，因为还没获准销售。但是开张一结束，我们发展的夫妇就停止招募销售人员，开始管理小组。实际上，接下来的 18 个月他们都是在创造销售工具，为了满足提升的要求让他们的销售人员尽量地购买产品。尽管我们翻译了自己的资料让他们使用，但他们相信他们的文化需要一些不同的东西，因此他们准备了一个新的手册。而且，他们为旅馆会议准备了幻灯片，因为相信他们的同胞们会更欢迎这种形式的讲座。他们有配套挂图、投影仪，当然，因为他们的下属总是不满意，他们还要不断地更新这些材料。他们花钱在全国旅行，在下属举办的旅馆会议上讲话。

忙于组织的管理，使他们没有时间进行下线招募这样普通的活动。这对夫妇第一个月招募了 31 人。接下来的 4 个月里又招募了 19 人。但是接下来的 15 个月里他们只招募了 6 个分销商。换句话说，他们在前 5 个月发展了 50 人，接下来大部分时间都忙于管理组织，平均两个半月才招募一名新的伙伴。而且这对夫妇非常在意成功，而不是物质享乐，因此他们更在意创造纪录并得到承认，赚钱则在其次。他们的目标是争得国家的第一，从而达到我们公司的最高水平。他们达到了目标，但只是暂时的。因为他们陷入了管理陷阱，毁了可能会成为我们最大收入来源的小组。

这对夫妇沮丧地放弃了。直到今天他们都将之归咎于补偿计划、产品定价和那个国家的产业失败。他们和他们的同行一样工作非常努力。但是导致他们失败的原因不是产品价格，也不是公司的报酬方式，和那个国家直销的不充分性，而是耗费精力在照顾他们的组织上让他们筋疲力尽，加上他们想成为“第一”的无用需求导致了他们的失败。他们 5 个月就停止了招募，这是他们失败的开始。

庆幸的是这并不是故事的结局。另外两个高级管理和他们一起退出了行业，但是应这个小组新管理者的要求，我们继续和他们一起工作。他们从监督团体中学到了教训，回到了最基本的：建立一个小的消费者基础；招募；积极扩大营销人员规模；发展一种以家庭为基础、简单易学的系统。我们相信这个小组和他们的管理才能，相信这一次他们能在他们国家创造出经济和行业的纪录。

从别人的错误中学习很重要，所以请关注这个故事。在这个行业中，如果在收入稳定之前就停止招募，你注定会失败。两个半月只发展一个分销商，没有人能成功。更糟的是，你们小组的人会模仿你的行为，做同样的事。全职的直销要招募 2~3 年才能停下来。对于兼职的人来说，则需要更长的时间。明智之举是，把你的视线集中在目标上，按照行业计划的步骤，持之以恒地奋斗，别找任何借口。无论如何去做好了！

钢琴的故事

我们有一个故事，想和刚加入行业的人分享。它是一个很好的例子，能帮助你培训和支持你的组织。

假设舞台上有一架大钢琴，500 人坐在台下。突然，走出来一个人，他一次音乐课也没上过，对于音乐一无所知。掌声停止以后，他开始制造出一种刺耳而恐怖的声音。最初，听众们茫然回顾，感到非常震惊，甚至不敢相信。钢琴悲哀地响了 10 分钟之后，台下嘘声一片。几分钟后，他们的嘘声让表演者下台，他平静地站起来，鞠躬，然后走掉。

不速之客退场后，一个有 30 年经验的演奏者从舞台的另一边上台。他有条不紊地演奏了一首莫扎特的协奏曲。结束时，听众站起来热烈欢呼，掌声雷动，他几次谢幕，然后才退出舞台。

在化妆室里，专业钢琴演奏者注意到，第一个表演者在离开前哼着歌，拨弄领带。专业钢琴演奏者有点尴尬地提起这个话题，因为好奇占了上风。他对着镜子里的第一个演奏者笑了笑，然后说："原谅我的冒昧，但是我注意到刚才你似乎并没有觉得受到多大冒犯。我想知道被嘘声赶下舞台是什么感觉？我的意思是，这不是有失身份吗？"

那个演奏者转过身来，非常严肃地对钢琴家说："哦，不。我不把它当成个人行为，是钢琴的问题。"

可能人性中一个最有趣的元素就是我们的倾向——或多或少我们都会这样——责怪别人。事实是：很多人在失败后批评我们的行业，这并不是我们行业的问题。这个故事里的那个水平差的演奏者没有权利责备钢琴，而是他自己没有天赋。或许你会想记住这个故事，和新的分销商一起分享。

买进

在管理陷阱的失败中，最糟的就是为你的下家“买进”或者让他们为分销商这样做。那些花很多在管理上而不是招募的人经常会落入这个陷阱，这会产生严重的法律后果。如果买进金字塔销售之后被法律惩处的话，由于这种关系我们会跟着遭殃。直销的成功是由于创造出“真正的”销售额，而不是“提升”销售额。真正的销售额是通过满意的消费者的订单产生的。分销商热爱产品和服务，每月都订货，因此创造出长期的、稳定的销售额。这是最重要的销售额，因为它表示有信誉的消费者花钱购买他们用于家庭消费的产品，然后再订购。提升性的销售额是由于分销商订购的多个产品包而产生的，分销商希望通过“花钱买进”下一个层次或用这些产品包让新的分销商开始进入行业。“买进”经常会产生适得其反的结果，分销商要么付不起钱，要么没有合法的途径转移这些产品。

新伙伴加入你的组织时，要让他们制定明确的预期，他们知道他们能卖出开始的产品，那提升性销售额就可以成为有效的工具，创造出经常需要的开始销售额，这样分销商就能符合资格要求。但是第一年，销售者经常被这种突如其来的成功迷惑，认为组织中已经创造了稳定的销售额。提升性销售额不能产生稳定的组织。两种类型的销售额在直销中都起作用，但是大多数新的分销商从低成本的产品开始——包括产品、培训，或者他们个人用的服务——受益，这是我们这个行业新人开始的基础。

有些忙于管理团队的人同时也想提升，在公司中拥有更高的职位，因此他们经常购进不需要的产品，然后让他们的下线分销商为了满足提升的需求，做同样的事情。如果分销商做得好，他们每个月能招募足够多的人，管理者就能得到提升。但是如果他们停止招募，月底他们就会发现销售额不够。因此，他们就会订购自己并不需要或并不想买的产品，来满足提升的需求，因此有了这个名字——“提升性销售额”。

美国联邦和州的管理者禁止直销，他们认为这种活动本质上像金字塔营销，我们同意。实际上，我们有一个词形容这种活动——“车库合格”。我们有时想，有多少美国车库塞满了不能用的连裤袜、三维相机、家用绝缘材料、录像机和其他不能用的产品呢？如果美国所有的“车库产品”排列起来，我们相信肯定能从密苏里州排到缅因州。

别相信你能通过“花钱买进”成为公司的高层，你不能！如果出于任何原因公司的补偿计划奖励那些“买进”的人，联邦贸易委员会的律师代表迟早会在公司门上贴上“停业”的封条。买进从来不会带来长期的成功，它只能填补补偿计划中不同层次之间的距离。我们也不认识任何通过买进成为公司高层从而赚大钱的经销商。但是我们知道很多人的车库里堆满了产品。如果看到管理者买入，其余的人也会效仿。很快很多人的车库里就会堆满落满灰尘的产品，早晚这些人会因厌倦而退出。他们退出时，肯定会告诉每个人这个行业是多么恐怖的诈财骗局。很多好的公司实现高达 90%的退货政策，这样就不会让人们有这么多的剩余产品。买进的管理者看到数额很小的支票可能会清醒过来，因为他的公司已经收回了生气的分销商们的所有退货。

有些直销人员急着开始，不理解这个哲学，想跳过创造真正销售额的关键阶段。所有新的销售者都要郑重承诺尽量多地使用产品，分享这种产品——尤其是在家人和亲密的朋友之间——教会组织中的每个人也这样做，这很重要。这看上去很简单，但事实上，这一步必须尽早开始做，然后再进行更令人欣慰的招募，教会你的小组复制这个过程。两种销售额应该平衡，提升性的（在早期会推动你成功）和真正的（稳固的销售额，提供持续的、稳定收入）这会带来我们都期待的长期成功。提升性销售额很重要，但没有这个，你的行业也能成功。但是，没能创造真正的销售额会导致组织的最终停滞和崩溃。

“给我你的名单，我来做所有的工作”

早在 1990 年，马克招募了两个人，他们的父亲在南方拥有一家大的柑橘公司，在佛罗里达有最著名的办公室。他们的董事会在 55 层，面朝大海，有 300 个座位。这两个分销商是杰夫和玛丽。

杰夫和玛丽有一个 5 000 人的俱乐部，其中有一些人是小企业主，大部分是企业家。尽管杰夫和玛丽有几千人可以成为潜在顾客，但他们仍然沉迷于经营一个俱乐部——任何人都可以送潜在顾客过来的“成人看护中心”。直到很久之后，马克才完全理解这个问题。他所看见的都是数字，他们的销售额很好。不幸的是，杰夫和玛丽开始管理不善，他们小组的人数从 3 000 减到了 500，这就是问题所在。

不要告诉人们他们要做的事就是签约，给你一个潜在分销商的名单，然后你来做其余的事。这没有用。杰夫签了 10 人，然后立即告诉这些人——迈阿密真正的重量级人物——开始把潜在顾客送到他每周在公司大楼顶层举行的会议上来。他说他和玛丽有时间开会、培训分销商，这些人只需要推个手推车来运钱就行了。

开始的两个月，一切都很顺利。每周三、周四和周五的午餐会上都挤满了好奇的潜在顾客。他们被他们的老板、有钱的朋友送来寻找新的商业机会。到第二个月中旬，玛丽不得不开始组织周二和周六的会议。到第三个月月末，所有的时间都排满了。许多潜在顾客签约，他们每周的销售额很快攀上了高峰。但是，当周二他们为了照顾将会议室围得水泄不通的人们，而宣布人们必须在自己家里自行组织会议时，一切都变了。你可以想象当时的混乱。

首先，杰夫没有培训别人，那些人只是向他提供名单。他所发展的 10 个销售人员也没有接受过培训，只是不断地送来潜在顾客。简单地说，杰夫和玛丽深深地陷入了管理陷阱，他们一动也不能动。

一些新分销商说他们被误导了，要求退钱。有些人很生气他们还没满足资格要求。毕竟，他们 80 天前已经向杰夫和玛丽提供了名单，他们所承诺的每月 1.5 万美元在哪里？一个小组去另一个办公区开始组织自己的会议，但是没有人过去或把自己的人派过去，因为管理者讲得不如杰夫，他们抱怨那儿的吸引力不够。两对夫妇一起雇了一个诉后计酬的律师，起诉杰夫欺诈。杰夫不得不花时间准备他的辩词。

玛丽和杰夫没有让马克去佛罗里达察看并指导他们，还故意隐瞒他们使用的体系。他们知道马克强烈反对大的招募会议，不支持办公室，而且告诉每个人不顾一切地照顾分销商是不妥的。事实上，他们完全理解他“快速扩大”的建议，知道他们应该在财富到来之前尽可能多地招入更多的销售人员。但是他们是管理陷阱的受害者，他们没有遵从正确的方法行事。如果马克不在得克萨斯的奥斯汀，而是在佛罗里达，他可能会把他们引入正确的道路；如果他们不隐瞒自己的方法，他也有可能会挽救局面。但是等他发现真相的时候，已经太晚了，因为他们在精神上和感情上都已不堪重负。

自从马克发展了杰夫和玛丽 5 个月以来，他们除了衣服什么都卖，这实在不是什么光彩的经历。玛丽的父亲几乎不想再见他们两个了，因为他们使整个家族蒙羞，在南方，家族的形象就是一切。我们可以确定无疑地告诉你，凭他们的才智，以及他们在俱乐部里熟悉的那些企业家，他们所要做的就是：教会这些大人物签 25 个主要合同、在家里开会、“快速扩大”。这 3 个有魔力的短语和“建立你的下线”是同义词，不是指组织结构的深度，而是要尽可能快地扩大组织的规模。如果组织结构有足够宽度，深度自然就能达到。杰夫和玛丽只需要做两件简单的事就可以避免他们的问题并取得最终成功。第一，寻找亲密的朋友，和企业家类型的、愿意改变的、对于压力很厌倦的人，然后通过例子向他们展示家庭招募会议的简便、易操作性。第二，为每个新分销商召开头几次会议，然后就放手让他们自己干，分销商自己会成长为管理者。

我们的行业是让管理者建立下线，然后教他们的下属做同样的事。那些有领导才能的人会寻找其他的管理者，教会这些人如何寻找认真的潜在顾客。这是提供支持的正确方法。不是得到新伙伴的名单，而是教会你的分销商如何自己工作。他们可以向你寻找支持，也就是说，在潜在顾客出现在讲座上之后，你可以帮助他们签约。你可能会问，如何支持一个规模比较大的组织？教会他们 5 个字“给我打电话”。他们如果真的打来，毫不犹豫地帮助他们。给他们道德支持，教导协助并且帮助他们签约，但是不要越俎代庖。他们必须寻找潜在顾客，招募、培训自己的下线伙伴。

放弃或将不愉快的经历抛之脑后

我们这个行业的成功并不是因为广泛的管理。事实上，成功来自于有领导才能的人，他们有洞察力、热情、愿意招募其他的管理人员，而这些被招募的人也同样愿意分享产品和服务。然后，教会他们复制这个系统。

兰瑞·派坡，一个新加入者，从业之初就经历了一系列的噩梦：他的上线很快放弃了；他的上级管理者想劝他继续加速计划；他的 23 个分销商有 22 个都放弃了；他的 3 个符合条件的分销商都失败了；他的一个“金星”在成为第一管理者之前被捕了；另一个因诈骗而被起诉；有一个澳大利亚的要员被诊断出晚期癌症。这都是兰瑞从事直销最初 3 个月发生的事。

然后是最致命的打击——支持他的上级管理者打电话说由于自己要处理私人问题，所以这段时间她不能再向他提供帮助了。兰瑞记得，自己挂断电话后坐在床边上，非常茫然，他想：“这是上帝在考验我。我或者放弃或者自己成为领导者，把这个东西带到月球”。几分钟后，他的妈妈打电话来说，她怎么也不明白一个有门诊心理学硕士学位、事业有成、有才气的年轻人，为什么要放弃一切，成为一名卖维生素的推销员。

兰瑞认为所有的经历，尤其是他独自面对的时候，迫使他成为组织的领导者，这些经历使他受益匪浅。他继续前往招募，在达到第一个目标之前誓不罢休。今天，他和他的领导者密切合作，她把他比作“赫拉克勒斯”。最棒的是“我妈妈不再认为我是维生素推销员了。”这个故事教会我们，我们不需要成为管理者，它证明无论环境怎样，那些想获得成功的人一定会成功。

摘 要

- ❑ 管理一个组织是费时的事情，在这个过程中为组织成员做本应由他们自己做的事情，因此会产生互相依赖。
- ❑ 支持组织的成员意味着，当他们打电话要求引导、道德支持或者要求你和他们的潜在顾客之一谈话时，你必须能够做到。
- ❑ 为我们的家庭和朋友管理组织，经常会导致这些我们深爱的人失败。
- ❑ 执行一种管理模式会降低管理者和被管理者的生产力。
- ❑ 事实是：遗传、幸运和环境给我们的力量要远远小于自信带给我们的力量。
- ❑ 当招募者完成培训、独自工作而没有每天给你电话、让你为他们做每件事时，你应该感到高兴而不是感到被冒犯。

- ❑ 在这个行业中，每个人都有能力做伟大的事情，那些每件事都要依赖上级的人注定会失败。
- ❑ 我们这个行业比传统行业的就业机会更大，这是因为我们的生产力会被道德地和慷慨地补偿。
- ❑ 如果新成员想挣得更多的钱，他们需要更有成效，也就是说，比他们的上级招募更多活跃的分销商和客户。
- ❑ 如果你因为伙伴的失败感到很沮丧，你应该教会他们如何看到最终结果，然后把主要精力花在那些能这样做的人身上。
- ❑ 因为这是一个复制的行业，你的下属会效仿你。如果你管理你的下属，他们也会这样做。如果你大部分时间都在招募新人，他们也会这样做。
- ❑ 照顾下属不是建立一个行业的有效的方法。
- ❑ 成功地建立一个大的、富有生机的组织的关键是稳定地期待和招募，建立一个广泛的下线组织。
- ❑ 在这个行业中不要犯导致 50%失败的错误：在头几个月建立你的下线，然后停下来管理他们。
- ❑ 仅仅监管组织的活动不是领导他们，而是误导他们。
- ❑ 紧盯目标，按照你的行业计划不断前进，不要找借口——无论多大代价，去做吧！
- ❑ 所有可能的失败来源于管理你的组织，为你的下属"买进"或让他们为他们的分销商买进是最糟的。
- ❑ 提升销售是把钱花在产品、样品和多种包上，最初是帮助分销商满足销售质量需求的一个工具。
- ❑ 真正销售是满意的客户或分销商为每月日常使用订购产品或服务，从而产生被动的残留收入，是使直销成为可行的、不断发展的行业的工具。
- ❑ 你的事业没有提升销售仍能生存，但是没有获得合法的用户或使用所有自己的产品、不能产生真正销售会导致整个组织的坍塌。

- ❑ 直销是分销商建立自己的组织，并培训成员去复制这个过程的行业。
- ❑ 如果每个直销人员按照“快速发展”建立他自己的下线，组织结构就会自我发展，其中的精英分子会成为行业翘楚。
- ❑ 支持一个大组织的发展需要教会他们 5 个字——“给我打电话”。
- ❑ 为你的下属提供道德支持、培训和发展、签约潜在顾客，但是不要试图越俎代庖。
- ❑ 成功会降临到那些拥有领导技巧、远见卓识、热情、愿意努力去建立组织并找到愿意做同样的事的人身上。

3 规避沮丧鱼雷

尽管会有不可避免的挫折，你应该始终保持热情

尽管在最初的学习之后，这个行业 90%是有趣的，但是沮丧鱼雷是新的和经验丰富的直销人员都将面临的更大的挑战。不可避免的是：成功的招募者必须热情、真诚、能言善辩而且令人信任。在这个行业中一个沮丧的人从来不会成功。因此，我们必须让新成员做好准备，提醒他们引起沮丧的一些最常见的原因。用我们自己与可怕的对手进行的斗争作为开始。

正如前文所述，我们空前畅销的销售工具之一是一盒名为《如果直销如此伟大，为什么我还要沮丧？》的磁带。它的流行有几个可能的原因。很明显这个标题吸引了一部分人的注意，而且我们所讲述的自己在这个行业头几年的轶事比较幽默风趣。但是这个磁带如此受欢迎的原因是它与每个人息息相关。本章我们将沮丧形象地比喻为“沮丧鱼雷”，如此命名是因为它就像鱼雷一样神出鬼没似乎不知从何处冒出来，能迅速击沉目标。

直销成功的一个先决条件是情绪化的外表，虽然在传统行业中它不是很关键的。每个工作日，数以百万的人们以一种半沮丧状态爬进他的汽车，在去上班的路上为交通而奋斗，这些工作和职业简单来说并不需要情绪的能量。一些

人是计算机专家整日忙于数据运算，计算机并不关心他们是否沮丧。因为他们的监督者经常更加无精打采，也没必要表现出高兴。事实上，我们能够列出成百个令人厌烦的、单调的工作的例子。这些工作只要求半意识的注意，记住那句话吧，“哦，可以在梦中干这个”。在这个世界上的传统行业中，这决不只是一句谚语。

然而，直销中的成功依赖一个非常重要的因素——一个积极向上的个性和可以显露的热情与高兴。如果直销人员不能表现出热爱他们正在从事的事业，就不能有效地说服人们改变职业，争取一个新的兼职机会。事实上，除非有一个积极的心态，否则没有一个人会走进社区或拿起电话去招募潜在顾客或者销售产品或服务。

直销令人沮丧的原因

当朋友们拒绝到分销商家中参加产品演示会，或者更糟的是，在接受邀请后不来，这当然令人沮丧。一旦一个合作者冷漠地离开公司，或者退出多层销售而擅离职守，我们会变得沮丧。我们越沉迷于这种事情，就会变得越消沉。然而我们都知道这种情况将会发生。随着时间的发展，在我们发展事业的过程中会产生 75%的退出率。在直销中这是基本现实，我们无法幸免。

在多年的直销经历并且成功后，罗·魏格尼斯对于损耗形成了一种哲学的态度：某人对待这个行业不严肃，这人越快退出，他也就越快知道他不必浪费许多时间。如果人们不是明显地做错每件事，罗的建议是“让人们做他们在这行业中想做的，而不是你让他们做的。这个行业中的任何人和任何层次的参与者都会找到自己的位置。”他是对的，因为我们知道过度关注人员的退出率是错误的，相反我们需要关注积极的数字。一个良好的平衡的组织是由大批的批发商、许多零售分销商和一些专职的、狂热的招募狂人构成。因此罗得出结论：“和领导者一起工作。做保持你的心态的事，保持关注，这个行业才能运转。”（本书第 6 章会更详尽地讨论这一点。）

无论你是否正在期待，却得到一连串的拒绝；无论你是否已订好约会却没有一人出现；无论你是否正在招募人员，他们却在安排个人培训之前就像苍蝇一样跑了——记住，那是不可避免的。你和你的事业没有任何问题。你和咖啡店里给客人提供咖啡的女服务员也没有什么不同。一些人就是不关心任何事。你需要的是挑选那些时机合适的人。

沮丧不是来自高的退出率，甚至不来自于拒绝。沮丧随着沉迷于这些因素并过于认真地对待这些因素而来。学会像罗·魏格尼斯那样对待失望："好的！今天我只是得到 9 个'不'。我非常接近于'是'！"或者"感谢上帝，在我在他身上投入更多时间之前，约翰就退出了。"总有人会退出。人们失去了最初的热情。一些人并不适合被训练，因此你应该离开他们，和即将到来的新人工作。如果你没有新的、热情的合作伙伴，去找吧。如果你把太多的时间耗费在培养不愿意从事这个行业的人，他们会成为你的累赘，拖住你前进的步伐；你陷得越深，你越容易被沮丧鱼雷击中。寻找新的、激动的、有趣的、愿意学习的人才能令人精力充沛。

当你消沉时，去找上线

我们行业中有一句老话："如果你高兴，去找你的下属；如果你消沉，去找你的上级。"从理论上来讲，我们每一个人都有比我们更有经验的上级，他们得益于我们的成功。当我们感到担忧、焦虑或消沉时，我们应该向他们寻求帮助。因此，当我们消沉时，去找上级吧。

得克萨斯州达拉斯的戴维·德莱顿仅花费了很少时间就懂得了这个道理。"大约两年前，我的妻子特立和我正在寻找一个可以让她在家工作的办法，这样我们就可以自己照顾孩子而不必请看护了。我决定更努力地工作，同时开展我自己的事业，但是并没有结果。一天，妻子回到家中告诉我她被一个叫阿·海威特的年轻人招募为潜在顾客。我们进行了一番亲密而坦诚的交谈后，我们的心更近了，我同意她去从事这个行业（似乎她需要我的同意）。我还没明白是怎么一回事，家里已到处都是产品，和来看我们在做什么的好奇的人们。不知不觉中，我已被这个行业迷住了，直到我遇到了我第一个也是最大的困难：我们自认为最好的朋友没有出现，他们曾答应来参加聚会。我非常泄气，打算退出，但是我要感谢我听到了这句格言——'当我们消沉时，找上级。'因此我决定打电话向上线介绍我自己。我给他们所有人留了言，但我并不确信我能得到回应。”

“一天，某件事的发生改变了我的生活。之前，我有了太多的“未出现”，太多的“不”，太多没有成功的夜晚，虽然我认为它们早就应该发生。我要带妻子去吃午餐——那时她还在做这个——我要告诉她这是她的事业，她的主意，我会支持她，但是她将独自进行，我不再涉足。我刚出门时，电话铃响了，我本来打算不接电话而是让应答机处理，但鬼使神差地我去接了电话。电话中传来了一个陌生却让人感觉亲切的声音，带着焦急的得克萨斯口音问我是否是戴维·德莱顿。他就是马克·亚内尔，他听到了我的留言。我们随便地聊着这个行业和成功的可能。我没提我要退出的事。最后他提到‘坚持’，他说很多像我一样的人都在坚持着，他们没有中途退出因此现在非常成功。正是这段谈话改变了我的计划。现在，特里和我仍然以我们的方式朝着目标迈进。感谢来自阿·海威特、马克·亚内尔的支持，我们知道我们一定能够实现梦想。”

戴维在附言中说，他花了将近两年时间才弄明白那时他为什么没有退出。直到一天夜里，他写完这个故事，他才完全理解他仍然从事这个行业的原因。他的妻子已经辞职，开始从事他们共同的梦想，这发生了多大的变化。我们必须总是记得回复下线的电话。一段简单的 5 分钟谈话经常能使他们躲开沮丧鱼雷的攻击。

上线的支持会推动或中断一个新的直销人员在这个行业中的早期生涯。加利福尼亚州圣迭戈的维拉·霍卢伯非常依赖她的上线，而且尝试模仿这种方式与她的下线一起工作。正如她所解释的，“我在南得克萨斯州棉花田里的一个锡屋顶的棚屋里长大，那里没有自来水和电。我唯一的兄弟 33 岁时自杀了。我在一个厨房橱柜生产厂工作，完成朱丽亚学院的学习，并获得牙齿清洁专业的学士学位。我实现了美国梦，我和神经牙科医生一起工作，一年赚 5 万美元。最终，我意识到一定会有更好的出路。1988 年的一天，当我看到马克·亚内尔视频解释直销时，我知道我的祈祷得到了答复，我要在余生从事这个行业。退出从来都不是一种选择。”

“今天我拥有许多人梦想的生活，我能够照顾年迈的母亲，她给了我追求更美好生活的梦想。在建立自己事业的同时，我积极享受生活，并接触其他人的生活。我非常感谢我的指导老师马克·亚内尔和凯西·丹尼森，是他们让我进入了这个神奇的行业。”

不要把“沮丧”态度传递给你的下线

我们万万不能做的就是让自己的沮丧影响下线组织，因此当你的情绪高涨时，是和下线谈话的最好时机。这个行业很有意思，你会发现自己很少会消极沮丧。但是不要和你的下线分享你的消极，否则整个团体中很大一部分人都会受影响。你知道，这将是灾难性的，特别是当一个新的分销商发现他们的管理者情绪沮丧时，他们也会受到影响。

如果你在孩提时代曾经玩过闲聊游戏，一定会记得：你和你的朋友们围成一圈，其中一个人会和相邻的人讲一个小故事，然后每一个人重复这个故事，当回到最初讲故事的人那里时，故事已经被完全地扭曲了。如果你从来没玩过那个游戏，让我告诉你，当一个简单的故事经过仅仅五六个人的转述，故事就会被戏剧性地扭曲了。那还仅仅是 5 个复述而已。在网络中，一个简单的故事通过电话或个人交谈在一个星期或更少时间内可以传播 5 到 64 次。你能想象到扭曲如何不可避免地发生吗？如果不能，这儿有一个生动的例子。

马克描述了他从业前 6 个月中发生的状况。“即使我的团队在早期非常小，我发现当一个管理者情绪低落时与下线谈话会对团队产生强烈的冲击。我的一个下属，一名职业足球运动员，在进入这个行业第二个月后决定退出，我非常生气。这件事令我烦恼有两个原因。首先，我在他的个人培训上投入了大量时间。毕竟，一个来自南阿肯色州波士顿山脉的乡村男孩并不经常有机会培训一个美国全国橄榄球联盟的球星。其次，每个人都认识他，每次我告诉别人我都非常兴奋，特别是我在密苏里的亲密朋友和家庭成员们，我花了大量时间培训我伟大的朋友和合作者 NFL 先生。因此当他退出并带着 5 个最好的朋友进入美国维生素交易行业时，我非常沮丧和愤怒。我错误地和一个新的成员提到这位球星所做的事以及我为什么被他的行为激怒的原因。”

“两个星期后，当我已完全忘记了 NFL 先生时，我收到了一条来自另一个组织的下线成员哭诉信息。这位女士甚至不是我的下属。我不认识她，以前也从未和她谈过话，自从这件事后也再没联系。她没告诉我是什么让她烦恼，只是让我快点给她打电话，这样我可以帮助她做一个重要的决定。我尽力地回忆——应该会比较准确，因为这是令人激动的 30 分钟对话——下面是对话：经过两分钟寒暄后，她开始以一种沮丧的、哭泣的方式讲述她的故事。”

“亚内尔先生，我不会怪你离开公司去改善你的财政状况。你的家庭应当繁荣，特别是考虑到你在直销中投入了大量精力。但是让我难过的是你的上线告诉我们，你赚了很多钱。让我信心动摇的是，你竟然相信在你这个年纪进入全国橄榄球联盟踢职业足球同样能获利颇丰，得到长期的被动的残留收入。我丈夫认为你是勇敢的，但是我不这么认为”。

“我打断她。我很震惊：‘萨莉，你刚才说什么？’”

“我说，我丈夫认为你是勇敢的　　’”

“‘不，’我说‘在那句话之前，关于加入全国橄榄球联盟？你是开玩笑吗？我 36 岁了，甚至从来没有打过大学橄榄球比赛。’”

“然后是死一般的寂静。虽然我可以听到她在清喉咙。然后她轻轻地问道：‘你的意思是你上个月没有试图加入49人队？你不是想离开直销进入北美橄榄球联盟吗？’”

“坦白地说这是我曾经听到过的最可笑的、被扭曲的事实。当我让她相信这是不可能的，我听到她长舒了一口气。她非常放松地发现我没有离开这个行业。我攀登过遍布世界的山脉和冰川去从事滑翔伞运动，展开降落伞悬挂着滑翔。但是这项运动和职业橄榄球运动相比只是柔弱的运动。如果我被一个普通的 NFL 抢劫击中一次，我相信如果我还能活着就是幸运的。想到被一个像来自波特兰的前 NFL 选手斯蒂夫·布彻那样的家伙击中，我会颤抖的。因此我认为这个被歪曲的谣言非常荒唐，我需要追根溯源，找到它传播的源头。我没能如愿，但是这仍旧是我曾经听过的最荒唐的谣言了。”

关键之处在于，和你的下线提任何略带消极的事情，极有可能以听到扭曲的谣言而告终。从稍微有些恼怒一个 NFL 球星离开我的组织到布满整个直销领域的谣言说，我一个 5.1 英尺、155 磅的（1 磅=0.4536 千克）、36 岁的家伙，为了踢职业橄榄球而加入美国橄榄球联盟。这个例子足以告诉你，要避免和你的下线分享愤怒的抱怨。这个谣言可能会反过来缠着你。事实是上线的消沉会导致你的下线质疑这个行业。

乐观的案例

一些职业人员加入直销后感到的潜在的尴尬和他的同事的消极反应是引起沮丧的两个原因，虽然他们轻易不愿承认。我们不得不准备应付前内科医生、律师、会计和其他职业人士转入直销领域时总会经历的内心冲突。在他们以前的生活中，无论报酬是否很低或过度工作，他们仍被看做是拥有头衔和办公室的重要人物。现在他们处在直销人员阶梯的最底端。即使只是考虑接受这种挑战，这些职业人士也经常需要承受这种痛苦：为了在这个新的行业内发展，他们必须牺牲他们的身份。

对于职业人士来说，为了在直销中取得成功，在建立他们的事业时必须愿意利用他们的名望和信用。他们假装那是他们配偶的事业或者那仅仅是意义不大的副业，他们对于热市场轻微的否定就会导致他们的失败。严肃的直销人员有责任向这些职业人士提供真实的画面：为什么直销是一个独特非凡的行业，能帮助人们避免激烈竞争，甚至减少由于压力引起的冠状动脉炎。没有一个乐观的远景，人们在这个行业中注定要失败。

作为一名牧师，马克曾经看到的最棒的一本书是詹姆斯·迪力特·弗里曼写的《乐观的案例》。弗里曼先生是一个来自密苏里州李萨米特的诗人、牧师和学者。他一生大部分时间都在担任“静默组织”的祈祷牧师。作为世界联合体的一部分，安静联合体每天通过电话和邮件收到成千上万的祈祷要求，同时他们也为要求的人做二十四小时的安静的守护祈祷。谁能比致力于祈祷和沉思的人更好地为我们这些经常悲观的人们写一本关于乐观的书呢？读其中任何的章节，你都会感到自己、你的生活和你的世界非常美好。

我们已意识到，在直销领域我们拥有在自由企业历史上最伟大的乐观案例。我们想与你分享陈述这一点的原因，并鼓励你在书中标记这些内容。当我们乐观的其中一个理由与你特别相符时，做一个标记；然后当你需要的时候再翻到那里去振奋你的精神。

第一，我们拥有唯一的家庭创业行业，同时真正的零风险。你知道，大部分行业在你能够长舒一口气之前都需要大量的资金。而直销不需要！首先，我们非常高兴的是，任何人都能进入这个行业，并以很低的价格获得一些产品和销售发展，甚至价格另算。因此，在家庭行业和特许经营机构的竞争世界中，我们是没有对手的！

第二，在这个行业中挣钱没有真正的封顶和限制。一个律师一天仅仅能对几个小时收费，而一个外科医生一天也只能做几个手术。一些非常有能力的人在传统行业 10 年内都可能不会得到提升。但是，如果我们选择了这个行业，我们能每天使我们的家庭产生一个跨越。因为我们可以招募大量的人做同样的事，我们最终会从成百上千个个体中获得报酬。我们不能和你或任何其他人谈话，但是，我们可以告诉你：我们绝对热爱的事实是一个月赚 100 万美元是可能的。生活令人着迷的地方是当你进入这个行业，你的孙子会被认为是镇上的有钱的人。

第三，也是最令人兴奋的，在直销行业，时间的自由与财富的繁荣是相称的。我们认为，生活中没有任何事情能和花有质量的时间与我们最爱的人做我们最喜欢的事一样快乐。在传统职业、小行业中，销售人员和公司管理人员，每个人每周要奋斗 80 小时做那些单调的、令人厌烦的工作，只为了也许有一个星期天下午能和他们的家人待在一起。没有任何事情比自由的时间更珍贵了。我们当中那些已经取得成功的人们非常愿意把这个宝贵的经验提供给其他人，从而提升了世界各地每个家庭的价值。

第四，在直销行业根本不必有任何压力。根据 20 世纪 80 年代末期《乔治亚州趋势》杂志的封面故事，在美国压力导致的冠心病在各种趋势中占第一位。同时，正如这本杂志所提到的，它不仅仅对男人有危险。1980 年以来死于冠心病的妇女增加了一倍。在直销行业，如果你没有乐趣，你肯定干不好。在过去几年中，尽管我们的行业需要大量的招募、遭到了许多传统观念的拒绝，我们仍然取得了巨大的成功。因此，像我们一样，如果你在头几年付出代价，压力将不复存在。

第五个原因是 4 年计划。在传统行业 40 年计划是最好的。你会问什么是 40 年计划？大部分人到 25 岁将知道他们应该进入什么行业，他们可以从事任何职业，从钓鱼导游到外科医生。但是 40 年后，100 人中，5 个在工作，36 个死了，54 个破产（或者开始入不敷出），4 个收入良好，1 个非常有钱。因此，40 年计划意味着，我们中的大多数人像一头被关在笼子里的愚蠢的病狮，

40 年来不停地在家庭和工作之间迂回，然而，40 年后 100 人中仅有一个人值得炫耀。与之形成鲜明对比的是 4 年计划。为一家直销公司勤奋地工作 4 年，通过诚实地推动产品和服务而获得一份收入，取得成功。甚至更加令人激动的是你的后代也可以如此。每个人的直销事业是完全可以继承的。如果用 4 年计划交换 40 年计划仍然不能让你心潮澎湃，你也许应该去检查一下你是否患有早老性痴呆病了。

据说，“我们生活中最值得追寻的奖赏是得到认可。孩子哭着想得到它，成年人愿意为它去死”。我们确信，没有任何其他行业能让我们获得作为一名直销的管理者所能得到的认可。我们每个人唯一可能在众人面前哭的机会是当我们得到下属的认可。那些在直销行业获得成功的人也应该得到认可。当其他人带着真诚的眼泪和欢笑感谢我们给予他们机会，使他们的生活变得更美好时，再没有任何事情比这更让人高兴了。

最后，旅行和激动人心的文化之旅的快乐等待着每一个整装待发的人。在广交天下朋友的同时，努力工作，然后系上你的安全带准备去看看这个世界并享受新的冒险。世上再没有任何事情比单调而乏味的工作更令人厌恶了。在直销行业，我们能畅快地旅游，了解新的文化，参观主要的博物馆，在世界各地品味各种新的、独特的美食。直销是令人难以置信、与传统行业截然不同并且获利颇丰的职业。

因此，正如你所看到的，从事直销行业有许多乐观的理由。如果你无意中被沮丧鱼雷击中，我们建议你，经常看看这一章，特别是这些观点。进入直销行业，你将成为这世上最幸运的人之一。

控制我们的态度

我们的态度是仅有的、完全属于我们、从来不会被拿走的财产。房屋和汽车拥有过又会失去，但是价值观和态度会永远伴随着我们。只有我们不断练习控制我们的态度时，我们才能管理我们的外部环境。真正的改变首先来自于内部，我们的行为特性随之而来。

如果没有这种个人的意识，人们经常会在从业的头几年变得消极。当一个亲戚或亲密的朋友拒绝加入你的事业或者当某人在你已经花了许多时间支持和培训他之后毫无理由地退出了这个行业时，你会把这些看成是对你的冒犯，很自然会感到被拒绝。这些事很有可能会发生，但这要取决于你决定如何对之做出反应。

没有人能带着沮丧成功地执行获得成功所必需的任务，特别是在一个成功更多源于态度而不是能力的行业中。很多人失败仅仅是因为他们的态度。正如我们前面所说的，如果你不向他们展示你的热情和兴奋，实际上不可能去说服人们改变职业。如果很明显我们不满意，我们不能期待其他人加入我们的行业。记住，热情是可以传染的。

在我们自己招募成员的过程中，我们自由地表达激动和快乐是说服其他人加入我们的关键因素。虽然许多期待者知道自己生活令人厌烦而且单调，但是他们仍然能够识别我们如何的激动。我们用行动表明："在我们的行业中如果你不能享受其中，你不可能成功！"现在，让我们给你一些实际的建议吧。

拒绝更多的新闻！

在我们作为文明人的漫长历史中，从没有像现在这样，我们有这么多方法可以完全控制态度。我们相信古老的关于计算机的格言也同样适合于人："垃圾进来，垃圾出去。"因为我们的神学背景，我们两个都进行了广泛的咨询。很多时候我们发现沮丧源于人们允许进入他们头脑的垃圾。一个人来咨询婚姻问题，解释他如何失去了激情，实际上，他的整个生活都变得越来越沮丧。正如经常发生的那样，马克回忆起这件事，简单地评价这个人的日常行为，讲述了故事。

"40 岁的菲利普是一家技术公司的电脑分析师。他说他每天的生活都平淡无奇。'我早晨起来，坐在餐桌前读报纸。因为我们共用一部汽车，我会去接两个朋友，或者他们来接我，通常要花 45 分钟。'"

"我用一个引导型的问题打断他：'你们车上都讨论什么？'我想知道重要的原因。"

"'哦，你知道，一般的闲谈。'他回答说，'但是我们真的只聊几分钟，然后就打开收音机，因为收音机每 10 分钟都会有交通报告，这能帮助我们改变通勤策略。如果前面有严重的交通问题，我们可以避开它。除此之外，在那个时候，不开车的人通常要检查一些商业文件。'”

“正如我期待的那样，菲利普接着开始陈述他单调的一天。他和同事工作期间可以收听广播。‘这能打破一些单调。’菲利普解释说。他从公司回到家中第一件事就是一边品尝葡萄酒一边读报纸；然后他和两个孩子、妻子吃饭，吃饭期间他们讨论自己的一天；接着，他花不到两个小时处理他带回家的文件；然后妻子和他按时上床，看一个电视节目——《法律和秩序》，然后是10点钟新闻。他再次强调自己生活美满，但是太平淡了。”

“在40分钟的反思倾听之后，我建议菲利普6个月不要读报纸，不要看关于犯罪或新闻的任何电视节目，不要听收音机新闻，6个月没有新闻。接下来的两次咨询我采用了常规的婚姻咨询技巧。菲利普和南茜再没有回来过。两年后我们在会议上相遇，我们相视而笑。他们的婚姻有了积极的转变，菲利普很感谢我。他说不知道什么改变了，但确实有什么改善了他的生活。‘而且，’他转身要走时说，‘除了周末版的《今日美国》，我再不看新闻了。'”

错了，菲尔。整个婚姻的转变可能可以追溯到远离那些无聊的新闻。如果你陷入沮丧，读3遍下面的话：“别再有新闻！”如果火星人登陆地球，15分钟后你就能从朋友圈中听说。如果一个王妃死了，即使你在加勒比海的小船上，你也会知道。我们就是这样的。

现代生活中，没有什么能比新闻创造更多的沮丧和痛苦的了。我们每天都受到收音机、电视、计算机和纸质媒体的轰炸。为了真正理解它对我们的影响，不妨思考一下新媒体的哲学。记住，他们在赚钱的、有利可图的行业，他们必须得让人感兴趣。思考一下新闻界经常被引用的一句话：“没消息就是好消息。”他们知道美国公众渴望不同寻常的东西。杀人犯比向慈善机构捐款1.5万美元的人更容易引起人们的关注。唐纳德·特普和玛拉·梅普离婚了，很自然小报会全方位报道整个故事。去年，特普给纽约无家可归的人捐赠了200万美元，但从来没有哪个朋友告诉我这一件事。我们订了《纽约人》，因为那些美妙不凡的故事，但没有一篇文章提到过特普的利他主义。为什么？因为公众不感兴趣，不愿意买“好新闻”。

所以，这和我们有什么关系？关系很密切！我们签约新的分销商时，在一对一的个人培训之前我们都会分派给他们一个特殊的任务，完成之后才会受邀参加签约。在接下来的章节我们会详细讨论，这些任务非常简单：

1. 确定目标。看到结果——看到你自己在那儿——然后把目标写下来。
2. 列出 2 000 个熟人的名单——你想和他们分享这个机会——然后首先考虑 25 个主要的家人和朋友。
3. 亲身体验过我们的产品后，找 10 个也喜欢它们的人。
4. 为了保持你积极的态度，除了包括 75%文学和 25%“现实事件”的新闻，6 个月内不接触任何其他新闻。

完成前三个很容易，最后一个很难。但是一个关于你的分销商态度的简单评估能充分暴露事实。如果他充满朝气、心情愉悦，他很可能没看新闻。

发自内心地创造积极的环境

无疑，我们相信在头脑中输入乐观积极的信息对成功很重要。我们通过阅读励志书和文章、听有启发性的磁带、每天和自己及别人进行积极的交流做到这一点。

阅读那些能鼓舞你的书籍，并与别人分享。振奋人心的内容会像野火一样蔓延。这儿是我们的一些建议。首先，记下美国青年人基金会的电话号码：314-772-8626。他们分发最重要的两本书，虽然很少人读这些书，但我们鼓励每一个新的分销商订购和阅读它们。两本书的作者都是密苏里州圣路易斯的罗尔斯顿·普利马公司的伟大的奠基人、前总裁威廉·H·丹佛斯。他是一个白手起家、非常富有的企业家，他对所有年龄层包括儿童、男人和妇女的个人发展都感兴趣。虽然今天很少有人听说过他，丹佛斯先生是一位人类潜能专家，写了许多这种关于永恒话题的书：任何人，不论年龄、肤色、性别和经验，都取得能与世界上最知名的企业家一样的成功。丹佛斯先生希望所有成年人无论选择什么行业都能成为世界上最伟大的人。如果你读过他的《行动》和《我谅你不敢》中的任何一本，你绝对不会再意志消沉。你甚至不必从头读到尾，完全可以在任何地方开始或者跳着读。虽然这两本书的目的是让年轻人为即将开始的成年生活做准备，但是对于将要开始新的职业生涯的成年人也很重要。

与其相似，A·L·威廉姆斯的故事讲的是一个胸怀大志、境遇却相当糟糕的中学教练如何战胜困难并最终成功。他的梦想是创造无限的机会，使普通人也能够达到相当的高度。他成立了一家直销人寿保险公司，公司主要由前教师和教练组成。这家公司取得了很大的成功，仅仅在第 7 个年头，他们销售的定期人寿保险已经比纽约人寿、大都会和普鲁丹修合起来还要多，这些公司都已有百年历史了。那么他是如何做到这些的呢？很简单，鼓起人们的自信。我们推荐你读他的《推动人们》和《所有你能做的》，两本书都相当不错。但是请特别关注一下《所有你能做的》这本书中关于原因和作为改革者的章节。在那些我们相信直销的困难将会击倒我们的日子里，A·L·威廉姆斯的话给了我们很大触动，帮助我们赶走了沮丧。

现在市面上有成千上万关于灵感和励志的录音带。有机会的话，放一盘来听——例如开车时或是在家里做枯燥的工作时——不断地吸收积极的信息。它们能帮助你充分挖掘潜能，坚定信念，达到你的最高目标。

每天我们的脑海中会闪现五六万个想法，95%是关于过去的。正是过去阻碍了我们的发展。沉迷于过去那些不能改变了的消极的事情，对我们的发展毫无益处。当播放一首怀念西部乡村的歌曲时，你知道会发生什么吗？你想起了你的狗，你的皮卡车，你的女朋友　　你回到了开始的地方。为了继续向前，我们必须花费更多时间从陈年往事中找寻积极的情感经历或关注于将来。

当你感到自己正在螺旋式地下降时，放点能够让你想起过去幸福时光的音乐，你肯定会感觉很好。想想那些因为时光流逝而似乎变得更加完美的情景吧。这些想法会让你感到温暖。现在，让我们带着这些感受和情绪回到现时。丈夫走进家门，看到他以前追求过的女孩，而不是每天和他一起过着单调生活的妻子，他会有不一样的表现。他对她关爱的行为会引起她相似的反应。这个例子就是用过去改变我们对现实的情感反应的一种方法。沮丧鱼雷可能就在那儿停着，但是我们不能让它击中。我们要百分之百地控制着我们的头脑。

关注于个人发展时，投入更多精力思考未来也同样有效。它需要努力和决心，因为我们自然的倾向是沉浸于过去。努力想象我们希望变成的样子是改变和发展的第一步。如果我们不能想象自己有一个积极的未来，我们永远不会到达那里。很多时候，人们把目标建立在此刻的真实上，却限定了自己的目标。但是打破这种限定可以使看来不可能的事成为可能。

目标设立就是从内向外逐步适应新现实的过程。为了逐渐把那些梦想变成现实，在发生之前你就要开始想象，开始对自己说："这是可能的，"尽管现在还没有发生。用将来时思考，想象目标已经完成。你的梦想正在实现。成功的人总是关注结果，而其他人关注过程，关注“如何实现”。思维狭隘的人问“为什么？”思维开放的人问“为什么不？”

你可能会担心所定的目标不现实或无法实现。如果你相信自己所定目标的价值，就请相信我们，你会发现实现它们的资源。定一个大目标，然后努力实现它们。不管你做什么，别放弃目标，改变你的态度就可以了。如果我们那些被禁锢在现实中的想法比我们真正想要的理想更强大，我们的发展就会受到抑制。为了改变想想即将发生的事吧。

运用肯定

肯定是关键工具—— 一种信念的声明，这种肯定被写成文字并重复，似乎这个目标是一个已经实现的目标。肯定能够影响结果。许多著名的行为科学家已经在几个里程碑式的研究中记载了自我肯定的有效性。我们现在可以说最愤世嫉俗的、保守的实用主义者那种自言自语、自我暗示、想象和自我肯定的编排的确很有用。在斯坦佛大学班杜拉博士的研究、加州伯克利行为科学研究所查尔斯·嘉弗尔德博士的研究以及太平洋研究所楼·泰斯的超前的人类潜能研究发表以前，当我们进入自我暗示和自我肯定的命令时，我们会失去一些听众。现在，只有那些住在壁橱里的人会质疑想象和每天自我暗示的有效性。今天，我们知道抵抗沮丧或其他心理痛苦的最好的方法之一就是每天练习重复你自己的积极声明。准备一些小纸条，放进你的钱包里或贴在计时器上，或者贴在浴室镜子上，每天背诵。

这里我列举了一些对每个人都起作用的自我暗示，但是我们鼓励你自己写，特别是写与你的需要相关的内容。每天醒来或睡觉前静静阅读它们，读完一条后，想象这个声明似乎正在发生。读这些话，想象它们正在发生，感觉与这种想象一起的情绪。随着这些肯定逐渐融入你每天的生活，创造力、积极的决策和目标设定会变成自然而然的事。

“我是强有力的，我明白我会独自为我们的决定和行为负责。”

“我欣赏生活的每个方面，因为我会轻易地、热情地创造乐趣、快乐和冒险。”

“和一群相同价值观的人一起工作我感到自己并不是孤立无援。”

“当我说话时人们洗耳恭听，因为我说的话有价值。”

“我能以这样一种方式清楚地向其他人描绘我的商业前景，他们会被鼓舞并加入我，成为我们的一分子。”

“因为我强烈的自尊心，在到达目标时我获得了巨大的满足。”

“我把自己看做一个人，知道我值每月5万美元或更多。”

“当我去招募无数能迅速复制我的成功的激动的人们时，我非常自豪我建立了一个直销体系。”

你会注意，这种练习是：当你想象新的东西时，你逐渐会抛弃旧的，完全相信你想象的正在发生。那也就是改变开始发生的时候。改变经常是向前两步，向后一步。当你做得好时，对自己说“这像我。”当你做错时，对自己说“这不像我。”我们反复使用了每一种自我暗示，并和许多人分享它们，有些人已经看到反复自我暗示所造成的具有戏剧性的结果。

鲍勃·夏普医生，一名来自密执安州大瀑布城的牙医，1989年他经历了很多艰难。“离婚，我职业生涯的终止，我新牙医诊所合作伙伴的过早死亡，办公室建筑项目有问题，最后，我妻子和癌症斗争的6个月让我欠账超过100万美元。到1996年1月，税务署（IRS）说如果我不付清所欠的9万美元税款，就会拿走我的一切。税务署拿走我卖保险的大部分收入时，我的情形变得非常糟。”

“最近我和我们公司的总裁一起参加了一个研讨会，每天早晨和晚上都阅读并重复这些自我暗示：‘我坐在船舷上，俯视着满是巴斯鱼、梭子鱼和蓝腮的池塘；妻子苏珊和我在任何时间都能去我们想去的地方旅行。因为我的才能和信仰，人们向我寻求建议；我的孩子开始创业时，我能够资助他们。’”

“事情立刻就开始有了变化。我的上线借给我20万美元让我偿还债务，包括欠税务署的钱。我的牙医诊所开始有了起色，我的直销事业开始由停滞转为增长。我恢复了自信和自尊。5个月内，所有短期借款都是流通的，所有长期借款都按计划还上了。最令我兴奋的是，10月份苏珊和我搬进了我们梦想的房子。一座占地51英亩的乡村别墅，包括一个鱼池和一个游泳池，一个网球场，一座马棚，10英亩的草地/骑马区域和一座可出租的房子。鹿、大鹅、鸭子、火鸡和成千上万的鸟都是我们的客人。公司、直销行业对我而言不仅仅是赚钱的兼职，而是个人发展和过自己选择的生活的自由，是从每天所做的事和帮助别人过他们梦想的生活中获得满足。”

越来越多的科学家，包括量子物理学家，意识到我们不可能抛开物理法则凭想象产生出神奇的结果。但是，我们能极大地影响潜意识，这会直接影响我们每天的生产力。可能你会想起 1969 年，联邦通信委员会发现消费者有可能会不自觉地受到暗示性广告的操纵。最后，这种广告被认定是非法的，因为它误导了消费者。这种操纵也可以用来产生积极的生产力。尝试自我暗示一个月，你会一辈子利用它。当你进行自我暗示时，你就能自己防卫沮丧鱼雷，坏消息和失望将再也不能穿透你的保护层。

从外部创造积极的环境

关于抵御沮丧鱼雷我们最后的建议就是——这个不是很难——新分销商至少在第一年应该避开偷走梦想的人和消极的人。消极的人经常是家庭成员或亲密的朋友！因为直销的成功经常源自于态度而不是能力，重要的是花时间与支持我们成功梦想的人交往。对于那些经常消极地谈论我们行业或批评我们梦想的人要有清楚的原则。

找个时间和这些消极的人坐下来，进行一次认真而且真正的讨论，让他们知道无论他们如何看待这个行业，你需要和期待的是积极的、正面向上的评论或者干脆不要评论。告诉他们事实。如果他们坚持让你参与影响生产力的、负面的讨论，你就要做出决定。你是选择有财政安全和时间自由的生活还是在消极的人中间平庸度日，这完全取决于你。但是，在大部分情况下，如果你友善地让人们支持你，要是他们真的爱你，他们会这样做的。

得克萨斯州德拉斯的罗伯纳·奈夫博士在进入直销行业的第一年，从他尊敬的人那里收到了很多消极意见。他们最大的争论就是这个行业有漏洞：“为了自己的利益利用别人。”他知道这不是他的经历，但是他们的话盘桓在他脑海里，阻止他建立自己的事业。为什么？因为这些话令他沮丧。

尽管被认为是无神论者，罗伯纳·奈夫对于精神价值的理解也在加深。当他开始接受他在行业中的位置及信仰时，一天早晨他惊奇地意识到：直销是根据基督教建立的。他疯狂地写下他所看到的相似之处，与此同时，他对这个行业曾有的疑虑消失了。就在此时他明白直销本身是一个很好的行业，它帮助别人进行自助。把这些写下来对奈夫博士帮助很大。我们也很喜欢他的分析，不可能用更优美的语言描述这些相似之处了——虽然我们都接受过培训，是职业的神学家。了解这些直销和基督教的相似之处之后，理解它们如何帮助奈夫博士抵御沮丧鱼雷就很简单了。他这样写道：

1. 如果没有人邀请你去看它，你不太可能了解它。
2. 人们给你看了一些最初看上去太好而难以置信的东西。
3. 因为它的有效性你获得了帮助，但是大部分是通过个人故事实现的，因此你的信念主要建立在信任之上。
4. 你被告知，在你获得这些难以置信的利益之前你必须首先树立信心。
5. 你可以通过身边的货物数量来衡量你的信念。
6. 你有一本可以引导你的手册。
7. 虽然你开始并不理解它，但你应该学会去理解，并要遵循前辈的经验。
8. 沿着这条道路前行，你会遇到困难，你需要寻求帮助。
9. 当你情绪高涨时，你被要求帮助在你下面的人；当你情绪低落时，你能从你上面的人那里得到帮助。
10. 那种帮助能使你更强壮、更自立。
11. 沿着这条道路前行，你可能不会非常完美。但是只要你相信，你就能实现目标。
12. 你需要暂时把你自己的需求放在一边，先帮助其他人。
13. 提供这种帮助要求奉献、坚持和艰苦的工作。
14. 不要害怕人们，即使许多人说不需要你的帮助，你也要向他们伸出援助之手。
15. 与那些与你有相同信念和承诺的人待在一起，你会免受消极因素的影响。
16. 你被定期邀请与大家聚在一起回顾你曾经的展望。
17. 结果是你会更加了解你自己和其他人的生活。
18. 最终，你将直接或间接地帮助许多人过上更美好的生活、搬到更好的地方。

直销是一种伟大的平等，因为它建立在态度之上。查尔斯·斯韦多，一个牧师和畅销书作者，写道："我活的时间越长，就越能意识到态度对生活的冲击。对我来说，态度比事实更重要。它比过去，比教育，比金钱，比环境，比失败，比成功，比其他人想的或做的都更重要，它比外表、天资或技巧　　更重要。"

"每天我们有机会选择自己当天的态度。我们不能改变我们的过去。我们不能改变人们以某种方式表现出的事实。我们不能改变不可避免的。我们能做的就是让我们的一切按照我们的轨道运行，这就是我们的态度。我相信生活是10%发生在我们身上的和 90%我们对它的反应。你也不例外。我们控制我们自己的态度。"

通过态度的改变支持个人成长的项目正在增加。埃及的课程——"正在增加的人类有效性"和太平洋研究所的"投资优秀"就是这样的项目。这里的许多概念可以追溯到罗·泰斯，罗·泰斯又引导我们找到阿尔贝特·班杜拉博士，这位 45 岁的哲学家和他的自我掌握和尖峰行为的识别策略曾被多次引用。正是从他那里我们了解到自我努力和人类潜能的最重要的新发展，这也是我们的个人发展课程形成的基础。

相信并保持前进

虽然显而易见，我们还是要说：生命的秘密就是不要放弃；避免心情沮丧的方法是保持信心！当然，他们都是对的。生命的挑战对我们的成长而言是基本的。没有它们，我们会落入温柔陷阱，失去继续创造的动力。路易斯安那州巴顿罗技的丹瑞尔·摩尔在 1994 年 12 月明白了这个道理。当时他和妻子麦伯面临着他认为的是直销中最黑暗的一个月。"8 月我们发出一封信，向公司表明我们计划获得执行官地位。9 月和 10 月，我们达到了合格的目标，但是到了 11 月我们不得不延缓。我们已经有了一个下线分销商，而且 9 月份他已经完成了他的执行资格，因此我们把 12 月看做是决定我们在这个行业中生死存亡的月份。如果我们不能达到目标，我们不仅要被迫从零开始，而且将失去我们仅有的执行官，他会越过我们。我们都在为实现目标而努力。所有人告诉我们 12 月是最差的一个月，因为人们都在考虑即将来到的假期，你不可能让他们做别的事。”

“麦伯暗示我们已经达到这个行业的尽头。我感觉自己就像最后一个从急诊室里出现的医生，对病人的家属说：‘我已经做了我能做的。’妻子绝望地看着我，问：‘现在还能做什么？’我能做出的回答就是继续做我们正在做的。不要放弃。我相信努力工作和相信我们正在做的，可以帮助我们渡过难关。”

“下个星期，12 月 10 号，我们找到了一个新的下线分销商，布赖恩 ·米勒，一切都好，只是比密西西比的杰克逊稍逊一筹。我们和一个下线分销商朱尔 ·莱尔一起做生活租赁屋广告。我们掷硬币看谁会得到一个签约，朱尔赢了，他发展了一个简历足有 1 千多米长的商人。我们找到了下一个潜在顾客布赖恩，虽然过了一个多星期他才签约。他交际非常广泛，非常主动，一周之后他就递交了意愿信。这帮助我们达到了 12 月份执行官的资格，并挽救了我们的事业。今天，布赖恩、米勒和我们仍然还在这个行业里（虽然签在米勒下面的商人已经离开了），并且坚定地朝我的目标迈进。信心是使我们通过这些考验，并使我们没有终点，永远前行的唯一的东西。我们对公司有信心，对产品有信心，对自己有信心。最重要的是，我们相信，如果我们做自己的事，并且用心去做，上帝会给我们指明道路。”他这样做并带领他们走出沮丧，到达乐土。

来自弗吉尼亚州安南达的约翰 · 希尼在一家美国公司待了非常短的时间，23 岁时他退出了。“经过两年大学生活，两年军队生涯，两年计算机从业经历，我发现为别人打工永远不会发财。我的最后一份工作（破产之旅）是为一个汽车商管理计算机，投入 45 周，70 ~ 80 小时，一个月赚了 2 000 美元。我不是天才，但也能很快算出，我 1 小时的价值刚刚超过 6 美元。”约翰想开办他自己的特许经营公司，但没有资金。他给报纸上的每一个广告商打电话，又查看了许多直销公司，最后他找到了对他而言最合适的公司。“最吸引人的是什么？在这个行业中赚几百万美元的成功人士是我可以模仿的导师。他们愿意告诉我他们知道的每一件事！”这是一群正直的人们，和一个产品将占据巨大市场份额的公司。

“但是问题是在这个行业的第一年，我不愿意和任何人谈起这个行业。我很害羞，缺乏信心，希望但并不知道这个行业是否能够运转，对于像我这样年轻、没有经验、没有钱的人能否成功没有信心。但是我的上线芭芭拉·格罗夫费尔德曼信任我，每天早上她会给我打电话，并且鼓励我拿起电话和其他人分享我所知道的令人难以置信的信息。我在头几个月联系了大约 100 人。很多人嘲笑我。我实际上仅仅发展了 100 人中的一个，而且一个星期后她也退出了。6 个月后，我只赚了大约 1 500 美元。”

“但是一个有趣的变化发生了：我仔细考察了芭芭拉的上线，我遇见她时她 1 个月只能赚 4 000 美元，6 个月后她 1 个月能赚 2 万多美元。丽莎·费班克，是一个 26 岁的单身母亲，有一个新闻学位和伟大的态度。22 个月后她每个月的收入就突破了 6 万美元，这使她成为我们公司的一个传奇。我非常幸运地见证了这一切的发生。你知道我学会了什么？她没有做任何我不能做的。她就是努力工作，完全相信公司、产品，相信自己有能力赚几百万。因此即使我毫无效率，收入几乎为零，我的信心开始也增长。也就是在那时我的事业永远地改变：那时我开始相信我可以复制我的导师的成功。”

“接下来的一年内，我的收入从每月 1 100 美元增长到每月差不多 1 万美元。今天，没有人相信我的故事是如何开始的——这样一个害羞的、破产的和准备退出的人。但是这没关系。只要记住 6 个字‘不断观察赢者！’今天我们已经帮助很多人离开传统工作并获得了同样巨大的个人成长。本来我会轻率地退出直销，并会说：‘这些交易没有意义！’但是我有这样一个理念：当每个人都放弃的时候，也就是我真正去工作的时候。我有伟大的榜样帮助我保持积极的关注。”

“现在回头看，我在开始阶段所做出的牺牲与我的投资回报相比是微不足道的。除此之外，从事哪个行业能够一两年就盈利，并且很少或没有债务，在家中工作，持续不断地赚 6 位数的收入呢？20 岁时，我花了大约 1 000 美元得到一个房地产执照，但我从未用过。所以冒 1 000 美元的险在公司上恐怕还不是赌博。我常想，如果 7 年前我能找到资金获得那些比萨特许经营权，我会怎样？我可能刚刚还清贷款，每天 24 小时住在店里，每天吃派坡卢尼比萨，没时间锻炼，我可能体重高达 350 磅。现在，我周游世界，有平和的心态，从不头痛，并且在以后的日子里可以做一个专职父亲。”

年轻时，约翰已经升到了公司的顶层——这都是因为他有充分的自信，而不是因为他拥有他认为能使生活运转的丰富的投资资金。对自己失去信心是阻止我们成功的唯一障碍。我们可以从约翰身上学到一个重要的教训：不要产生沮丧，观察一下其他成功人士吧，如果他们能做到，你也能！不断观察赢者，相信你自己！

无论你做什么，不要退出

来自纽约城的约翰和帕翠茜·多尔，1991 年 8 月开始加入直销行业。签约后，他们回家打开电视看 20/20。芭芭拉·沃尔特在采访一位名叫弗兰克·凯利的律师。该律师宣称要整垮他们发展的公司，他认为公司是非法的"金字塔组织"。约翰和帕翠茜·多尔这听上去很荒唐，但很多朋友打电话来说他们知道播了这个节目。他们经历的和关于暗杀亚伯拉罕·林肯的经典笑话形似："除此之外，报酬是多少，林肯夫人？"幸运的是，打动很多朋友的不是对于豪尔公司的攻击，而是芭芭拉的结束语"但是我听说产品不错"。

帕翠茜继续他们的故事："拥有过多的关注，并不是发展事业的最好时机。我们本来可以说'是'，他们是对的；这太难了；没有人愿意加入我们的行业，并且相信我，他们不加入。他们认为那是金字塔组织。我们想自己是否也该退出了。没人会谴责我们！但那会是一个可怕的错误。我们就会错过建立国际行业 6 年来所认识的那些伟大的朋友。我们的一个转折点是参加了伊利诺亚大学在芝加哥举办的直销认证课程。这是最早的直销认证方面的课程，由亚内尔和查尔斯·金博士讲授。我们遇到了很多不同直销公司的营销者，和他们成为了朋友，而且在离开的时候我们相信这个行业将是未来的朝阳产业。"

今天，帕翠茜和约翰有一家拥有 8 000 多位分销商的国际性大公司。直销让他们离开了以前的饭店业，尽情享受一起工作的快乐。他们可以任意支配时间，尽享财政自由。他们周游世界，同时为他们的生意伙伴提供支持。他们非常感激那些帮助行业走出困境的人，他们没有盲目听信媒体对公司的负面报道。相反，他们做出了自己的判断，尽管开始时很艰难，但是不要放弃！记住：如果坚持学习，提高自己，和积极的人交往，沮丧绝不会击倒你。

科罗拉多州克科拉多泉的斯蒂夫和塞西亚·罗斯有着相似的经验。1987 年他们第一次听说这个行业，那时他们住在得克萨斯州的奥斯汀。他们受邀请会见马克·亚内尔，他们听说他非常成功地开办了一家直销公司。因为行程匆忙，他们错过了这个机会。经过许多失败的尝试之后，4 年后的 1991 年，新墨西哥州阿尔伯克基的一个年轻的检察官和他的妻子向他们提供了同样的机会。听说亚内尔还在从事这个行业，他们决定再来看看。他们卖了一个沙发才凑齐了买启动包的钱。他们忙得团团转，遭遇了同样的媒体攻击和多尔夫妇曾经面对的定期审查。

描述这场灾难时，史蒂夫和塞西亚还记得："我们的下线有脊椎指压治疗师、银行家和商人，他们像沉船中的老鼠一样逃离了这个行业。当我们担任领导者，看到公司开拓了国际市场、建立了 10 层楼的货仓、在混乱中成立了一个新部门时，我们对公司和产品的信心更强了。所有这些就是我们的直销公司第一年所经历的。国内媒体对我们做了不公正的报道之后，有几个月我们一提起公司，就得为公司和我们自己辩护。这种经历使我们获益匪浅。在直销行业中获取成功需要有内部改革的意愿，因为这是一个从内到外都在变化的行业。"除此之外，一旦知道我们的领导者是正直的，我们的产品或服务对所有人是有益的，我们就不能屈服于沮丧或外部环境。

亚利桑那州特普的乔丹·阿德尔 1992 年 9 月加入公司时，一共欠了信用卡银行和国内税务署 3.6 万美元，除此之外，他还有一个正走下坡的工作和一辆破旧不堪的吉普。"我选择'跨越'任何挑战。我知道长期的、稳定的收入绝不会降临在放弃者身上。虽然我知道这些，但我已经养成了放弃的习惯。事实上，我待过 11 家直销公司，放弃了 6 个，其余 5 个在我放弃前就'完蛋'了。我现在知道，你被击败多少次并不重要。你能多少次站起来才区分开了胜利者和失败者。我加入我们公司之后，有些人在我身上看到了一夜成功。他们没有看到的是 10 年间我没发展过任何销售代表，经历了一次又一次的失败。"

"早在 1993 年，我发展了一位马萨诸塞州皮玻底的朋友。我借了 1 000 美元，去了两次波士顿，和他的组织一起工作，我们建立了有 30 人的小组。我的朋友和他的伙伴两次被提升。我们很激动。几个月后，我订了另一张机票，用信用卡租了一辆车，去东部开会。我飞了 1 000 多里，开车穿越暴风雪才到达会场。让我难以置信的是，所有的人都'没出现'或取消了会议，我的那个朋友和他的伙伴那天也没有出现，并且从此再无音讯。他们的 30 个下线也因此退出了。我不能劝回任何一个。那个寒冷的冬天，一半的小组成员都不见了，但我仍热爱这个行业，回到凤凰城继续建立组织。今天，我的组织有上万名代表，而且每个月都在增长。失败无法操纵坚持。但显然，坚持最后总能成功。”乔丹，是一个坚持就有回报的活生生的例子，他现在是高级经理，是他的公司里前100位赚钱最多的人之一。

这些故事有一个共同点：当那些像你一样的人走麦城的时候，他们处在商业的最初阶段，他们没有让沮丧鱼雷把自己击沉。他们遭受无法控制的外部环境打击的时候，他们没有放弃。综观整个行业，从统计上讲，相当大比例的人在第一年退出了这个行业。但是，更有意思的是我们发现：在这个行业待了10年或更长时间的人中95%在他们各自的公司都达到了最高的工资水平。

摘　要

- 直销需要向上的、热情的人，他们会吸引别人寻求自身的价值。
- 消耗是直销业的基本事实。
- 那些没来参加会议的人，或更糟的是那些放弃的人，引起的失望可以通过把精力投入到更多的新潜在顾客身上而减轻。
- 不要浪费精力支持那些拒绝你的人，考虑“下一个”吧。
- 与那些显示了兴趣，并能让你精神振奋的人一起工作。
- 如果你想放弃，给上线打电话，寻求支持和鼓励。
- 对于职业人士来说，为了在直销中取得成功，在建立他们的事业时必须愿意利用他们的名望和信用。对于热市场轻微的否定会导致他们的失败。
- 与他人分享行业有理由骄傲和乐观：
  1. 我们有家庭创业行业，没有上线的限制，没有严重的不利风险。
  2. 完全的时间自由和我们获得的财富和繁荣共存。
  3. 通过最初的努力工作，我们最终可以拥有一种没有压力的生活。最好把传统的40年计划换成新的4年计划。
  4. 认可和旅行只为那些成功建立网络组织的人准备。
  5. 在我们这个行业中，认可来自生命中真正重要的事，比如帮助人们使生命有意义。

6. 全球旅行经常包括和新朋友联系，以及和他们分享激动人心的文化经历——这些冒险是那些陷入40年计划的人享受不到的。

- 如果你想招募那些陷入沮丧的人，你的努力会白费。
- 你能够控制自己的态度。如果你展示那种控制，从内部调整你的态度，你的外部行为也会自然改变。
- 为了改变你的态度，消除沮丧，我们鼓励你：

1. 不要看电视或读新闻。
2. 读励志书。
3. 听有启发性的磁带。
4. 用积极的、励志的方式思考。
5. 回忆过去积极的情感经历。
6. 关注未来，而不是限制你可能性发展的过去的失望经历。
7. 制定目标，定期运用自我暗示来达到这些目标。努力想象我们是我们想要的那样是我们改变和发展的第一步。
8. 避免消极的人，至少和他们谈判，让他们避免在你周围消极地行动。

- 不要放弃目标。
- 肯定是关键工具——一种信念的声明，这种肯定被写成文字并重复，似乎这个目标是一个已经实现的目标。
- 你想象新的时候——努力相信你想象的就是此刻发生的——你逐渐就会摆脱过去，那时改变就开始发生了。
- 95%在这个行业待了十年或更长时间的人在他们各自的公司都达到了最高的工资水平。

4

防止虚幻梦想

通过诚实而不是浮夸赢得胜利

我们的行业以培养百万富翁而著称。因此，人们认为如果第一年每个月赚不到 10 万美元，从某种意义上讲就是一种失败。比这种对于财富的错误的期待更糟的是，一些分销商鼓吹在直销中成功可以手到擒来不需要多少努力和时间投资。然而，事实是这是一个需要劳动的行业，那些获得高收入的人都付出了多年的勤奋努力。同样错误的观点是你什么都不用做，就是每周把人送到旅馆会议去，你的上线会做余下的事情。在这些会议中，有些管理者的确是包揽了所有的事情，包括为你签下潜在顾客。这是一个以家庭为基础的行业，努力与我们的付出相称。本章将通过揭露和谨慎地反驳过去那些招募糊里糊涂的分销商的神话，来仔细看看我们称之为错误期待坦克的现象。我们将用你第一年实际的努力来代替它们。

一个比喻

想象下面一个情节：你和一个朋友准备去芝加哥的一家咖啡店吃早餐，篮球巨星迈克尔·乔丹碰巧也坐在那儿。当然你立刻就认出他来了，但是你不想在周日的早晨打扰他。他旁边的桌子是空的，于是你们坐过去，好离他近一点。当你们坐下来时，你注意到迈克尔的两个同伴都坐着轮椅，一个下身瘫痪，另一个腿上装着金属支架——可能是多发性硬化或其他肌肉疾病。他们俩都只有十七八岁。

你坐下来，背对着迈克尔，但是你离得很近，可以听见他们谈话。你并不想偷听，但是你禁不住要听一下谈话。

“吉米、丹尼，你们可能不相信我，NBA 中很多人一年的收入都在 3000 万以上，因为我们愿意付出努力辛勤工作。我在你那么大时就开始练习，我一直相信有一天我能加入球队。你得看看这个。”你从眼角的余光看到迈克尔递给一个男孩一张纸。

这个年轻人仔细地看，然后惊呼，“哦，上帝，乔丹先生，这比我爸爸过去 10 年赚的钱都多，他是个医生！”

“我知道，”迈克尔说，“这是一个月的收入！”

“吉米，看看这个！”丹尼费劲地把支票递给桌子那边的吉米。

吉米看了看这张 280 万美元的支票，极其不相信地摇着头。他从没见过这么多钱，无法想象一个月能赚这么多钱。

他们俩继续盯着支票，迈克尔大声说：“你们知道吗？你们也能做到。为什么要做报酬低廉的工作？实际上你有无限的潜力，比如为职业篮球队打比赛。”

你摇摇头，快速地瞥了一眼，确保你的眼睛没有骗你。没错，他们都坐轮椅。

他接着说：“我不是说你轻而易举就能成功。我曾被高中校队踢出来，所以我理解失败的痛苦。但是我不放弃。我不断练习，直到我在球场任何地方都能投篮，甚至有时候会扯裂篮网。”

“我见过你做非常伟大的事情，乔丹先生　　”

“是的，丹尼，你也能做。我一分钟也没有忘记你们会面对的困难和挑战。但我想让你知道只要专心致志任何事情都能做好。你的确有无限的潜力，别让你坐轮椅这个事实妨碍你尝试。让我为你们骄傲。努力工作，总有一天你会过你想过的生活。我知道无论你赚多少钱都是理所当然的。”

当然，这个场景不可能发生，因为迈克尔·乔丹知道那些坐在轮椅上的人不可能进 NBA。某种程度的缺陷让上百万人在各行各业中没有机会升到本行业的顶部。身体的、教育的、智力的、经验的残疾让大部分人待在传统企业金字塔的底部——比如 IBM 或可口可乐。在我们的社会中真的存在“金字塔”，最底部的工人收入很低，在危急的时候是先被抛弃的人。当只有少部分人能升到系统的顶部时，没有人会企盼可以赚到位于金字塔顶端的那些人赚的那么多的钱，更不用说代替或超过他们了。

但是，在直销中，几乎任何人都能到达顶部，因为没有不能克服的挑战。在那个假设的场景中，迈克尔·乔丹对于两个残疾青年说的话都可以用于直销行业。在直销中，即使是那些胆怯的、没受过教育的、没有成功记录的人也可以被鼓励，相信自己能像企业中很多领导者那样每年赚 100 万美元。在直销中，每个人都有能力超过公司里赚钱最多的人。除了自己给自己的限制，没有什么能阻止你。

说了这些，现在我们想区分一下这个行业的潜力和达到成功所需的现实。的确，不管是否存在障碍，几乎每个人都有在直销行业获得高收入的可能，但是我们对那些暗示在这个行业取得成功轻而易举的领导者感到忧心忡忡。有时候，经过几年的艰苦努力却以失败告终，有些真的并不适合这个行业的人仍误以为他们能够成功。

在我们这个行业每个人都能找到自己的位置，但每个人获得成功的方式和需要时间并不相同，成功的程度也大相径庭。成功并不是只以金钱衡量的——有些人会获得稳固的、一生的友谊，这本身就使我们行业值得追求。有些内向的人会一扫往日的拘谨，感到他们在这个行业里获益匪浅。还有些人一个月能赚几百美元，对自己能做点有价值的事，除此之外还能赚点儿零花钱心存感激。有些生活窘迫的牧师第四个月就能赚 1.5 万美元。几乎每个人在这个行业中都能感受到自我发展，无疑，这是无价的。还有什么方法能得到这么积极的成果——就待在家里，毫不费力！

我和我的妻子通过这个行业相识、相爱、结婚。即使你把我们拥有的一切都拿走，爱情本身也会让我们在直销中的时间显得非常有价值。没有什么比找到你的灵魂伴侣更有意义了。所以，不管怎样，向潜在顾客展示这个行业的内在潜力，但允许分销商有谋取自己的成功的权利。说起成功，我们是指有价值的目标并采取必要的步骤去实现目标。只要你向前迈出一步，你就是成功的。

平衡向上的潜力和现实

直销的收入会变得很有戏剧性。我们相信任何人只要有理智的自信，喜欢坐在家里与小组内的人联系，乐于学习，有改变命运的真实愿望，都有每个月赚 10 万美元的潜力。但是，重要的是描绘出现实，知道要达到财政安全和时间自由需要多少艰辛的工作。很多分销商没有谈及这些必要的努力。最近，《今日美国》的一则广告对直销进行了如下描述：

没有销售，没有电话簿，没有每月配额，

没有个人或团队销售额要求，

没有会议，打个电话就开始吧。

这个广告是有意误导。我们打电话核实了一下，发现为了得到各个层次的完全补偿，虽然并不强制购买，还是需要实质性的销售额。这就是问题：如果领导者为寻找其他对赚大钱感兴趣的有企业精神的领导者而在商业版上登广告，为什么暗示不需要电话簿或月销售额呢？这不仅仅是误导，这是欺骗。我们认为联邦贸易委员会或其他管理机构调查这样的营销者或公司是正确的。他们使无辜的人相信直销和彩票一样，可以什么都不付出就有收益。你也许会认为大部分人都很聪明，不会相信这种荒唐的说法，但看看多少人把维持生计的钱拿去买只有千万分之一中奖率的彩票吧。

让我们考虑一下赚很多钱需要的条件。直销的收入来自于组织内成员购买产品或服务的数量。因为大部分家庭只购买他们需要和使用的，一个有相当规模的组织是实现高收入所必需的——很多只订购和使用一点点东西。大组织由那些招募很多下线分销商，并且作为有能力的教育者教会分销商复制他们的过程的个体发展形成。有一个人曾经在四十年内建立了我们行业内的顶级公司——一个价值几十亿美元的全球帝国。直销与其说是销售行业，不如说是教育行业。那些在任何公司达到事业顶峰的人通常都具有良好的沟通能力。能够向一群人做演讲是必需的。复制是关键。正如你已经在我们很多故事中读到的那样，作为个体我们多么不同寻常并不重要，关键是我们是否擅长教别人复制我们的系统。但是我们不想在人们面前挥舞着大额支票，制造出错误的期待，而没有诚实地讨论需要什么来赚这些钱。

那些制造错误期待的人常用的策略是对艰苦工作和坚持不懈轻描淡写。大部分人在很短的时间内就能看穿这种错误期待，然后放弃。毫无疑问我们认为第一年分销商的高退出率就是由于受到错误期待的冲击。本章，我们会花时间多方面讨论这个问题，包括很多新人完全没有注意到的：关于需要做多少工作才能获得高收入的不现实的评估。

这个行业不需努力的错误认识

考虑一个假设的情景：史蒂夫去参加他的第一个直销讲座，立刻被鼓吹者所说的增长潜力所吸引。第一次意识到无限收入的可能性。但他的问题是：尽管史蒂夫知道几百个优秀的潜在顾客，但他现在是一家软件公司的管理者，月收入 10 万美元，每月收支差不多相抵。在达到这个收入水平之前放弃现有工作是不现实的。在讲座的提问阶段，史蒂夫问能否之后与主持人比尔和安杰拉谈谈。当然他们欣然同意。

每个人都走了之后，史蒂夫向这对成功的夫妇解释了他的财政状况。比尔和安杰拉没有如实相告；他需要努力全职工作一年，或是兼职工作两三年，才能达到目前的收入。他们制造了错误期待。

比尔说："没问题，史蒂夫。你有俱乐部，都是有出色能力的潜在顾客。安杰拉和我可以为你搞定那些人，让他们成为你的下线。"

当然，这不会成功，因为比尔和安杰拉忙于建立和维持他们自己的下线。他们可以试试，但经验告诉我们没有人能为别人做这个行业。我们都知道，如果朋友先从朋友那里听到商业机会，会有很好的回应。然后，一个成功的上线或上线可以加强这个好奇的潜在顾客从朋友那里知道的机会。如果朋友告诉朋友，直销的力量就处于顶峰。但是在这个阶段史蒂夫还不知道这些，他刚被介绍到这个行业。所以对他来说，这听上去很好。根据比尔告诉他的，他签约了，列了 200 个顶级潜在顾客，然后找来了潜在顾客。

错误期待坦克很快就击中了史蒂夫。他很快就意识到，在这个行业没有付出不可能得到回报。即使比尔信守诺言，给史蒂夫签了几个高水平的下线分销商，史蒂夫也必须亲历亲为、努力工作，否则他底下的人可能会很快超过他。但经常发生的是当史蒂夫不亲自接触朋友时，比尔无法让史蒂夫的朋友做事。

这就是关键：在直销行业很少有人，即使有的话，有时间和精力去招募、建立和培训一个以上的庞大的下线队伍。我们没有遇到过这样做的人。半年之后由于很少或者没有活动，史蒂夫放弃了。但是他没有真正地走开。从那天开始，只要有人提起直销，史蒂夫都回答说："是呀，直销是诈财骗局。我花了一年半的时间努力工作，我的上线说能挣大钱，但我一分钱也没见到！"有成千上万个"史蒂夫"在那里诋毁我们的行业，因为不现实的声称导致了成为泡影的期待。

不幸的是，有数不清的比尔和安杰拉，他们是"筛子"，而不是关系建造者。他们潜在的动机是依赖史蒂夫的俱乐部，找到一个赢家，而不是帮助史蒂夫凭他和朋友们的亲密关系建立起事业。因此，应该怎样做？比尔和安杰拉应该诚实地说出史蒂夫的机会。史蒂夫不但会更加尊敬他们，而且会充分了解为了成功需要付出多少努力。

正确的处理应该是这样的。比尔和史蒂夫坐下来，盯着他的眼睛："你知道，史蒂夫，我理解你两难的处境。我知道你在进入这个行业的时候仍需要收入。但是如果你目前的公司决定通过裁员来增加利润，你却是被裁的对象，他们根本不会考虑给你继续发工资，直到你自己找到替代收入。突然地，他们给你提供了补偿金，目的是平息你，这不能满足你的长期需求。事实是，在我们这个行业，只有那些把它当做专职工作对待的人才能赚大钱。把你所有的精力都投进来，你肯定会早些成功。如果做兼职，持之以恒，最终你也会成功。但是只付出微小的努力，也就是说，把你所有的潜在顾客都交给上线，你不可能赚大钱。"

史蒂夫听着，但是没有完全理解。他回答说："像我这样的人怎么做这行？怎么有人能赚到我听说的那么多钱？"

"史蒂夫，我们的很多领导者每月的收入超过 5 万美元，5 年之后，就能在这个收入水平上退休了。和你工作了 40 年后获得的微薄的退休金相比，我们提供的很吸引人。但是我如果不告诉你真相就是伤害你。真相就是：为了达到这些目标，你必须打起精神全职工作。另一个选择是非常努力地兼职工作，直到你达到你目前的收入，然后全职工作。如果你选择其中任何一个，那就太好了！安杰拉和我会与你并肩战斗，直到你达到目标。或者，我们签约吧，你的家庭能以批发价使用我们的产品和服务。我 6 个月后再和你联系，看你的状况改变没有。”

你能猜出史蒂夫会怎样做吧？他会回家，认真地考虑这个行业。对于如何努力工作他没有任何幻想。他非常尊重比尔的诚实。比尔直截了当，因此阻止史蒂夫成为错误期待坦克的目标。他将仔细地考虑：或者他在直销的前景光明，他愿意 6 个月靠积蓄生活，全身心投入行业；或者他采取谨慎的方法，先保持原来的工作，兼职做，这花的时间要长一些；或者他以批发价订购一些产品，成为一个好的消费者。即使这 3 个他都不选，比尔至少还有一个只要时机合适 6 个月后还可以再联系的潜在顾客，而不是制造一个由于误解现在一有机会就诋毁整个行业的愤怒的分销商。

记住：在直销行业，诚实就是一切。在办公室欺骗一个人，办公室里的 8 人都会听到。在这个行业欺骗一个人，一星期之内 20 个国家的 20 万人都会知道。上线分销商欺骗下线分销商，是不容易被忘记或者原谅的。这是这个行业最可憎的错误。想想你自己公司的情况吧：那些欺骗别人的人是最受鄙视的人。令人伤心的是，不管你道多少次歉，一旦做了你再不能恢复，你在公司的名声受到了无法更改的诋毁。我们在很多公司都看到了这种情况，这是我们这个行业最容易避免的悲剧之一。

这个行业每天都给我们提供了发现自我真正价值的机会。很多时候我们需要做出道德决定。每一次都是关于正直的测试。有些只有我们自己知道，但是我们和别人一样会不遗余力地提升人的价值观水准。这种正直必须在我们第一次做讲座时就开始拥有。真实地讲述你的营销计划和成功所需的巨大工作。提供你的支持，但不要为新分销商做你自己都没时间做的工作。我们对行业的艰辛工作越诚实，就会得到越少的退出率，也会赢得更多的尊重。

对于成功所需数字的不现实的假设

注意你对于需要招募人数的不现实的假设。有些公司和分销商一起加深了这样一种观点：为了成功，你不需要发展很多人。这真是胡说！虽然有些例外，大部分成功的领导者都得签下很多下线。

大部分在直销领域赚大钱的人都发展了至少 100 名下线分销商，有些甚至更多。但是，万事总有例外。安大略省坎博格的米歇尔・迪缪西科就是这样一个例子，在一个多层次直销公司待了 13 个月后，米歇尔发现了一个他更认同的、产品非常棒的公司，加入新公司后，他这样描述他的经历。

"在最开始的阶段，我的计划中有 100 人，招募了 26 个下线。我非常重视我和这 26 人的关系，其中 5 个成为了我的长期商业伙伴。我签约的每个人都像我一样投入，显然，他们会和我待在一起。他们在开始时的贡献增加了效率、激动、销售额，帮助我创造了我个人的成功故事：第一个月团体销售额就高达 12.6 万美元，个人收入达 1.5 万美元这个成功使我信心倍增，这种推动力一直持续了 6 个月。

在这之后，我几乎一年没有招募，我把精力投入到推行沟通和招募的基础结构上，发展了可以被复制的讲座和培训模式。我回到墨西哥，招募了 5 人，第一个月的销售额就达到 15 万美元，几乎都是从冷市场获得。6 个月后，我的月收入达到 2 万美元。

到这个时候，我大约招募了 30～35 个下线分销商。我开始关注魁北克市场，预期了 45 人，招募了 5 个新人，其中两个月收入已达到 1.2 万美元。

然后，我非常幸运地认识了一个来自马尼托巴省的重要商人，我帮助他创造了这个行业到目前为止获得回报的最高记录。仅在热市场，他就招募了 13 个潜在客户中的 12 个，其中 4 人第一个月销售额就激增，还有两个接下来的两个月销售额也相当不错。他们创造的团体销售额记录是 21.9 万美元，他的净收入是 1.79 万美元。因此，我的月收入升到 4000 美元。

成功孕育着成功。在过去的 18 个月里，我很轻松地发展招募了 12 个新人，其中 4 人月收入在 2000～8000 美元。同时，我帮助我的上线扩张，我的月收入达到了 10 万美元。

今年，我 33 岁，从业 6 年，发展了 60 名下线，其中 6 人的月收入在 8 000～45 000 美元之间，3 人月收入 2 000～4 000 美元，还有几个人刚刚开始。我的成功得到了很多人的认可，不用多说我是真的喜欢在令人无法相信的行业中从事不同寻常的事业。"

由于这些杰出的成就，米歇尔被公司选为"年度最佳分销商"。我们正在采取策略，让这样的故事成为未来直销中的平常事。随着这样的事情变得越来越触手可及，未来 10 年我们会看到更多的新同伴进入我们的行列。

那些加入直销的新人应该了解 4 种最常见的报酬计划：脱离、单层、母体和二元。还有一些把这些合在一起的混合计划，但总的来说，这 4 种是最普遍的。我承认，接下来的解释有些过于简单，但是第一年的分销商并不需要更深入的了解。你现在需要做的只是对这些补偿计划有个基本的认识。

最古老、最传统的就是脱离。它允许分销商招募并根据下线伙伴的数量获取报酬。如果领导人满足了公司确定的基本要求，他们就可以“脱离”上线管理者，形成自己的组织。在脱离计划中，领导者可以从每个人的循环销售额中得到佣金。尽管相当大比例的钱耗费在循环销售额上，真正的收入仍是通过大量的脱离小组产生的。由于脱离计划强调下线分销商的数量，新分销商都认识到只有签大量的下线才能得到补偿计划中的全部收益。

单层计划根据一个特定水平的数目支付佣金——与有 20 层或更多层不一样——由公司规定。它和脱离计划的循环销售额很相似，不同之处就是它限制层的数量。当然，单层公式没有脱离体系，但相似的是赚钱的唯一方法就是发展很多下线，因此能创造指数增长的机会。在脱离计划和单层计划中，你下边的每层都比上边的每层大。例如，你的第六层，应比前五层加起来都要大。因此你的下线越多，你的第六层就会越大。因为单层计划不如其他的奖金计划利润大，它经常和其他计划一起使用。当然，在单层计划中，每个人都懂得数目对于成功的重要意义。

作为补偿计划，母体由于定义，具有先天的局限性。以一个 3×7 的母体为例。你在顶部，有 3 个下线。你的第二层是 9 人，第三层是 27 人，第四层是 81 人，第五层是 243 人，第六层是 729 人，第七层是 2187 人。你的整个组织，如果人都满了的话，有 3279 人。很多领导人的组织中，人数是这个的 10～100 倍。这实际上是把无限的机会转化成有限的收入职位。更糟的是，在这个体系下你底下的人很难成功。让我们假设你第七层的人都强烈地想把他们的母体组织填满，这就需要有一家拥有 200 万分销商的公司。现在问题就出现了，第七层的人想成功，就必须招募中国、美国和德国的总人口那么多的成员。

不考虑母体计划的现实性，推销行话仍旧是：“你所要做的就是招募三人！就三人！”公司的文献和整个销售力量都强调，你只要招募三人就能成功。这可能就是大部分人最终做的。但是我们想让你了解的是：在我们行业的历史上，没有任何公司在任何时候，只招募三四个人就能赚到钱。这是错误期待的“广告荒谬”。如果你按照母体计划工作，你自己招募的人要达到前四五层。这样你才能成功，母体计划才能奏效。

二元计划是新补偿计划当中的混合体。如果你喜欢母体，你也会喜欢最初的二元计划。它的前提是你需要做的就是招募两个下线，他们是你的“利益中心”。一旦你招到了两人，并且教会他们复制你的过程，然后让他们接着做。哇！你有钱了！但大部分情况并不是这样。将来可能会更完善，但在写这篇文章的时候，我们调查的大部分二元计划要求分销商平衡组织两边的销售额。如果放手让他们自己做，每一边都会以截然不同的速度发展。因为平衡销售额不会自己出现，分销商为了让销售额平衡，就必须不断地向一边或两边增加有素质的人员。否则，分销商将仅能按照两个组织中销售额低的那一边得到报酬。

有些母体和二元结构公司的人没有仔细阅读这一章就开始喊叫了。所以，在你做出反应之前，请先弄清楚我们说的话。我们在任何一种报酬计划中都遇到过成功的人，我们不强调哪一种更为优越。不管是脱离、单层、母体还是二元补偿计划，要想成功，你都必须招募，或者在招募中发挥长期的作用。我们听说通俗作家和顶级领导者有不同的建议。不要傻乎乎地相信只要发展两三个下线，你就能得到无限的财富。不管选择哪个报酬计划，获得成功都需要大量的艰苦工作。

我们不想评价报酬计划，只是提醒母体或二元计划的领导者，在向新潜在顾客宣讲计划时，不要制造错误的期待。不现实的假设经常会出现在限制下线分销商数量的计划中。

纽约州杜德尔的卡罗尔·费茨格拉德发现自己成为了一家新公司错误期待的受害者。她感到自己受到了欺骗，因为她没有直销经验。现在回想起来，她觉得她应该能预见到：“为了接送两个孩子上学，我曾经在一家大的直销公司兼职。我是一家大的营养品和家用产品的分销商。我没有打破任何纪录。但是因为我每周付出的时间，我的收入很不错，而且每个月还在持续增长。我的组织内的大部分成员都是女性，都有专职工作，但她们想和孩子待在家里，同时能有一份收入。”

“一切都进展顺利，直到一个朋友给我打电话，告诉我一个‘不可思议的环保产品'，我想试试。我问她这是不是直销公司，并且告诉她我对现在的组织很满意，对于为很多家公司工作不感兴趣。即使她知道我现在的成功，她仍很有创造力，并没有轻易气馁。4 天后我过生日，收到了一个大包裹，包括一系列样品和一个让人不敢相信的报酬计划的简单介绍。现在我知道为什么我的朋友那么激动，产品非常好，报酬也令我大吃一惊。"

"二元报酬计划还是全新的。我见过母体计划，对于二元知之甚少。这看上去不是真的。（为什么这些警报没响？）这的确是让你无法相信的来钱快的好机会。它按周计酬，每售出价值 1000 美元的产品（每个人 500 美元），就能赚得 250 美元。发展并不重要；深度不受限制；最好的是，销售额不会失去，会一直保持直到取得平衡。特别是在这种计划中，分销商一旦购买 100 美元的产品，发展两个依样行事人，就有资格得到报酬。分销商可以购买得到 3 个层次，没有年龄限制，待在家里就能成为分销商。我迷上了这个行业。这家公司控制一切，产品的确是革命性的，能保护环境，收入也很可观。我能帮助我所有的家人和朋友（那时我们还是朋友）。他们要做的就是购买 100 美元的产品，我可以把他们纳入我的组织，在他们下面建立组织。"

"我先尝试了一下。开始我有 3 个职位，我把我的孩子作为下线，接下来是我的丈夫、父母、公婆、祖父母、兄弟姐妹和我所认识的每个人。他们是否有直销经验不重要，任何人都能理解这个报酬计划，除此之外，他们在帮助改善环境。当然，我的组织中的每个人都能效仿我。几乎每个人都有 3 个职位，他们也鼓励他们的朋友和家人做同样的事。我们签了教堂、学校和其他非营利性机构，他们也召集了他们的支持者。我的组织快速增长。直销就应该是这样的。"

"第二周我的产品到了。我们还没有分销商工具包或培训手册，所以我自己写材料供小组使用。公司喜欢我的工具，所以公司都在使用。我组织电话会议，进行培训。财源滚滚，每个人都很高兴。然后事情就发生了。产品送货开始耽搁，支票也开始有误了。公司的原则告诉我这是由于公司快速增长而引起的，这是一个好问题，我相信他们会另外雇人处理这个问题。我们继续传真上千份的申请。但我开始关注自己的组织。我让我的小组成员把申请都传真给我，这样我能监控增长。我发现我们的资金存在严重的不足，我立即带上表格登上了飞机。"

“我到达时，公司领导看了我的文件，很吃惊。他们‘不认为问题很严重’！他们把程序员叫来，认为有一个程序错误，为了改正错误，得重新输入上千份申请。当然，我们不能失去激情，所以他们要我继续积极地招募。他们说他们已把弄错产品订货单的人开除了，让我相信两周内一切都会回到正轨。我们继续招募。尽管支票和产品订单仍会出现问题，他们看起来正在尽力解决。”

“然后黑色星期一来了。邮件到时我发现我的上两张支票由于资金不足被退回来了。电话铃响起，人们不再兴奋。几百个人都收到了同样的邮件，他们都有我的电话号码。公司的电话有录音信息，说没有接通。现实来了。”

“我最后见到公司经理的时候，他解释说‘都是我的错’。看来他们从来都没预料到有人能抵消他的组织。更糟的是，我教会了每个人做这些。我的小组仅仅 8 个层次就占满了报酬计划，我的组织已达到 30 层，有几千名分销商。公司关门了，这为我上了生动的一课，我收到一个无法忘记的生日礼物。”

“不幸的是，这让我的家人和很多朋友也对直销产生了很坏的感觉，我花了几年去克服这种负面影响。我还复印了一张数额最大的‘无法兑现’的支票以提醒自己，在直销和其他行业中，没有‘立刻变富’的计划，除非有人受到伤害。慢慢地，稳定地才能赢得比赛。”幸运的是，卡罗尔能重新振作起来，现在她正和有经验的团体一起工作，想创办一家新的直销公司，她希望能反映出我们行业应该是什么样的。卡罗尔补充说：“对于任何读到这个的我的朋友，鲜花、巧克力或是一张小小的卡片是更好的生日礼物。”

对于刚开始直销的人，教训是：二元计划本身倾向于反映短期的返现金计划，而不是长期的、稳定的收入。如果你考虑加入一家新公司，它还没有销售记录，至少你要确定公司的原则有记录　　一个好的记录。加入一家只存在几年的公司是非常非常冒险的。如果你一定要加入，你必须要有公司创业者的诚信度的第一手资料。你要查一查，打电话给他们的证明人，如果他的补偿计划没有受过检验，听上去好得不太真实，很可能就不是真的。至少，打个电话给华盛顿的直销联合会，看看你考虑的公司是不是其中的一个成员。如果不是，你要当心！

如果你进入这个行业没几年，在一个稳固的公司有体面的收入，像卡罗尔一样，一个过分热情的上线给你展示大额支票或一个好的不像是真的补偿计划，希望你能理智地待在你原来的地方。直销是活跃在国际舞台上的一个大行业，可以提供收入增长的潜力、大量的自由时间，旅行、权力和名望。如果获得成功，你就会像国际摇滚明星一样，赢得来自世界各地的无数听众的热情的掌声。你会品尝到各地的美味佳肴，能和工业、医学界和法律界最有权力的人交流。记住：当你观察美国企业和世界各地的职位时，你会发现每个行业都有牢骚满腹的人，通常最成功的人都是和这种收入有关的人。你从热市场转移到冷市场时，你需要了解这只是一个数字游戏，不要被它吓倒。

直销是“伟大的平均者”，在这里，曾经的蓝领工人被允许与医生、企业领袖竞争，甚至超过他们。可能从工作量的角度，或是考虑你需要发展的人的数量，你被错误地介绍进直销，但是除非你亲身经历，没有人会告诉你月收入高达五六位数的乐趣。所以，别再哭哭啼啼，开始工作吧。需要多久呢——4年还是40年？

对于成功所需时间的不准确的观点

下一个问题——时间投资——当然也值得一提，因为它经常在行业非常重要的一方面误导预期的消费者。我们经常看到包括我们在内很多生意伙伴几个月内就达到了5位数的收入，但并不是很多人都能这样。我们认为新的从业者应该建立现实的目标，包括一年、两年、三年、五年和十年的目标。然后，在公司中找一个收入为你10年后的目标的上线。让那个人帮助你建立现实的目标，这个目标应该建立在他们在月度和年度里程标上付出的时间和精力的基础上。我们可以假设，如果另一个人能达到你想要的，如果你能预见到你也能那样做，如果你愿意付出同样的时间和精力，你就也能赚到同样的钱。这是完全可能的。你公司应该而且能够作出一份平均的收入报告。建立现实目标的办法是把它们建立在现存分销商力量实际达到的收入水平的基础上。记住：要现实地考虑所需的时间，但也要为自己确定远大的目标。解放你受限制的思想，就能发挥你的潜能。

至于成功需要的目标，直销兼职者赚的要比全职者少很多。如果全职者每月赚20万美元，新人可能认为她每月工作一半时间，就能赚10万美元。这不见得是正确的！作为一个认真的兼职者，雷娜赚的最多的钱——因为她被选举担任 4 年期的公职，履行完职责之前她不能辞职——还不到我和妻子赚的钱的 1/10（我们是全职工作）。因为这是一个可以复制的行业。兼职者会吸引兼职者。如果你是领导者，兼职努力对你来说还行，那么你招募的人都会受到兼职的吸引。如果你非常努力地工作，把它当做一项大事业，你的很多下线也会这样做。问自己一个简单的问题：你最后一次见到利用业余时间变成百万富翁的人士是什么时候？

我们的《力量直销》一书致力于教授如何建立大的、有活力的、直销组织，帮助人们了解兼职工作和全职工作存在的不可避免的差异。我们就兼职收入和全职收入问题调查了无数公司。我们发现，你兼职的努力无法实现全职的目标。很明显，那些把他的“全部”都投入到这个行业的人，会更快地实现他的目标。如果这是你的选择——如果你存的积蓄足够花 6 个月，那么我们强烈建议你选择目标公司，全力以赴。

现在进入行业时机非常好。直销作为一个切实可行的行业也比以往有更高的公众接受度。如果你相信自己，相信你加入的组织、你的公司以及这个行业，向全世界宣告吧！马克就是这样做的——以火一般炽热的激情每周工作 60 ~ 70 小时——3 年半的时间里，他的努力为他挣来了第一个 10 万美元的支票。

如果责任、财政限制、疑惑，或仅仅是常识阻止你全职加入这个行业，那么雷娜就是你应该效仿的人。虽然只是兼职（她是内华达州里诺城的镇委员会委员），她把直销行业作为真正的事业。正如她解释“我有一个一直坚持的原则，每天预期 12 ~ 15 人，每周在家中给至少 15 人做讲座，参加 2 ~ 3 个独立会议，这让我每月至少发展 5 人。周末再投入一些时间，我发展的人有时会达到 10 个。我从不松懈，即使我的日程表排得满满的。进入这个行业一年半后，我的年收入已经达到 10 万美元。坚持是关键，不管你一天接触 5 个或是 30 个潜在顾客。

告诉别人这个行业中的机会并没有错。这些真实的故事本身就有力地证明了这一点。没有必要夸张，但每个人都需要知道，我们为了达到这些目标投入的时间和努力。我们不是参加别人的会议，我们正在引导我们自己；我们没有管理我们的下线；我们通过帮助他们签约他们的潜在顾客来支持我们的下线伙伴，并因此建立复制我们努力的组织。

不要指望你的上线什么都替你做

许多新的分销商被招募时，都会被告知这个行业是多么的轻松。他们所要做的就是把他们的想法表达给他们的上线，他们的赞助商或者上线会替他们表达并且帮助他们锁定人群。但是让我们回过头去看一下，直销的基本定义是“朋友告诉朋友”。因此你不可避免地要做这项工作——跟你的朋友谈谈，让他们了解这个行业令人惊喜的地方。

有时你会跟朋友聊起你发现的一部新电影或者一家新饭馆，直销工作就跟这个情形一样。你不需要是专家。你不必知道谁是影片的导演、影片在哪里拍摄。你不必知道谁给影片谱的曲或者写的主题歌。你甚至可以不记得片中的大部分演员。你只要知道自己喜欢这部片子就够了。它让你哭让你笑或者只是让你感觉尚可。你就如实告诉你周围的人，没有人指望你对一切都了如指掌。听了你所说的，他们下次也可能去看这部片子，原因很简单——你推荐了这个片子。通过朋友之间的口耳相传是直销这个行业最奏效的方法。

如果你的一个好朋友打电话跟你说：“嗨，是我。上星期我在网上认识了一位女士，她约我去看一部新影片，我们去看了都特别喜欢，所以我们都给你打电话，我希望你抽时间跟她聊聊，她可以随时在线上回答你的任何问题，要知道那部片子她看的遍数比我多多了。”当遇到这种情形你会怎么想呢？明白是怎么回事了吗？永远都有上线在替你撑腰。当他们看完“电影”之后，随之而来的就是，通过一个有影响力的人的力量促使更多的人加入进来。无论你是通过什么方式介绍给你的朋友，从最初的见面起就要利用你的上线来增加信任度。

初次介绍的时候，你不必表现得像是组合营销或者是公司乃至产品方面的权威，你也不需要花言巧语，更不需要一开始就要你的上线跟你一起去打电话。我们行业一贯的经验就是要细水长流。因为当你满怀热情地把你所知道的推荐给别人，尤其是现场展示时，你需要被推荐的对象听了之后能独自好好想一下，“我也可以做”，而不是“哈哈，她真是一个不错的演说家”。

佛罗里达州帕克兰社区的史蒂文·佛瑞德伯格，刚刚入行的时候就受到了不小的打击。他以为他的上线将帮他搞定第一次会议，因此邀请了好几个朋友，并且让他的朋友也带朋友来。离见面还有 5 分钟，有 19 人聚集在他的客厅里等待的时候，史蒂文才发现他的上线不能来了。“那时候，我的心像受到重重的一击。我很害怕，大汗淋漓，眼镜都滑下来了，有生以来我第一次吓得浑身发抖，以至于在黑板上连直线都画不了。那次聚会本来打算持续 1 小时，结果仅 19 分钟就散了，因为我已经把我所知道的都说完了。

“更糟的是，我已经发展的一个朋友为了打发时间满屋子地跑，还一边叫嚷着‘你能行，你能行’。我当时真希望地上有一条缝，好让我跳进去。我真是无地自容了。噩梦一直持续到第二天，3 人打了退堂鼓，我的生意也一路下滑。”尽管我们确实已经告诉上线务必参加我们的合作伙伴的前几次聚会，但这件事情给了我们一个教训：意外可能随时发生，使我们处于走投无路的境地，我们只能像伟大的耐克所说的那样，“去做吧！”。

这是一个需要团队精神的事业。不要误认为：无论如何你的上线都会手把手地教你，帮你做所有的事。但是同时，我们获得多层报酬的原因是当我们自己播种了希望的种子，我们的上线会来帮我们浇水灌溉。因此，当你的合作伙伴带着希望而来时，你就有义务帮他们笼络更多的人力资源。当然，这不是一件单靠你的上线一个人就能够完成的事情。需要我们大家各司其职、通力合作，把整个组织看做一个有机的整体。记住，帮助别人的时候不要指望获得同等的回报，我们也不应该抱有这样的信念。站住了脚跟之后，你才能朝着更远大的目标前行。

可是你也许会问：“我怎么还没赚到什么钱啊？”没关系，大部分人只是需要你再向他们强调一下。如果有人提出类似的问题，“你现在赚多少钱？”，你要告诉他们目前你还处于早期构建阶段，但是你可以把你的一个具体上线的个人薪酬告诉他。我们的经验是只有极少数的人会穷追不舍、打破沙锅问到底。他们真正想听到的是他们朋友圈子之外的某个人实现了目标，他们希望能够跟这个圈外人搭上关系。一层一层下来，他们可能就是最后的大赢家。

“退休”的界定

“退休”是指“从工作中完全退出或者分离开，因此退休就意味着职业生涯的结束。”你注意到了吗？由领导者主持的几乎每个聚会场合退休这个话题总会被提到。然而，在直销这个行业，并不存在退休的问题。做这一行实在太有趣了，有时候你只需要坐在舒适的椅子上打打电话就能完成。当我们刚接触这个行业并在展望它的发展前景的时候，我们当中就有许多人用“退休”这个词来调侃自己。但是我们所指的“退休”，是指这个工作做了一段时间之后，我们可以马上有自己的时间轻松一下。从某个角度来说，我们不必花时间去争取时间和自由，因为我们有大把自己的时间和自由。但是我们需要找到一种切实可行的途径能够维持和支撑那些指望我们生活的人。

退休就意味着再也没有什么其他的福利待遇，所以当直销公司宣布允许员工保留退休金的权利的时候，很少有员工会选择全退。某位领导者为家庭付出了大量的时间，更多的情况下他会处于这样一种生活状态：把自己的自由时间和工作时间混为一谈，公私时间不分。那位领导者通常只有通过打电话才能联系得到，却总不让下属说他已经完全退休了。这样其实是错误的，应该被避免。不要让退休的问题困扰你，这就是要讲这个问题的原因。

首先，任何其他行业不可能像直销一样有如此广泛的适用性，并且能为你提供一定的物质回报。不是每个人都会成为运动健将或者是演员。也不是每个人都有钱来买属于他们自己的特权。但是，几乎每个人都能从事直销而且小有成就。一旦这种想法融入你的血液之中，你就会认定这一行业而不再留恋别的任何其他行业。我们曾经两度想退休，每次我们都说服自己不要那样做，因为没有什么比这件工作更有成就感、更有趣。按照杰出的精神病专家威廉姆·格兰塞所说的，人一生中有两种基本的需求，即爱与被爱的需求和实现自我价值的需求。每当我们去意已决的时候，很快就会发现工作中结识的朋友或者熟人很快生疏了。我们也很快发现跟大多数其他付出相比，重新发展和培训新的分销商是更有趣、更有挑战性和回报性的事情。无论尝试其他任何行业，我们最终还是回到了这里。

从事这个行业会积累大量的经验，也许因为这个我们被拴住了。当写这本书的时候，我们征求了许多人的建议，跟他们进行一对一的通话，我们谈到了个人成长、婚姻咨询、家庭价值观、公司政策、统一问题小公司、跨国企业，以及来自世界各地各种各样的文化。我们与之相互合作的每一个人的个人目标和成为企业家的梦想，对我们来讲都至关重要。再没有任何一个行业能如此深刻地影响这么多人。

对于经常听到的行业中的退休问题，我们并不在乎。事实是我们的下线总会来效仿我们，所以退休之前的最后一个愿望就是能找到一个合格的下线。克里格·布里森，一位国际知名的直销行业的行家，一直拿这个连锁反应来提醒行业中的领导者：任何一家允许员工退休而不再按月购买产品的公司，迟早将会自上而下自我灭亡。我们赞同他的观点。事实上，许多顶级的直销公司每年会从总盈利中拿出 1%～2%分给领导者们，或者通过给他们额外的补贴来奖励领导者，让他们继续发挥自身的创造性才能。这样做不仅对于领导层很有用，也能激励那些倾向于效仿上线的下线。

记住，无论你在跟 5 人还是 500 人谈话，对于退休的话题一定要权衡利弊、多加慎重。更好的做法是多关注直销能力，给他们更多的自由空间和自主权。如果每星期可以抽出 10～20 小时可以陪家人的话，大多数人都会很乐意，但是他们更多的时间都是在办公室度过。因为我们喜欢我们的事业，有时候根本无法确定什么时候可以停下来去玩一下。我们不必像他们一样每天工作 12 小时，我们只要花几个小时就可以做很多活，剩下的时间就可以和家人待在一起，打打乒乓球、滑雪、跳伞、阅读或者写写书。

这个工作可以让我们拥有更多的自由，因此我们可以有自己的时间去写书或者教课，正像现在我们和查尔斯·金博士一起在美国和亚洲教直销资格认证课那样。但是我们在外面做的工作并不局限于直销行业。马克现在正在写一部爱情小说，瑞恩在写他的自传。马克还花时间开发了一个监狱系统用的软件，瑞恩还是一家工程公司的董事长。

换言之，对于初入这个行业的人，我们应该告诉他们往前看，用不了几年他们就可以有更多自己的时间去做任何他们想做的事情，而且可以继续成为别人的行为榜样，并支持他们的下线。直销不仅是一种职业，也是一种工具，可以帮助你完成你一生中一直钟爱的事情。这种解释再贴切不过了，事实上这已经发生在许多成功的直销从业者的生活中了。

不需要出售产品和服务的错误观点

直销是一种有规则的口碑营销，通过这种销售方法可以把产品和服务从生产者那里直接送到消费者手中。一旦产品或服务被卖出，营销员就应当对这些订单负责。这就是直销的定义，也是人们为什么把直销称做组合营销的原因。组合营销是这个行业的基础，有人公开宣称："我们这个行业，不出售产品，你所要做的是制定提成方案然后让人们来签单。"这真的让人难以理解，在所有的错误认识之中，这是最不准确的，因为它曲解了我们这个行业的本质，会让政府管理人员对我们的行业产生怀疑。

我们明白为什么许多别有用心的领导者会这样说，但是即使这样他们也不应该伤害我们这个行业。许多人唯恐他们会成为挨门挨户推销的销售员。有些人担心自己会成为走街串巷的化妆品推销员。为了消除这种错误观念，许多激进的领导者会建议新潜在顾客什么都不要卖。

事实是：直销是多数人利用和分享少数产品的作业。如果要运行系统，每个人必须各司其职，亲自试用产品或者服务。只有试用之后，我们才建议新的下线营销者可以在他们的家庭或者朋友圈中找 10 位成为消费者。只要 10 位就够了。在建立起大规模的直销组织之前，每人都要负责找 10 位合法的个人消费者。实现这些只要几个月的时间，但是一定要在他们开始更具挑战性的、对自己有利的阶段，即他们能招募别人来做他们现在做的事情，之前完成。

用简单的数学运算就能知道每个人在整个产品运作中的重要性。如果你没有跟别人合作或者自己没有亲身体验过产品，就跟人签了单，那么你创造了一个零。重复你的过程然后发动 100 人依次来效仿你，你能对别人吹嘘你拥有一个 1 000 人的组织。往下算下去，如果他们在你的基础上继续，那么 0 的 10 000 倍仍然是 0。有两种产品行为我们了如指掌：个人利用和顾客订单。在公司提成方案的基础上，我们会鼓励你树立具体的目标，然后让群体中所有的人也明确自己的销售目标。例如，我们鼓励分销商争取每月达到 500 美元的销售额，这里面就包括分销商的直系亲属们和他其他的亲戚朋友通过买他的东西所消费的。

对于那些完全以事业为定位，根本无法想象会去给别人做产品演示的人，我们是这么建议的。一旦你已经亲自开始使用产品或者享受服务了，而且已经发展了 10 位消费用户，那么就应该把你的精力完全投入到行业建设中来。当你和其中的一些人坐在一起共同展望前景时，不可避免你会碰到一些不愿意和你并肩建设行业的人。然而，他们可能会对你们公司提供的产品或者服务感兴趣。那么其实不必花太多的心思和精力，就可以让这些人成为终端客户。其他人会跟你签协议，他们对产品批发更感兴趣。不用加入山姆俱乐部或者克斯特俱乐部，也不必每年缴纳会费，许多消费者都明白，通过我们这个行业，可以直接购买到产品和服务。

告诉那些排斥产品销售的人，那些带着期望来参加聚会却不愿意加入这个行业的人，是推销产品的最好的对象。这种方法吸引了高层营销人员和那些一般的销售员，这些人都唯恐丧失自己的专业地位和身份，害怕被同辈人看成是小商贩或者推销员。我们必须真实面对这个问题，而不能欺骗别人说我们这个行业是不卖产品和服务的。

单纯的零售会成功的观点是错误的

来自波兰俄勒冈州的史蒂文和珍妮蒂加入了我们这个行业，他们之前没有相关的经验。两人都是专业的体育运动员。史蒂文在底特律狮子队踢了 5 年职业足球，珍妮蒂一直在教最佳有氧健身法。正如他们所说的，“这行吸引我们的地方是，既可以赚大钱又有大把的自由时间。我们尽心尽力地把自己的产品销售关系维护下去，却在一开始就犯了一个致命的错误：没有自己的上线，也就没有成功的经验可以借鉴。我们建立了一个包括100多个终端消费者的体系，一年之后我们找到了一条更好的生财之道。我们把重心转移到复制我们的体系上，持续不断地在我们的链条中加入新人。一旦掌握了这些规则教导别人就容易了。当你急着发现合适人选的时候，不要担心他们会不答应。我们今天的生活已经证明了这种方法的可行性。我们不再像以前那样只能拿到固定的收入，更重要的是时间完全供我们自己支配。

许多人进入我们这个行业是因为听说通过卖卖东西就能赚大钱。这种看法是不正确的。实际上我们每个人都要发挥自身的作用来消费产品或者服务。像史蒂文和珍妮蒂一样，成功地发展了下线并让这一过程不断重复下去才能实现发财的梦想。

设骗局、大做广告是骗不了大家的

今天人们比二三十年前更有经验、更成熟。在我们还年轻的时候，各种各样的商业广告就充斥了我们的生活。成年之后，我们见识了各种各样的吹牛皮的人。现在，一个 20 岁的人都比 1940 年一个 60 岁的人更精明。大多数人在一只老鼠一出现就能闻得出来，而且能够很轻松地识别它的假相和掩饰。我们的行业就是最好的例证。我们绝对没有必要撒谎来粉饰我们的行业，说我们收入如何高、有多悠闲或者说我们什么都不需要卖。

我们怀疑一些专业人士经常对我们行业避而不谈，很可能是因为对一个没有任何资本的高中生没有冒什么风险 3 年后成为一个百万富翁感到不可思议。如果一个有头脑的人进入直销行业之初就遇到一位有能力的领导人物，这位领导人物如实向他分析了情况。可能会产生两种结果：他会摇摇头不相信地走开，或者他会彻夜不眠，因以后赚大钱和悠闲的生活方式而兴奋一礼拜。谁都不需要夸大或者曲解我们这个行业，事实足以说明一切。

用一分钟的时间想一想，对于那些对这个行业知之甚少的人，我们的实例对他们该有多大的影响。尽管我们可以通过各种方式向他们展示我们的行业，可是展示毕竟抵不过他们的亲身经历。首先，我们要让他们相信直销比其他行业更机动灵便，创业资金甚至用不了 100 美元、200 美元。知名的快餐业，像麦当劳，其经营者在投资 100 万美元之后，每年可赚 20 万美元。一个组合营销者投入 200 美元，究竟如何每月赚 20 万美元呢？没法算。快餐业主必须通过获取财富扩大规模，直销商只要在家里上班。快餐老板每月付 1 万美元给他的雇员，直销人员无需雇员。前 6 年，快餐业主无非就是某个部门的主管，他经常面对的主要是年轻人；3 年之后直销人员每星期只用工作 25 小时，就可以尽情地享受他们的生活。我们可以这样一直地持续下去，这种生活方式比传统的行业要有利得多。待会发现：组合营销法被实践证明是最好不过的方法。这一点很明显毫不夸张。

我们建议您把这个行业真实、专业地展示给大家，任何误导都有可能毁了一个可能会成为优秀分销商的人。如果有人因此“上钩”，一旦他们发现了事实的真相，他们就会放弃。事实上，我们确实看到有些人每月赚 1 万美元却最后放弃，只是因为有人给他们灌输了错误的思想，告诉他们每月应该赚到现在的 3 倍。这听起来太滑稽了，可这绝对是真的。

这是世界上唯一一个曾经的蓝领的月收入比儿科医生的年收入还要高的行业。因此，为什么要告诉人们他们可以在 4 个月内实现呢？大部分人 4 年才能达到，没有什么比下列真实的交流更具说服力，可以让别人加入这个行业。

“要知道在我们这个靠家庭起步的行业中，你和你的妻子可以成为最佳搭档，我希望你对我们这个行业有一个全面真实的认识，所以请您听一下我们本身对这个行业的诠释。这个行业是世界上最有趣最自由的一个行业，同时它也是需要付出艰辛劳动的行业。它并不是摸彩票当然不会让你一夜暴富。但是，如果你愿意在几年里多投入点时间的话，最终你的月收入会超过 10 万美元并且拥有你所梦想的所有自由时间。我所说的艰难，是因为可能你要找很多很多人才能最终找到一个愿意做这一行的潜在顾客。但是请记住，一个优秀的一线营销商每月可以轻松赚到 5 万美元或者更多！”

你发展的成员以后会感谢你的真诚，也不会有人指责你弄虚作假。耶鲁大学毕业的律师瑞・凡尔丁希金，是我们的好朋友，也是一个大型直销公司的创业者，他曾经告诉我们，迄今为止在我们这个行业的历史中，大多数的起诉案件都与虚夸的收入和产品承诺有关。为了我们的孩子，我们应该团结起来共同抵制不实的承诺。这些虚假承诺对我们行业的成长是极为不利的。另外，如果我们确实如实地把真相告诉大家，可能有人就会认为“这听起来太好了，不可能是真的”。

摘 要

- 不要被虚假承诺蒙蔽。在直销行业取得成功需要不懈的努力。

- 任何人都可以成为我们宣讲的对象，但是要注意是每个人都能够而不是每个人都愿意。
- 知道了领导者的收入，其实分销商们将也希望弄清楚自己的努力到底会有多少回报。
- 对于取得成功需要不懈努力的说法，我们越是坦诚相信就越能给行业塑造良好的形象。
- 不管你的方案策略如何，个人发展的成员数量越多赚得也就越多。
- 直销是很好的“平衡器”，在这里曾经的蓝领工人在收入上也可以和医生、公司总裁一争高下。
- 分配好时间，参考你的上线所取得的业绩和公司公示出来的人均收入来设定切实可行的目标。
- 兼职永远都达不到全职的成就。
- 把行业中所有可能发生的一切告诉大家是没有错的，但是没有必要夸大，因为事实是显而易见的。
- 当你发展其他的成员到这个行业中的时候，千万别许诺你会为他们做任何事情。
- 直销靠的是“朋友介绍朋友”，最有效的方法是跟你的朋友分享你的创业激情。
- 初入这行最好的做法就是动起来：动员家庭成员来聚聚。
- 在直销中，退休意味着我们可以马上放轻松，再也不必耗尽毕生的精力去获取财富和独立。
- 直销不是一个职业而是帮你实现毕生梦想的工具。
- 简单定义一下，直销就是靠口碑法分销产品和服务，分销商负责签订单，通过在组织中层层提成获得报酬。
- 即使是最厉害的营销者，也需要从一个小客户基础做起逐渐扩大，只是通过纯粹零售是无法赚大钱的。

- ❑ 直销是一种让多数人使用和分享少数商品的方法。
- ❑ 一旦你建立了一个客户基础，你的精力就可以转移到通过重复你的上线的做法来壮大组织，然后让别人也这样做。
- ❑ 其他的客户和批量购买者注定会被你对行业的诠释打动而加入你。
- ❑ 直销比大多数快餐业更机动灵便，它只需要快餐业投入的一个零头，不需要建厂，不需要员工，不需要花费从家到公司的时间。
- ❑ 虚假承诺可能毁了一个可能的优秀销售商，会毁了整个行业的信誉。
- ❑ 当向别人展示这个行业、发展他们入行的时候，一定要做到真诚、专业，不要虚夸，否则会对我们行业的健康和长远发展产生极大的破坏。

5 对付熟人名单弹头

克服向家庭成员和朋友们提供一种高品质生活方式的尴尬心理

一名新分销商从业的第六个月是非常关键的时期。就像一个婴儿出生后的第六年一样，在直销行业的第六个月是定型期。在这个敏感时期，成功的模式必须被牢牢地建立在每个新分销商的头脑中。如果前几周虚度过去，几乎没有人能生存下来，我们相信我们这个行业高退出率的萌芽就产生于这段时期。运用我们在本章中教给你的东西，你很可能就是第一年的幸存者之一。

直销业建立的基础是我们所说的“熟人名单”。事实上，它是成功的关键，因此我们用一整章来定义、解释和教你如何按部就班地运用你最强有力的资源。“熟人名单”的人都是你过去和现在非常熟悉的人，是那些你一打电话、听到你的名字就能认出你的人。

熟人名单的价值是使新分销商在前几个月能够和他们熟悉的人交谈，更重要的是，那些人是他们希望与之建立一生合作关系的人。事实上，我们最近与21世纪全球Trust咨询公司的专家们建立合作伙伴关系的一个目的就是，教直销从业者们如何通过关注于“关系市场”而不是仅仅认真审查大量的潜在顾客，从而在下一个世纪繁荣我们的事业。现在我们正致力于建立一个简单、易复制的系统以让更多的分销商投资他们的熟人市场，从而抛弃过去那种仅仅“把泥摔到墙上就完事”的敷衍潦草的方式。

而且，分销商资历浅或者他们的产品宣讲平淡，对家人和朋友这个团体来说关系不大。从我们称之为“温暖的接触”这个最里面的圈开始，新分销商将准备进入“冷市场”尝试招募那些他们从未见过的专业人士，他们必须这样做。这也是接触大量潜在顾客变得很关键的时候。在这个行业，你的熟人名单将你与其他人区别开来。它是你成功的优势所在。没有了它，你在这个行业的发展与站在角落里卖报纸没什么不同。

创建一个长长的熟人名单

你的熟人名单越长，你的事业就越牢固。社会心理学家指出，一个普通人到 30 岁时大约认识 2000 人。新分销商的第一步就是开始列一个自己认识的 2000 人的名单。我们已经听见了喘息声和叹气声。为什么我们推荐这么长的熟人名单呢？如果让分销商列一个 200 人的名单，他们平均列上六七十个人就会觉得很骄傲了。如果要求他们列六七百人，他们一般会列上几百个名字，并会对没有达到目标而歉疚。如果进展顺利，挑出你最希望与之合作的 25 人。因为我们相信，熟人名单作用很大，是每一个直销从业者在正确的轨道上起步的关键，我们应该在这上面花些时间。我们想让你了解你会听到的反对声、你应该如何克服它们，以及如何创建和利用你的熟人名单并将其作为你发展事业的工具。

每个人都有一个熟人名单，但大部分人并不知道如何识别和记录这些名字。2000 是个让人震惊的数字，但更令人震惊的是，没有特别的触发装置，我们甚至记不起来它们的 10%。触发装置是能让我们回忆起我们过去认识的那些人的某些人、某些地方、某种职业、某些目录或者某些事。当我们第一次进入直销行业，我们有了一个很长的熟人名单，就可以开始招募那些熟人名单比我们还要长的人了。我们借助电话本、中学的旧名录和商务联络册创建长达几百人的名单。接下来就是由记忆来帮助你建立自己的熟人名单了。

你知道谁……

你尊敬的人；表示对其他人的真正的关心；在他们的教堂中很积极；总是受人欣赏；从事个人咨询业（如教堂牧师、医生、律师等）；是一个专家；在某个俱乐部和各种团体组织中，或者热心于公共事务；在学校或者商业中担任职务；处理公共事务（例如警察、消防员、邮递员、城市官员）；有管理、顾问或者训练者方面的能力；正在寻找生活以外的更多的东西；自信，决断，时刻准备出发；被认为是领导者；吸引领导者；有正读中学、高中或大学的孩子；有具有应该培养的特殊才能的孩子；想为孩子们树立一个可以效仿的榜样；拥有一家公司；处于一个承受紧张和压力并担负一定责任的岗位；想要自由；正在考虑一个新职业，正要换工作，或者最近换了工作；在自己的工作中没有什么进展；有能力但是被压抑；准备做销售或者有直销经历；依靠思想生存（作者、设计师、广告人）；在事业上从来没有开始或者失败，但是仍然有强烈的欲望；将要上大学、商校、培训学校等，或者刚毕业；最近刚结婚，新生活将要开始；认识城里的每一个人；有国际关系；可以信赖；被选去办公室；现在和你共事；与你在健身房相遇；正在找工作；和你一起打乒乓球的人；你从旧邻居那儿认识的人；对你的家赞不绝口；已经有一个不错的工作；帮你照料你的车；你要寄圣诞卡的人；你的会计师；你做社会服务的同事；给你整理头发的人；为你投递信件的人；好像经常更换工作；为你修房子；对她的皮肤和头发很在意；关心自己的体重；正在瘦身；想要更多与家人在一起的时间。

谁是我们的亲戚……

父母、祖父母、姐妹、兄弟、伯母叔父、堂兄弟姐妹、孩子们。

谁是我们的……

邮件投递员、报纸投递员、牙医、医师、部长、花匠、律师、保险代理人、会计师、国会的代言人、药剂师、兽医、验光师。

谁卖给我们……

房子，汽车/卡车，电视机/音响，渔具、装备、套装、领带、鞋、商务卡、婚戒、眼镜、吸尘器、船、露营设备、摩托车、自行车、生活设备、空调、厨房设备、剪草机、行李、雅芳产品、塔珀家用塑料制品、地毯。

你知道某个人……

住在你隔壁/一条街上；我的配偶的理发师/美容师；我们孩子的老师；最好的男人/引导员/女傧相；为我们照婚礼照片的摄影师；我所在公司的购买代理；学校的财务处长；拟定建房计划的建筑师；与我/我们一起打保龄球的；我的配偶的大学学生会的兄弟/姐妹；与我们在露营时碰见过；我去购物的那间商店的信用经理；我的配偶的中学老师/校长；给我修电视；用帘幕装饰我的长椅；我以前供职的公司的同事；和我们一起参加体育比赛；与我在同一个停车场停车；为我们安装电话；有一家自助洗衣店；教陶器制作工艺；拥有出租车服务；整理草坪（父母）；粉刷房子；拥有一家宠物商店，我们的狗就是在那儿买的；为我们安装电冰箱；为我续办驾驶执照；拥有一套房子，与我一起住在 Rotary/Lions/Kiwanis；青年商会总裁；和我/我们一起玩桥牌；是花园俱乐部的会员；图书俱乐部的会员；使我的孩子的幼稚园老师；拥有一家经营帐篷的公司；管理一家健身俱乐部；给了我一张超速/违禁停车罚单；征收我的收入税；给我洗衣服；为我们贴墙纸；这个夏天教我们的孩子们驾车；与救援团体一起工作；拥有我们度假去的海滩/森林小屋；卖给我们汽油并为我们提供汽车维护；卖给我的妻子假发；拥有一家托儿所；递送包裹；为我妻子代存冬衣；在隔壁卖冰淇淋；拥有和管理一家地处市中心的珠宝店；卖遮阳篷；在旅行社工作。

你知道谁是专业的……

护士；高尔夫职业选手；学生；时尚模特；保安；警长；秘书；焊接工；起重机操作员；售货员；侦探；音乐教师；艺术指导；排版工人；林业学者；女裁缝；木匠；飞行员/地勤人员，移动房车销售员；银行收银员/售卖服务人员；裁缝师；车库机械工；编辑；实验室技术人员；餐馆老板；社工；救生员；赛车手；造纸厂工人；砖瓦匠； 文书；打字员；官员；面包店主；绿化工人；营养学家；机械工；麻醉师；外科医生；图书馆员；殡仪业者；传教士；不动产代理人；机票代理人；电脑程序员；商用机器销售员；果汁经销商；航空管制官；室内设计师；游泳教练；打印机销售员；杂货店主；安全专家；仓库经理；移动货车操作员；租车代理；职业足球选手；电视节目主持人/生产者；钢模制造者；厨具售货员；舞蹈老师；锯木厂操作员；工业工程师；技术人员；电话接线员；版刻家；渔民；长椅机械师；侍者/女服务生；家具经销商；公证人员；农民；演员/女演员；清洁工；驯马师；数据分析师；水泥工；古董经销商；酿造厂销售员；工程师；承包商；脊椎指压治疗师；足科医生；拍卖商；电工；牙医；修鞋匠；健康治疗师；汽车旅馆拥有者/经理；公路巡逻官员；法官。

花些时间并利用这些资源来构建你的名单。新分销商都应该带着这些灵感在一个僻静的地方坐下来，尝试着建立一个 2000 人的熟人名单。花两到三天创造一个好的开始，到第一个月底，你就会步入正轨。你绝不会因为利用这个工具开始你的事业而感到遗憾。直销从根本上讲，要求你与大量的人交谈。你的熟人名单越长，你成功的机会就越大。

熟人名单弹头的袭击

通常，当你把任务分配给你的生意伙伴之后，熟人名单弹头就发射了——这是上线与新分销商第一次产生分歧。有时，新分销商只是在私下小声地嘀咕，并没有明白地提出反对意见，因为他们不愿意直接与上线产生冲突。大部分新分销商会提出一堆理由，如为什么他们不认识 2000 个潜在顾客，为什么他们不能先去“找”朋友和家人，等等。过去这些年我们听到了无数的争议，但是没有一个真正有效。重视熟人市场的作用对新分销商的成功意义非凡。

让我们来看看新分销商们提出的理由和解释，这样当你进行第一阶段的招募时，就能应对他们了。记住，不是所有的新分销商都会诚实地面对他们的上线，说他们并不想构建什么熟人名单。他们会举出很多阻止他们给家人和朋友打电话的理由。我们所提及的熟人名单弹头指的就是这种抵制。它一旦发射，就会成为许多未来可能的伟大分销商的刽子手。

第一个弹头：信念的缺乏

直销是一个将自己狂热执著着的独特的市场理论信仰与别人分享的行业。

你彻夜难眠。你迫不及待地想告诉别人你的发现。当这种信念缺失，人们容易抑制。它是一个“捕捉-22”（Catch-22）（取自美国作家约瑟夫·海勒的小说《捕捉-22》，象征人们处在一种荒谬的两难之中——译者著）。如果你坐等这种信仰的到来，你就可能与它擦肩而过。如果没有它，你贸然前行，你的朋友们都能听出来你有所保留。所以，无论是什么阻碍了你，首先你要尽力克服它：“它听起来好得不太真实。”“如果我错了，我也会误导我的朋友吧？”和你信任的上线谈谈这些想法吧。

无论你做什么，不要犯坐等与朋友分享你的发现这种错误。一般的理由是：“除非我挣到了钱，否则我不想打电话给我的朋友们。”当然，要依靠你的上线来解决这个问题，他们拥有在这个行业取得成功的记录。团队的力量是使直销如此成功的法宝。如果利用这个法宝，加利福尼亚州洛斯加托斯市的咪咪·乔伊·斯文逊身上发生的事也会发生在你身上。咪咪说：“第一年我只做兼职，我做了一个 2000 人的名单。我觉得有必要把名单中所列的名字分成几个部分，其中一部分我称之为我的‘小鸡名单’。他们就是那些我认为已经事业有成的人，我觉得我需要受到更多的教育、挣到更多的钱并且完全投入这个行业以后才能跟他们谈谈这个行业。”

“我去参加旧金山一家公司组织的活动，当我走进人群时，我吃了一惊。我遇见了列在我的‘小鸡名单’中第一位的那位朋友。我平静地朝他走过去，心里想他可能是某个人的客人。‘你好，在这儿能遇见你真是高兴　顺便问一下，你怎么在这儿呢？’我困惑地问他。他毫不隐瞒，‘最近有人向我介绍了这样一个难得的机遇，我决定试试，多挣点钱！’我心中百感交集，‘哦，真是太好了。我知道你会非常成功的。’我祝福他，然后像一个垂头丧气、受伤的小狗一样，灰溜溜地到屋子后面找坐的地方。我坐下来，感觉很沮丧。会议开始时，我看见了女儿学校的女校长　她竟然不在我的名单上！这件事告诉我，在这个行业绝对不要提前对某个人下结论，因为他们很可能就会出现在你参加的下一次会议上！”了解到与熟人名单上的人们共事的重要性之后，不要让任何事阻止你给他们打电话。咪咪现在的收入已经超过了她的薪酬目标的一半，她热爱自己的工作，享受着直销的生活方式。

当你的信念强烈到 1000%，你接近熟人名单上的那些人时，可以试试这个下面的这段话：

“我完全喜欢上了一个新的行业，我必须要告诉你，它是那么的让人心驰神往。有些人一个月挣的钱比大部分人一年挣的都要多，但是最吸引我的是那种生活方式。他们在外面工作，遵循自己的步调，源源不断地挣到让我震惊的收入。我不知道这是否是真的，但是我禁不住想试试。当我看到潮水般的人们涌入直销业时，我立刻想到了你们。我无法想象你们不来试试。而且，你们俩认识这个团体中的每一个人，他们都非常尊重你们。我真的认为我是在大干一番事业，但是我想让你们俩来看看，告诉我我是不是太疯狂了。有些亲密的朋友周三晚上会来，我真切地希望你们俩能来，这样我可以更准确地向你们展示它是如何运作的。或者周二对你们来说更方便？我尊重你们的选择。”

在你的收入变化之前，你有所保留是可以理解的。但是不要试图通过回避你的熟人名单来解决这个问题。接近陌生人比接近你的家人、朋友和相识的人更困难。找一些你觉得舒服的词，但是无论做什么，一定要开始给你的熟人名单上的人打电话。你应该与你欣赏的人共事，因为你的直销组织是为了生活，所以首先接近你最喜欢的 25 人。如果让犹豫不决阻碍你前进的道路，我敢保证你一定会失败。如果你能用诚心寻找前进的道路，成功指日可待。相信我们：“成功来自于信念。”

第二个弹头：自尊的缺乏

很多人躲避熟人名单是因为他们可怜的自信。这是一个敏感的话题，接触一个人需要小心翼翼和谨慎。有些人感觉不到他们的亲戚、朋友对自己的尊重。事实上，许多人相信，他们接触的朋友一定会因为自己想成为企业家而嘲笑自己。

让我们来看看一个典型的场景：鲍勃是一个巴士司机，喜欢周末去玩扑克，是三个扑克俱乐部的成员。当鲍勃构建自己的熟人名单时，他列了扑克俱乐部中他最熟知的 20 人。唯一的问题是，鲍勃位于社会的最底层，而其他人都是白领阶层，他们只是把鲍勃看做牌友，鲍勃很自然地确信他们不会考虑听他介绍这个生意。但是鲍勃完全错了。如果你不在训练中强制性地给他圈定范围，鲍勃是不会去接触这些人的。我们建议你这样告诉你的受训者，因为你的团队中总会有像鲍勃这样的人：

“朋友们，一旦你成功之后，你将要面对的最大的挑战就是那些你从未向他们展示这个机会的人们的愤怒。你有一群你害怕接触的朋友，其中甚至有医师和律师。但是，当他们发现你在从事一个月收入 30000 美元的行业而他们仍然要一周工作 60 小时，他们就不再是你的朋友了。为什么他们心烦意乱？因为你没有向他们展示这个行业。如果他们拒绝参加你的产品宣讲会，告诉他们正确的方向就在前面，参加与否的决定权在他们，但是你想要完全确定他们不会一年以后责难你，就因为你得到这个机会的同时没有立即告知他们。”

注意这样的一个策略。我们称之为软办法（soft approach），指的是接触律师或医药师这样的职业。那些不是律师或医生的人会对这类职业充满艳羡。在我们这个行业，一个学生或少女资助一位会计师或公司 CEO 是司空见惯的事。在 1 ~ 10 的刻度上，如果你认为你是 5，当你资助了一个 10 进入我们这个行业，你就会变成 10。排除你的心理障碍，向熟人名单上的每一个人提供机会。事实是：我们都有成为 10 的潜能，我们需要做的是放下负担，尽可能地招募更多的下线分销商。不要让熟人名单弹头成为你的阻碍。

第三个弹头：害怕失去信任

当越来越多的专业人士进入直销业，很自然他们不想过早告诉别人自己加入了这个行业。例如，有些人会谎称这是他们的妻子的事业。问题是，如果你是专业人士，人们察觉到你对这个行业仍有怀疑和不确定，他们也会觉得可疑的。有些人将会拒绝加入，有些人会加入但会借助他人如他们的配偶来发展事业。但是现实是，一旦一个人加入了我们这个行业，大门就已经向他认识的所有人敞开了。一般来讲，每天创造行业纪录、不断攀升高峰的事业并不是传统行业如法律、医药的“毁灭者”。即使他们把自己的配偶推进来，赢得了巨大的财富。

我们可以告诉你无数个因为害怕熟人知道自己是如何严肃地建立直销组织，从而一败涂地的故事。其中有一个故事可以回溯到 1990 年，当时瑞妮资助了一对夫妇——来自旧金山海湾地区的苏珊和理查德。她是一个正在休产假的企业主管，对于直销业她有很强烈的欲望，因为她想待在家里照顾她的孩子，而不用去办公室。苏珊非常能干，有头脑，有主见。理查德是一家食品公司的高级销售，但他对自己的工作已经失去了新鲜感，即使他所在的公司是全球

500强公司之一。理查德担心加入直销会使他在公司同仁中的声望受损。他也不能让他的老板知道他与直销有牵连，他觉得那可能会使他在他们的直销开始真正盈利之前，失去现有的工作。

理查德采取了一种安全稳妥的方式，他让妻子加入行业，小心谨慎地选择生意伙伴和信赖的相识者。他完全相信妻子的工作能力，他认为她能专业地掌控他最看好的潜在顾客。问题是，他的生意伙伴只了解他，信任他的商业判断和眼光，他们对他妻子并不十分了解。她花了几个月时间给他们打电话，为他们做产品宣讲。但是因为害怕失去自己的职业信任度，他从未公开承认自己对这个行业充满信心。他从未告诉过他的潜在顾客，在未来某个时刻他将全身心地投入直销行业。他继续描绘着一个假象：那完全是她的事业，他只是全力以赴支持她。

一年以后，她资助了几个她的女性朋友、几个工作中认识的人、几个她丈夫生意上的朋友们的妻子。但是他们的生意并没有像他们期望的那样大有起色。苏珊和理查德慢慢地从建立事业转向仅仅批发点儿产品，最后她又回去上班了。他们俩对直销行业心灰意冷。瑞妮与他们保持着亲密的朋友关系，她知道如果有人能在直销业成功的话，那一定是苏珊和理查德。他们有关系，有欲望，有能力，有尊重他们的朋友们和生意伙伴。苏珊明显感觉到，如果她都不能在直销业中成功，她的家人和朋友们就更不可能了。但是害怕失去工作和职业信任阻止了理查德与苏珊一起创业。那种可能永远也不会发生的对某种东西的恐惧，使他们失去了成功的机会。

这个教训是：谁最了解熟人名单中的潜在顾客，谁就应该打电话。寄希望于另寻他途使苏珊堕入了低潮，因为她不知道发生了什么。她只是确信她不是领跑者。她，曾是美国传统公司中收入最高的女性之一，却在她自己的直销事业中一败涂地。她很沮丧，瑞妮无法改变和帮助她理解这一点。瑞妮当时在这个行业也才待了两年，还不能向她指出问题所在。但是毫无疑问，瑞妮认为，如果她让理查德把他自己、他的威信与这个行业放在一起的话，他和苏珊今天将会是行业中收入最高的人们中的两个。他们有卓越的潜能。他们将并肩战斗。在我们这个行业，对失去信任的恐惧阻碍了无数的新分销商。作为领导者，我们一定不能害怕。只要我们完全相信他们的潜力，我们就应该去鼓励他们站起来，奋勇向前！

我们并不是说要否定对于开始一项新冒险的那种真正的忐忑不安。那是合情合理的。在你还不知道新建的桥能否抵抗暴风雨和外压之前，为什么要烧掉现在支撑你的桥呢？解决的办法就是我们所说的“均衡冒险的行为”。如果你不让潜在顾客了解，你对这个行业和你的公司是如何完全彻底的信任，你一定会失败。这确定无疑。另一方面，在收入翻番之前，如果你在办公室里夸耀你的新公司，你可能会失去现有的工作和收入来源。答案就在它们中间。除非你积蓄颇丰，否则即使当你发现你的老板是真正让人震撼的潜在顾客，你可能也不得不推迟发展他的计划。你甚至可能得推迟资助发展你现有环境中的每个人。但是，仍有许多现在的顾客、以前的顾客和边缘伙伴对这个能提供个人自由和财政安全的商业机会感兴趣，或者认识可能会对这个商业机会感兴趣的人。有了这些人，就不要犹豫了。潜在顾客需要知道你是一个可信赖的人。让他们知道，你对改变你和他们生活的这个行业的力量无比的信赖。鼓励像理查德这样的丈夫们在每一次会议上陈述自己希望并且立即全职从事这个行业的意图。

得克萨斯州达拉斯城的史蒂夫·斯莱基就是一个敢冒失去职业信誉风险的人。他和妻子卡洛琳，与苏珊和理查德差不多同时加入直销行业，但是他们俩是开夫妻店，倾其所有投入到了这个行业。用史蒂夫的话说是，“我向我以前的同事展示了直销的强大力量、巨大的扩张性市场、公司的诚信和报酬计划的潜力。他并不感兴趣。他问我怎么能让自己陷入这么‘不专业的行业’。我1000%地确信我正把握着这个世纪最好的商机，于是我回答他：‘比尔，如果我错了，我会失败，那么你可以告诉所有人史蒂夫在那个愚蠢的金字塔式的生意中一败涂地了。但是，如果我是对的　　我会变得非常富有。那么你会告诉他们什么样的故事呢？’”关键词是“1000%地确信”。史蒂夫是这样的，而理查德恰恰相反。但是，即使理查德很确信，他却并不愿意告诉他的生意伙伴们这个事实，这就是区别。今天，史蒂夫和卡洛琳与他们组织中许多成功的领导者们一起尽情享受着高额的回报。他们的组织现在是一家业务遍及十几个国家的全球性大公司。但是他们深信，一切始于一个简单、坚定不移的信念，成功源自他们愿意说出真相。

他们攀上了事业的高峰，就因为他们为了成功愿意竭尽全力。在创业初期，即使他们的约会排的很长，他们的财政仍然紧张。为了多挣点儿钱，史蒂夫甚至每天早上为他们家附近的人家投递报纸。他说为了他的生意，他激动得睡不着觉。史蒂夫回想起过去，“有时我迟到了，当我开着我的金色奔驰疾驶而过时，他们就在前院里等，会突然看见一张报纸从遮阳篷顶上飘下来。现在，当我想起那时他们脸上的那种表情时，我真想大笑。他们不知道，他们的‘报童’仅仅几年之后，在自己的家里建立了一家年利润超过 100 万美元的全球性大公司。”

第四个弹头：来自于直销曾有的失败和困难

人们不愿意接近熟人市场的另一个更普遍的理由是困难。他们感觉受到了侮辱，因为他们已经做过 3 个直销生意，他们不能经受第四次接近他们的家人和密友的想法了。这很正常。这是人性，但是这个判断并不充分。因为有些人同时牵涉几家公司，现在可能获得了最好的途径。对于担心这个问题的新分销商，我们教了他们这样一段基本的对话。进行这样的谈话之后，他们就能够与熟人市场的潜在顾客分享信息了：

“你和你妻子知道我一直在小心谨慎地调查直销领域。事实上，在过去几年内，我加入了几家不同的公司以学习不同领域的知识。现在，我很高兴地告诉你，所有的分析都有了回报。关于这个行业，我已经掌握了足够的知识，可以从中选出能让人在短期内月收入达 30000 ~ 50000 美元的国际性大公司。我花了大量的时间、金钱和精力做功课，现在我非常激动，晚上难以入眠。如果你对挣这样的钱感兴趣的话，我真的迫不及待想去找你了。”

不要描述你或者你的新分销商过去的涉入，把它们变成资本！难道你愿意执拗于一家公司，而不愿意从一个有丰富经历的人那里购买保险、汽车或者其他东西吗？如果你面对这样的环境，一定要试试这种接近熟人市场的方法。

第五个弹头：判断、识别引领者

传统行业与直销之间存在着本质区别。传统销售和市场人员被告知要判断、识别潜在顾客。例如，一个推销商是不会试图向一家不会使用或用不起价值 350 万美元的激光打印机的公司推销的。判断、识别潜在顾客就是在试图推销之前，分析其是否是，既有需求，又用得起你的产品或服务的潜在顾客。但是，我们把直销称做“伟大的均衡器”，因为在这个行业任何人都能取得不同层次的成功。提前就作出判断某个人特别值得接近，而另一个人根本不可能成功，是经济上的自杀行为。在任何情况下都不要提前对谁有资格、谁没有资格，谁感兴趣、谁不感兴趣，谁是可以接近的、谁不可接近作出判断。

现在来看看一对最成功的分销商搭档——汤姆和泰瑞·希尔。泰瑞离开了是全北美复印机销售冠军的那支队伍。在确立自己的领导力方面她是个专家。汤姆是一个证券经纪人。在涉足直销的第一年，他们就不得不打破很多不利于他们领导的陈规陋习。最终使他们充分认识直销的，还是在直销生涯初期，在自己家里举办的那场充满机会的聚会上。在放映光碟的时候，汤姆和泰瑞都留在了房间里。放映结束后，一位男士来到他们的办公室说道："谢谢，但是这笔生意不适合我，非常感谢你们的安排。"就当他要转身离开时候，他又扭过头轻声说道"顺便告诉你们一声，另外的那个家伙已经睡着了"。汤姆于是进屋关掉影碟机，这时那位睡着的男士醒了。就在汤姆对他的到来表示感谢时，这个人站起来满怀热情地说"这听起来太难以置信了，我加入"。

人的一生中到了该走运的时候就会走运，即使在所有人看来都是不可能的。甚至连无意识的人都会因此明显变得激动。现在，这个后来加入的分销商已经在美国和澳大利亚又有了数以百计的下游分销商。而且他已经成为汤姆和泰瑞缔造的销售组织中的坚实支柱之一。他们这些人现在已经卖掉了他们的直销业务，并把家搬到了位于田纳西州的一个小镇。在经历那些合作岁月之后，他们都因当初卸掉了那些压力而感到非常幸运。现在他们又有钱，又有时间，都过上了向往已久的安逸生活。

另外一个我们的一线分销商丹尼斯是一名大学生，自己做学生辅导员可以一个月赚到 800 美元。他的哥哥戴维，是一名侦探，正在调查一起发生在得克萨斯州休斯顿市的交通肇事逃逸案件。我们这里所说的丹尼斯和戴维兄弟是直销界的两位真正的传奇性人物。他们是同丹尼斯的岳父——罗·布莱扎德教授一起加入组织的。三个人和他们的妻子都成了百万富翁和令人尊敬的企业领导者。当兄弟俩去企业的时候，经常宣讲自己的故事，但没有人铺开红地毯欢迎他们。公司的总裁也并不欢迎他们，而且还把他俩当成一对大骗子。毕竟兄弟俩仅是一名学生和一名警察。他们因而受创，妻子也都被吓呆了。戴维的妻子捷卡，非常清楚地看到自己的丈夫为了得到一笔每年 17 000 美元的养老金项目而不得不花费了 13 年多的时间。像捷卡这样聪明的妻子想要从击败那种安全性中获得什么？所有的人在直销上都是从一名小骗子开始的。大骗子都是被团队理所当然地认为是他们造就的，这些已经都是不争的事实。

丹尼斯和戴维现在是整个网络分销行业备受推崇的演说家。然而，在进入直销市场之前，他们俩甚至都没有接到过一次埃克森或者索尼的面试通知，因为他们俩既没有接受过商业教育，也没有管理经验。今天，他们管理着一家拥有遍及 20 个国家的 1000000 个分销商、收入超过我们一半的国际性组织。

我们还能继续列出其他一些在直销之前没有成功经历但能证明我们的观点的其他分销商。即使某个人一直在做一份辅助性工作，也不要认定他们就没有建立一家有活力的大组织的能力。也不要因为你的朋友是医生，就认定他能够建立营销网络。许多医生可能已经厌倦了与医药相关的职业，正在找一份收入相当又充满变化的新职业。无论你做什么，不要屈从于这个熟人名单弹头：不要犯判断、识别引领者的错误。

第六个弹头：利害冲突

有些专家在建立他们的直销公司时受阻，是因为他们对利害冲突忧心忡忡。作为一名牧师，马克担心接近他的教堂会众会为他带来麻烦。瑞妮是一名镇议员，她害怕接近她的下属。虽然它是我们勘测熟人市场的一大障碍，但也是我们生活中很重要的一部分。因此，我们明白对利害冲突忧心忡忡是一种合情合理的担忧，它甚至是一个道德问题。无论做什么，你并不想危害到你现在的职业。你想决定你什么时候离开，但你不想让它为你做决定。

我们有两个建议。首先，当你仍然从事现有的工作时，绝对不要提及你的直销公司的名字，但是你可以试试这种“生活方式”。也就是说，通过正常的途径接近人们——顾客，消费者，商店店员，健康俱乐部、银行、杂货店里的人们——称赞他们身上吸引你的特质（诚实点）。让他们知道，拥有那些特质，他们将会在你的生意中崭露头角，他们就是你一直在寻找的合作伙伴。告诉他们，你不能在那儿跟他们讨论这件事（你可以说，例如，“这儿不是说话的地方”或者“这样违背了公司的规定”），但是你想找个对你们俩都合适的时间。然后，要求可以允许给他们打电话。交换名片，在背面写上接近他们的最佳时间。这是瑞妮以前用过的方法，对她来讲非常有效。通过直接地控制形势，很少有下属抱怨出现利害冲突。

如果这个方法对你不起作用，你可以考虑一下马克的方法。他从未因生意接触过他的教堂会众，但他从教堂里招募了一对夫妇。他的名字就是他们可信度的保证。

目标市场

你可能会想要考虑通过利用目标市场推广来取代你的熟人目录，目标市场推广包括聚焦市场勘测于你的熟人圈子最里层的、有选择性的群体，他们或者对商业机会、兼职/替换收入和减税，或者对你提供的产品或者特殊利益感兴趣。

查尔斯博士的研究向我们提供了一个目标市场推广的例子：一名健康中心的有氧教练向她的有氧训练班上的学员——都是 30 ~ 50 岁、中上收入的人士——推荐一种维他命食品。基于人口统计学和有益健康、锻炼瘦身、运动的兴趣，班上有几个学员接受了这种产品。6 个月内，这名教练就有了 60 多个零售顾客。后来，其中有些顾客为了以批发价格购进产品或者发展自己的事业，成为了他的分销商。基于她在健康俱乐部为目标市场推广的“公式”，这名教练继续约见来自其他地区健康中心的有氧教练。她介绍自己的理论，资助发展下线，训练他们通过复制自己的模式来建立他们自己的组织。

当然，如果你的目标是建立大的、国际性的商业贸易，在目标市场上成功的关键就是将目光投注在与你们有着和谐关系的一些群体身上，而不要将你的全部精力放在一个群体身上。

什么时候使用三方电话

我们假设你已经充分明白给你的客户名单上的人打电话的重要性。那么接下来会发生什么呢？怎样使这些人动手处理自己的工作呢？只要将三方电话用在适当的时机，它就是一个很有效的方法。

大多数做销售的人都不太喜欢在个人陈述之前进行三方电话。如果他们知道自己和他们的上线将无法避免遭遇侮辱，而这样的侮辱来自于他们的第一单生意，即与他们的家庭和亲密的朋友（即使是他们最亲近的朋友）进行的交易，他们可能会购买起始包，却会拒绝走得更远。这就是为什么在我们 20 年来的集体中，我们第一次接触潜在顾客的时候，通常会避免使用三方电话。新的从业人员想避免这种方法事实上是对的。

理性地想想这一方法。难道一个专业的或者公司的管理者真的需要联合反对他的朋友吗？这是真正会出现在潜在顾客脑海中的想法。如果一个上线都不能拿起电话邀请他的家人和朋友来参加培训，或者不能在家里的私人空间中进行视听介绍，这样的人就不可能在直销市场中取得成功。新的推销员一旦受到训练，就要很礼貌地和家人、朋友交谈，而不再需要那些试图巩固目标客户并且表现得比她的学员更聪明的上线。在这个阶段，三方电话是直销中一个非常不同寻常的方法。另外，当生意在亲密的关系中出现时，就没有什么大的困难是不可以克服的。如果困难重重的话，这个人无论如何都不是潜在顾客。6 个月后再打电话给他或者她。不要用你的上线的分机来诱惑他们。唯一也许有用的方法是，如果你的上线在你的前几个电话中只是安静地听着，他可能是为了在之后给你一些建设性的意见。

使用三方电话的最好时机是潜在客户已经看到展示之后。当一个人已经对直销理念有所了解，喜欢他所听到的但又有所保留的时候——就是将上线带入你们的联系的最佳时机。这里有一个你跟一个认真的潜在顾客说什么的范例："您问的确实是一些很好的问题。正如我告诉您的，我是一个新人。但是我的事业伙伴在这个领域待的时间比我长多了。让我看看我们现在能否联系上他。"你摁一下电话机上的会议键，拨了你的上线的电话，然后再摁一下会议键，大功告成，你已经开通了及时三方电话。或者如果你愿意，你可以把你的上线的私人电话告诉你的潜在顾客，并让他或者她在方便的时候拨打。真正的潜在顾客就会打这个电话的。

每一种策略都有优点。你的新伙伴通过三方会议电话法了解如何"搞定"一个新潜在顾客。它也加强了新成员对这个行业的信心。有些时候，这些对于一个新的直销人员来说是十分有益的。潜在顾客和上线的双方直接对话提供了更灵活的日程安排，而且你能从那些温温吞吞的潜在顾客中找到真正的潜在顾客。和最亲近的人打电话意味着你对这个行业有一定的热情。马克喜欢直接打电话。瑞恩觉得三方电话更合适。要把握运用它们的时机，也就是说，不要等到所有的赠品都送完了或者你的详细的行业视听介绍和指示都进行完了才想到。

使用标有序号的卡片夹

现在，我们将分享一个很重要的关于建立和保持亲密名单的工具。请注意这个建议，并且一丝不苟地遵守它，你很可能将成为最有钱的人。这个方法能够使你在短时期内找到比你花时间打电话还要多的潜在顾客。

买一个 12 英寸长的卡片夹。另外，买 12 个夹子，每个代表一个月，然后买 31 个带编号的卡片，每张卡代表每个月的每一天。进入索引卡的人就能够被编号和分类。然后，买上几百个索引卡片并且在每张卡片的顶端写上每一个热市场的潜在顾客，名字后写上他们的电话号码。在名字下面的左方，写上“最后一次接触的日期”。右方写上“行动和结果”。每当你知道一个人的名字和电话号码，尤其是你刚见过或对其抱有期望的新人，你就做一张新卡片。当然，对计算机爱好者来说，你可以用软件程序来完成这个工作。问题的关键是你必须有一个与你的潜在顾客保持联系的系统。

现在我们来看看这个关键的系统：如前所述，你要每 6 个月挨个给你的顾客名单上的人打电话，直到他们签约为止。永远不要放弃，除非他们成为发起人或者你参加了他们的葬礼。当你和你的潜在顾客谈话的时候，他们会告诉你为什么现在不是加入的最佳时机，这时你要礼貌地问他们，你是否可以改天再联系他。他们大部分都会说“好”。把你的索引卡片放到你们约定的那个月，放在你的档案夹里。有些人需要在两天内有后续行动。或者，如果你联系不到某些人，你应该把他们的卡片放在第二天。

在美洲、欧洲和亚洲，一般全职工作的人每 3.7 年换一次工作。每 6 个月试着联系一下这些潜在顾客。不要在乎他们之前怎样强硬地拒绝过你，一般在他们换工作的时期内，你可以将他们吸引进组织来。如果适时地出现在处于转换期的潜在顾客面前，直销几乎不可能被拒绝。记住我们以前强调的：直销就是适时。如果潜在顾客处于正确的时机当中——无论直销被说得多么的不堪——他们都会决定试一下。相反，时机不对，无论展现在他的潜在顾客面前的直销事业多么清晰或者专业，他们也不会接受。

史蒂夫说他在使用中找到了乐趣："有时，在我向我以前的商业伙伴解释直销的威力并且向他们展示 5×5×5 的对数增长说明后，他们就笑了。有些甚至笑着说，'嗨，史蒂夫，当你变得富有的时候给我们打个电话！'所以我打了电话，给他们中的每一个人！"

从熟人市场调查开始

那么，现在你知道一些原因了吧！即人们拒绝你调查他们的熟人名单的原因。但是为什么这件事情那么重要以至于上线鼓励他们这样做呢？调查熟人市场比你试图说服你从未见过的人辞职加入直销要容易得多。"生人市场"调查需要专业、热情、竞争能力和胆量。你要竭尽全力使真正的陌生人相信，他们应该放弃他们每周的薪资和已经熟悉的工作或者专业，然后跟着你加入这个金字塔式的行业。至少，这是潜在顾客的看法。这就是那些数字所扮演的重要角色。你要与更多陌生人交谈以产生相同而有利的反应。在那样的环境下，你最好表现得自信、有主见，并且老练地回答在招募会上提出的问题。生人市场营销调查正如其名字一样——是"冷淡"的。

因为你的熟人市场是由你认识的人组成，他们比那些完全陌生的人来说更了解和宽容你。在我们这个行业有一句老话："每一个伟大的多面手推销员首先是一个糟糕的多面手推销员。"没有一个人在开始的时候就是有准备的和自信的。所以，首先接近你的家庭和朋友非常有意义。因为这样你就不会觉得孤独无依。你的上线应该在你的家里为你和你的朋友做两到三次介绍，如果距离远的话应该通过电话支持你。（我们将在本章的后面讨论这个问题。）现在我们来检验一下接近营销榜样的正确的方法。

成功更多来自态度而非能力

因为在直销中是态度而不是能力导致了真正的成功，你最大的优点就是热情。但我们所谈论的并不是那些虚假的兴奋，这样的兴奋是学来的习惯，或者是从你的上线那里学来的东西。我们说的是自然的热情，也就是，当你知道你会在一个月后挣到20000美元的那种自然的激动！我们再次提醒你，如果遇到这种商业机会你仍然不能真正地兴奋，那么你就读一读或者听一听那些可以激起你的热情的任何东西——这对于有效的调查是很关键的。无论什么样的策略，只要是能够激起你的兴趣并且使你在精神上保持积极的状态从而使你敢给熟人市场的潜在顾客打电话，你就应该试试。你的信念越坚定，你成功的机会就越大。

这也能帮助你认识到，你首先是一个教育者。你不是一个推销员，也不是一个招聘人员。你的工作是尽可能多地教会更多人明白，世上有更好的生活方式和赚钱方式。你所做的是使人们相信要换一个工作加入直销。要达到这个目的，唯一的办法是让人们坐下来和你待上 45 分钟客观地看看你的生意。当你给潜在顾客打电话的时候，你唯一的目标就是让他们好好地考虑你的公司。在直销这一行业，没有任何人能在第一次打电话的时候就能使自己相信并且辞职加入他们的公司。我们也从来没听过有分销商是一直通过电话来不断地卖产品和服务的，所以不要尝试这样。直销是教育者的商业。也许你会以让你的潜在顾客看一整套完整的视听节目作为开始，但是接下来你要面对面地和他们接触。这是教人们怎样教会他人去建立一个使用和分享产品或服务的组织。

要记住，你通过电话给的信息越多，他们来听讲座或者参加商业介绍的可能性就越小。试着通过电话来激起他们的好奇心而不是满足他们的好奇心。千万不要在第一个电话时就给很多信息和回答很多问题。一定要让他们分享你的热情，还要确定一个时间和地点与他们见个面。你要确定你的谈话是发自内心的，你是真心地希望和他们一起合作。

直销是一个创造性的行业。因为它的领导人和建立者从很早以前就学会了一样东西，即人们平常所作的决定是建立在一定的情绪上的。想要赚很多钱的欲望是你能够利用的一个吸引顾客来参加你的会议的因素。接下来在这本书中，我们将告诉你害怕损失是激起人们创造财富的原因所在。也许除了被引诱进入一个更好的行业之外，没有一件商品或者一项服务有足够的吸引力使人们想要去换工作的。但是能够自由支配时间、月收入 2～3 万美元甚至是 5 万美元，这种可能性是能够吸引很多人的注意力的，甚至是最愤世嫉俗的人。

所以这就有了另一种接近朋友和家人的方法。从小的话题开始，但是要尽可能快而且有目的地结束这样的谈话，并以一种非常热情的方式，接近于兴奋得不能呼吸的方式说出下面这些话：

"我已经告诉你我给你打电话的目的。事实上，我并不能再隐瞒了。我妻子和我都对我们误打误撞进去的公司感到兴奋，我们想和你分享这件事情。因为，坦白地说，我们不会考虑别人。听着，我将问你们一个问题，这个问题是几个礼拜之前一对夫妻问我们的，'如果你相信，在经过全力以赴的努力之后，你能一个月赚 2～3 万美元，甚至是 5 万美元，你将在以后的岁月里吃利息，完全放松自己。你还能通过小成本投资赚大钱，这样的生意难道不能吸引你吗？"

如果你花一些时间来学习这个方法，你将发现，因为目标对象表面的拒绝就放弃是毫无理由的。你已经问了你的潜在顾客一个问题，所有可能的拒绝都被巧妙地点到了。首先，你鼓励他调查这个机会。这是正常的、合乎道德的，而且这个机会只需要很少的启动资金。潜在的利润却是真实的，对人们更重要的是，在这样一个经济全球化的时代，它允许人们自由支配自己的时间。如果，即使听到这些话，你的朋友仍然持否定的态度，那么你不要在意拒绝的理由，你应该知道，现在还不是发展他的时机。不要诱惑你的不情愿的发展对象。一定要将你的对话结束在正面的调子上，与他们约定几个月后再会。在你的发展对象卡片上简单地写上"不感兴趣"并且将卡片放在文件夹里提醒你在 6 个月之内再次打电话。记住这是一个适时的生意——寻找那些想要换工作的人。

没有必要在直销中卖东西给人们

对于新的分销商来说，可能犯的最大的一个错误就是说服和试图在错误的时间让人们来买东西。想一想，我们提出的问题被拒绝的原因在哪里？没有。那么对于一个新的通过电话试图克服每一个困难和让朋友厌烦的分销商，怎么才能完成任务呢？或者更糟糕的是，一个上线也在电话上引诱他的顾客，那会怎么样呢？那么在 6 个月以后，即使时间正确，他的朋友也不会接受了。

加利福尼亚州洛杉矶的亚历克斯·玛亚费尽周折才了解到这一点。"当我决定加入直销时，我正在一个法律学校上最后一年学。当把我的决定告诉我的朋友和同学时，我毫无准备地受到了善意但是可怕而且消极的打击。很多朋友笑了，有些很坦白地表示了对这个工作的歧视。有些则更甚，将我的名字印在小册子上，上面写着‘蛇油’和‘贩卖假货’。他们中间没有任何人了解我的公司的实际情况和与它所提供的机会。即使他们都很聪明并且将要从事一个在做出判断之前要先调查的这样一个法律行业。”

“开始时我确实很受打击，但是我知道我有一个很好的机会。于是我开始大量收集能够证明直销和特别是我的公司具有合法性的证据。这些都是法律学校教给我的。收集了一年的书籍、文章、新闻剪报、视频以及音频材料之后，我再次联系我的朋友们。因为有支持我的证据，我很自信。但是他们看了我收集的证据和数据之后，还是拒绝参加会议。我几乎被打倒了。我的所有数据都表明他们对做这些事情是很感兴趣的，可是他们为什么还会拒绝呢？”

“几个星期后我才了解到这一点。我能使一个人在理智上相信加入我们是一个伟大的决定，但是如果那个人不相信他能够在这个行业取得成功，或者如果他不相信自己、不相信自己具有学习和成长的能力，那么所有的事实和数据都是无用的。他将不会加入我的公司，即使进来了，他也不会做任何事情。我用了一年的时间来收集信息，目的是使那些对这个不感兴趣的人们相信这些，而我事实上应该向那些感兴趣的人介绍。现在，除非我确定这个人对这个感兴趣，我才会拿出我的证据和事实来。如果我能早一点遵从上面的建议，那么我就能少走一年弯路。”

亚利桑那州佩森城的帕特里克·斯屈玛切的经历与亚历克斯很相似。他在《成功》杂志上看到这样的内容：当你和你的朋友在一起的时候，你要问问他是否愿意自己做生意。“‘如果我告诉你，有一项生意启动资金只需要 500 美元，而潜在回报是一个世界 500 强公司 CEO 的财富，而且你的公司合作伙伴将会管理好 R&D、包装、薪水册、开拓国外市场以及法律上的事情。你会想知道这个生意吗？’我把同样的信息用电子邮件的方式发给了我的一个在高新科技公司工作的朋友，因为他曾经向我抱怨过他工作的那家公司曾经扣过他的薪金。但他的回复是不感兴趣。罗勃甚至都没有问我这个生意是干什么的，只是不感兴趣。我简直不能相信!”

“接下来两个星期之后，我的小姨子来看我并且用了我们柜台上展示的商品。她喜欢上了它们，想知道怎样才能买到更多。我招募她之后，她立即买了1 000美元的产品，并且不停地跟人说她是多么兴奋。在接下来的两个月内，她告诉我她辞职了，因为她太忙了。她管理着她丈夫整形外科的业务，所以我问她是否想过那些花成千上万美元整容的人会否想要用这些产品来保持他们的年轻面容。她没有回答。我想这就是我要做的事情，我想起了SW信条：‘一些人愿意，一些人不愿意，那么怎么样呢？因为还有一些人仍然在等待。’明白了上面的4句话之后，我再不往后看了。”

帕特里克的方法是比较真实的一个。现在，那就是他的态度。直销不可避免地需要你和你的圈子里的很多人接触。通过接触足够的人，最后你将会找到那些合适的人。那就是个人关系的开始——也就是我们所说的“关系市场”。

没有必要强迫朋友加入

新分销商容易犯的另一个错误是强迫20个朋友加入到这个生意中来（他们经常这样做，这会使新的招聘人员减少！)，然后新分销商就会在接下来的6个月中试图把那些人拉入公司。对于很多善良的人来说，直销就是卖出公司商品、然后竭尽全力使那些人成功这样一个过程。不幸的是，强迫是与我们的生意截然不同的。我们的工作并不是强迫他们，而是教会他们自己来做这个生意。我们是教育者。我们教人们用新的方式来买、卖产品和服务，并且教人们以新的方式来生活。我们教会越多的人（先让他们看视频包，然后他们就会来我们家里听我们讲整个故事)，挣到的钱就会越多。我们怀着极度的热情对待越多的生意合作伙伴，我们就会赢得更多的钱和时间，但是首先要有很多的人到公司来。

所以你一定要确定你没有遗漏任何一个你的熟人名单上的人。你要主动给他们打电话，记住不是三方电话，也不是攻击性的电话。当你打电话时一定要确定一点，那就是你非常兴奋，你要将做这个生意的热情与他们分享。同时，你的调查问题焦点应该围绕着赚大钱、自由的时间和一生的朋友这几个方面。

哲学家莫里斯·尼柯尔过去常常说："所有的人都酣睡着。要把他们从长时间的昏睡中叫醒，给他们介绍一种新的观念和做事的方式，你就必须给他们一些有知觉的震动。"我们同意这个观点。我们要意识到的是，除非你用高收入刺激他们，否则很多人将依然沉睡。月收入 2 万美元、3 万美元甚至 5 万美元（一个顶级分销商的收入）的承诺通常情况下就会对你的亲戚造成一个足够的意识上的震动。接下来，如果时机恰当，而且如果他们想换工作或者是害怕被解雇，他们肯定会有回应，并且会来参加聚会。这就是有效的直销的关键所在。许多人在这个行业都有领导潜力，但是除非时机成熟否则你是不会发现你的这方面的能力的。

通过熟人市场调查来结交意想不到的朋友

有时只不过是将你的生意和产品让你所在的圈子的人知道，你的亲戚市场名单就可以通过谱系的另外一端扩大。像几乎所有的离婚妇女一样，纳迪亚·胡德曼也不能和她的前夫现在的妻子乔伊斯·胡德曼相处融洽。她们都来自休斯敦城外的小镇——得克萨斯。纳迪亚说："我们两个人的关系非常紧张，以至于当乔伊斯在一家律师事务所工作的时候，她让我们的一个共同的朋友告诉我，她在办公室的时候我就不要去。当她离开那个律师事务所之后，我的一个朋友想买我的产品送给所有的秘书，他们都很喜欢这些产品，他们把这个产品也介绍给了乔伊斯。我曾经请我的前夫在情人节那天买些我的产品送给乔伊斯，但是我的前夫嘲笑我说：'她不会买你卖的任何东西。'但是她还是买了一些。出乎我意料的是，她用了这些东西之后，打电话问我们还有什么产品，她是否可以过来。我们做了一个皮肤护理，离开的时候她成了我的新分销商。"

"我们现在是很好的朋友，一起工作。这对我的孩子来说非常棒。最近我们公司在戴勒斯开一个区域性的会议，我和她住在一起。当我介绍说这是我的'前夫的妻子'的时候，每个人看起来都很吃惊。更有意思的是，上个礼拜，我去了她家里等我的儿子。当时那里还有另外两个妇女——其中一个是另一个的丈夫的前妻，她也在那里等着接儿子。她们也是通过我们这个生意走到一起的。当你们在忙同一个生意时，你们就会加速你们这种令人迷惑的朋友关系。你会和你根本就没有想过有可能成为朋友的人成为朋友。”

全面有效地利用名单

不要让熟人名单上的任何一个人干扰你。尽力和每一个人联系，从那些你想和他共事而且和你在一个城市的人开始。和你的前 20 或者 30 位家庭成员以及朋友联系，并且拜访他们，让他们看看这个令人兴奋的机会。每次介绍给 3 ~ 6 人的小团体最好。邀请你想招募人数的两倍的人来参加招募会。将你最初 90 天的焦点放在“关系营销”上——联系那些和你关系很好的人来扩大邀请范围从而建立生意合作关系，这样做是提高你的生活质量。在第一年，将你的全部精力放在联系你的单子上的其他人，定约会，并且介绍这个机会。注意，我们不说“带他们去参加某些人的会议”。他们是“你的”潜在顾客，“你的”约会，“你的”介绍。利用你的熟人名单，一次一次地尝试直到达到你的目标。当然，一旦你发展一个新成员，你就要训练他们和你一样地做事：“和你的圈子里的朋友分享你的产品和服务，然后推销，确立分工，并且让他们和他们熟人名单上的人开自己的会议。比如介绍，你可以在你的家里一个礼拜做一次这样小型的训练，我们建议在周六早上进行。一旦你的新成员做完了分给他的任务——预定的产品、写下自己的目标、开始做他们的熟人名单——他们就能够和你做一对一的个人训练会议了。

如果你想全面有效地利用你的名单的话，你就要学会寻找名单上的人。当一个人对你说不的时候，你就要请他告诉你两三个对这个机会感兴趣的人的名字。询问这两三个人的名字的方式非常特殊。“你知道这家公司中有谁想离开吗？在你的朋友中有谁是精力比较充沛或者每个人都敬重的？”如果你学会用一个新的成员来代替名单上说不的人，那么你的熟人名单将无限长。

摘 要

- ❑ 一个熟人名单指那些从过去到现在你所了解的个人群体，就是那些你很了解以至于可以拿起电话给他们打电话，而他们一听到你的名字就能认出你的人。

- 21世纪的主导方向是建立和谐的市场关系，就像哲学上所说的“将泥土扔在墙上”并且跳过一些障碍。
- 你的熟人名单范围越大，你所要建立的生意就越稳固。
- 一定要确定教会新的分销商怎样利用控制策略，目的是帮助他们记起至少2000个朋友和熟人。
- 记住：不要屈服于新成员的争论和合理化建议，他们的目的是避免联系他们的亲情市场。
- 如果在开始生意之前就犹豫不定，你一定会失败，但是如果你一直向前走并且坚持的话，你就会成功。
- 离开过去的舒适环境，给你的名单上的每一个人提供这样一个机会，尤其是那些你认为已经很成功并且很适合做这个工作的人。
- 职场中人都会很自然地拒绝开放地了解兼职直销，但是这样的拒绝会消极地影响他们的生意，因为他们的迷惑和不安全感能够被传递给潜在顾客和分销商。
- 如果你不能让同事知道你在做直销，那么你一定要在家庭展示中充分表现出对产品和公司的自豪感和热情。
- 你不愿意去联系你的熟人市场，因为你已经在另一个直销了，而且你过去就曾联系过这个人，你的这种不情愿可以通过你的家人和朋友的认可来克服，只要你的研究和分析最后能使你进入一家正确的公司。
- 永远不要评判你的潜在顾客：预先认为一个人太重要一定要联系到，或者另一个人一定不能成功，就是经济上的自杀。
- 如果你的职业生涯与你的兴趣有冲突，以至于妨碍了你招募新成员，你可以这样做：

  1 通过“生活方式”的期待，即通过你生活中正常的过程来联系别人，让他们知道，不要提你的生意，当时机合适时候你希望和他们一起工作；

2 发展那些了解你的生意并且能够合乎道德地接近那些人的合伙人。

- ❑ 通过“目标营销”也许你想考虑区分你的名单的优先顺序，你可以从你的热（熟人）市场或温热市场来和某个团体分享某个人的背景资料。
- ❑ 如果上线不能总在线，要让你的新分销商经常有礼貌地和他最亲近的朋友和家人聊天。
- ❑ 在做介绍以后，而不是之前，三方电话法是最有效的。或者你倾向于让你的潜在顾客直接和你的上线联系。
- ❑ 用卡片系统跟踪你的客户。
- ❑ 每 6 个月给你的卡片上的潜在客户打一个电话直到他们签字或者是逝世。
- ❑ 从热市场开始是最好的，因为接近朋友和亲戚要比接近陌生人容易得多。
- ❑ 在网络市场营销中，态度要比能力重要得多。
- ❑ 在你招募新人的努力中，要更多想到你是一个教育者而不是一个推销员。
- ❑ 在作产品介绍之前，你的目的都是为了勾起你的潜在顾客的好奇心，而不是满足他们的好奇心。
- ❑ 当联系热市场时，一定要强调赚大钱和自由时间，而不是强调公司和产品。
- ❑ 当潜在顾客拒绝了一个充满热情的、赚大钱和拥有自由时间的合作关系时，不要和他们争论；把他们的卡片做成卷宗，并在 6 个月后再给他们打电话。
- ❑ “一个人不相信他的意志其实还是同一个意思。”
- ❑ 记住 SW 规则：一些人愿意，一些人不愿意，所以怎么样呢，因为有些人总是在等。
- ❑ 将你的前 90 天的焦点放在“关系营销”上，也就是说，联系那些你最亲近的人来扩大你的拜访范围，以此来创建你的生意关系、提高你的生活质量。

- ❑ 第一年，将你全部的时间都用在调查、确定约会、介绍机会上，直到你达到目的并教会你的同事做相同的事。
- ❑ 当有人对你说不的时候，就是你要问他一两个对你的机会感兴趣的人的名字的时候。
- ❑ 如果你学会了用一个新的成员来代替跟你说不的人，你的名单将是用之不尽的。

6

挡开分散炸弹

在纷繁复杂的环境中保持注意力

在通往胜利的战争中，下一个很大的障碍很可能会困扰每一个单独的分销商，我们称之为“分散炸弹”。由于我们的生意的多变性，使得这成为一个非常容易掉进去的陷阱。简单说来，分散炸弹分散了分销商的注意力，使得他们停止以前学到的销售系统或模式，同时疯狂地追随随之而来的每一种新的直销系统。这种分散炸弹经常发生在第一年，它使得每个新分销商不停地寻找更快、更容易成功的新的领导者、公司、销售助理甚至是销售模式。

这种分裂性的武器具有很强的迷惑性，因为它通常伪装成终极的新工具或是完美的成功战略。有些时候它会是一种很多新分销商采用的新的指南或是视频，比当下一般使用的工作计划更为有效。另一些时候它会扮成一个新的领导者，带着一种新的商标性的新方法进入城市中心来做生意，因为他挣的钱比你多，你就会认为他的系统模式比你的要好得多。而当你的精神状态真的很低落的时候，它甚至会是一个拥有更好的报酬规划的新公司。无论这种分散炸弹是以个人、销售模式还是公司的外形出现，你在第一年中所能做的最糟糕的事就是不断地向各种诱惑投降，并转向每一次伴随着诱惑而来的新系统模式。

我们的生意是一种不断重复的过程，而你不断地改变你的模式，会使你周围的每一个人感到困惑。在直销系统中，在整个第一年中最坏的战争往往会是你每次战斗的本质部分，在这场战争中，你不停地被诱导着寻找更快、更好、更容易的路线。记住，如果你上线的某个人正在挣着你强烈期望的那么多的钱，你只有不断地重复正确的销售模式，只有这样你才会达到他或她所拥有的财富，你最终也会达到你的目标，可是如果你不断地改变自己的销售模式，你永远也不可能获得这种财富。

对于做直销的人来说，不同的人有不同的方式，但是最终每个人获利相当。条条大路通罗马。但是如果一个在直销中如此分散注意力，以至于他或她不断地从一个模式跳到另一个模式，将会使他的下线伙伴也不断地改变，失败也当然会遵循下去的。在本章中我们将教你做好避开这种无法逃避的分散炸弹的准备，从而避免你和你的新分销商被诱导去走那些弯路。

经常改变销售模式

就个人而言，我们已经丢失了很多第一线的销售者，而他们很可能成为业界的传奇人物，可是就是因为他们不能停止不断地改变销售模式而丧失了这种可能。实际上，从某种意义上来说，我们丢失了一个完整的外地市场的领先者。

试想一下这种可能性：如果你在一个新的拥有 1 500 个很有希望成为我们的潜在顾客的城市中从头开始我们的事业，有谁会在你刚起步的时候来学习更多的东西；如果你所代表的公司是一家拥有 10 亿美元生产线并且具有 200 多年成功经验的公司，而所有签约的新分销商只有你的 1/5 的水平。你再这样设想一下：你的销售者都是业界十分知名的，他们拥有所有被翻译为各种语言的训练手册，在你的国家中建立起你的第二个大家庭以在关键的时刻支持你。在这种环境中，失败好像是不太可能的。

不管你相信与否，当主要分销商在 18 个月后就退出了，失败必定随之而来。他们会失败是因为他们从亚内尔公司跳到了另一个不知名的公司，最终放弃了我们所教的每一种销售模式，在不停地改变他们的训练材料中浪费自己的时间，这就是终极分散炸弹。我们的模式都是被证明能通向成功的，而他们中的每一个都会迅速失败，但是他们依然保持着自己的崩溃的组织，只是因为他们还有足够好的报酬规划。我们则为他们提供很多其他形式的支持，不管是经济上还是其他方面，这也正是我们从来没有提到的。事情的真相是他们和他们的下线都是分散炸弹的受害者。但是坦白地说，作为上线，我们不得不为这些人的失败负很大的责任，因为他们每次改变销售模式，并且是频繁地改变，我们都只是温和地表示反对。

不像传统生意中失败后的那种典型的揭发谴责，尽管他们失败了，我们仍然把他们看成是朋友。这种经历对我们而言是一种很重要、也是很痛苦的学习，因此我们想把这种经历告诉你们，以使你们能避免这种失误。这是一个很重要的课程，那就是每一个新的销售者必须确实地学会如何重复你们的模式。在他们刚开始的时候一定要学会遵循初创者创造的模式，而不能背离这种模式。现在我们都会告诉我们新进的同仁，在任何不稳定的时期，背离我们的模式的那天同时也是失去我们支持的一天。这是对我们来说是很重要的。从以往的经验中我们学到的是：在一个新的开放的市场中对最好的召集者和大多数的入行者进行严格的训练，用他们所需要的各种工具来塑造他们，帮助他们接近自己最好的前景，在公司的最高层人物出席的开幕仪式中和他们签约，即使已经做到所有的这些，但是如果这些人中不愿意重复一个简单的、已被证明过的模式，他们注定是要失败的。这就是分散炸弹的令人害怕的事实。

没有障眼物的生意

分散炸弹的讽喻还指，每一个新的销售者在第一年中都不能忽视眼前的各种纷繁复杂的注定会出现的诱惑，从而保持一个清晰的视野，能看清楚他们将走向何处和怎样才能到达目的地。当这些新手遇到公司真正的瑞典式自助餐、补充模式、视频、指南、以及不可胜数的其他的对于他们有效的销售模式，他们就会很快地分散了注意力。在第一年中必须警告每个新手要对这些诱惑视而不见，为了避免使个人的下线们产生困惑，重复一个简单的、成功的模式是必需的，每次中途改变自己的模式必然使自己的下线产生困惑。

更糟糕的是，一些过分热忱的创业者没有根据自己的生意计划而制定的目标或是模式却不断地招募人员。很多新直销商就像是在黑暗中找钥匙的人一样。一个邻居看见一个花费几小时在草地中寻找一些东西的人，于是她就过去问这个人是否需要帮忙。"你在找什么？"她说。

"我丢了我的钥匙。"他回答道。于是当这个邻居也爬到地上去帮忙的时候，邻居问："你把钥匙掉在这个庭院中了吗？"

这个人回答说："不是，这里的光线更好一些。"

有无数的销售者想按照对他们更舒服的方式、按照更符合他们设想的、保持以往工作习惯的方式在我们这一行中工作。这里的"光线"可能更好一些，但是如果你的目标只是为了经济上的安全感和个人的自由，那么你可能不得不走出这种舒服的环境，到光线不是很好的或者环境不是很高雅的地方去工作了。只要你在第一年中付出了相应的代价，你所向往的好生活也会尽可能快地实现。

阿肯色州 EL Dorado 公司的皮娅·戴特森，坦然面对生活中的很多挑战，在她进入了直销行业的世界前，很快就学会了这一课。她从丹麦来到美国，在 5 个月的时间里就拿到了身份证，不久之后在整个怀孕期内她放弃了自己的全职工作，成了一名全职的学生。在生完孩子后的几个星期后她又回去工作。经历了所有的这些之后，她决定走出自己的黑暗带。她问："在看似什么都不对的丑陋时期是什么驱使自己继续前进呢？我始终相信在我们每个人的心中都有一股强劲的动力去帮助我们同以往一样集中精力向自己的目标前进。我教会我的销售者们不要放弃，我告诉每一位销售者'你待的时间越长，持续不停地和人们交谈，你就会越接近目标。在最后的轨道中不要忽视那道光线。'"

马萨诸塞州 Andover 公司的乔·鲁比诺和汤姆·温特罗博士在被介绍到直销行业之前已经从事牙医业 10 年了。尽管已经在医学界取得成功的业绩，但是他们已经对牙医学失去了热情。激情已经燃烧完了，但牙医学依旧是他们所熟悉的。直销的概念最初是吸引他们的，但是他们是害羞的、内向的。要想成就成功的事业，就要脱离原来的舒服合适的环境，学着如何和人交谈。当然，他们也就产生了所有通常会有的担心：人们都会想些什么？人们又会如何指望他们的同辈？

由于这些自我强制的限制因素，他们觉得进入了陷阱，失去了方向。什么有可能使两个内向的人转变成顶尖的销售者，能在一桩生意中超越外向的人呢？他们已经开始从小做起，他们的注意力集中到安全上，避免产生风险。当这种处世哲学保护他们不受到伤害的同时，也伴随着很大的代价。只是为了“不输”而不是为了赢而工作，就会慢慢从内部消耗自己的同伴。就像很多在平静的屈服中生活的人们一样，他们不得不克服的灾难和不幸是战胜那种缓慢却不断地扼杀他们精神的对世界的恐惧感。正如诺曼所说的那样，“生活中真正的悲剧不是死亡，而是当我们仍然活着的时候我们的内心已经死去。”一旦乔和汤姆从屈服被动和为了健康、幸福、人际关系以及他们对社会潜在的贡献、他们要付出什么的现实中觉醒，他们就有意识地做出要完全放开的决定。他们需要寻找一个强制性的理由去做那些不舒服的工作，同时还要培养他们在自己是谁以及什么是他们不得不提供的等方面的自信。一旦他们开始向人们开放，他们就发现自己所接触的成千上万的人都生活在顺从中且很少有可能去改变自己的生活。在直销小组的帮助下和跟随一些个人教条之后，他们决定要实施一个活动计划，并期望能成功。外表上什么都没变，整个的转变只是在他们的精神上。

在业界中工作 6 年之后，乔和汤姆博士完全从牙医界退休了，但他们得到了比从事牙医所能得到更多的收入。他们还开始向全世界讲述和写作如何在直销中获得成功。1995 年 9 月，乔被登在《成功》杂志的封面上，在题为《直销中的精英如何极速地创造财富》的封面故事中，他被称为“百万富翁的缔造者”。他的书《缔造百万资产的直销体系的秘密》，因为在创造生活规划时其所包含的内容广泛的通往经济成功的方法而被高度赞扬。他们生活在这样的信条下，那就是我们每个人都可以利用这个行业所带给人们的改变生活的力量，这种力量不仅可以改变我们自己的生活，还可以帮助其他无数的人。

卡伦·约翰逊是玫琳凯公司粉红色凯迪拉克轿车的获得者，也是业界最强有力的女性演讲者之一，和自己的丈夫比尔·克坦因一起加入了直销的玫琳凯公司。她把查理·米勒、杰·普瑞姆、马可·巴雷特作为自己的榜样，而这些人都是达到了公司最佳业绩记录的顶尖人物，她相信她们可以做到的，自己也可以做到。因此她辞掉了自己的工作，比尔卖掉了自己的公司，他们一起加入了这家公司。1991 年 1 月，他们以最短的时间达到了经销商的水平，在同一个月中海湾战争爆发。不幸的是，他们的 4 个已具有资格的经销商看到了这个消息，不再工作，在不到两个月的时间里这 4 人都辞职了。

就像卡伦解释的那样，“7 个月后，我和比尔不得不回到重新培养 4 个新的经销商的路子上去，结果只得到芭芭拉·沃尔特在晚间在线节目中，以我们公司为靶子提出了臭名昭著的问题‘这是一个梦还是一个阴谋’。这个电视节目的播出引发了媒体激烈的争论，并使公司受到了政府的调查，任何一家直销公司都没有幸免。在接下来的 4 个月中，媒体对我们公司进行了残忍的攻击，我们的经销商们都失去了信心。尽管最后我们公司被洗清了罪名，但我们还是失去了很多经销商。为了替公司辩护，也花费了不少的资金。这个事情结束后，我们共失去了 11 位经销商。我的亲人们都劝我回到传统行业中来。但是我们不能，因为我们有梦想。”

“到 1992 年的 6 月，我们又被扔到另一条弯路上了。我们的公司开始多样化，突然之间我们不得不走出原来那种只熟悉化妆品和个人护理用品的舒适的环境，去学习抗氧化剂、钳合矿物质、新陈代谢的调节等多方面的知识。但是我们确实做了，到了 1993 年的 8 月，又一批完美成长的经销商出现了。这个工作花费了我们 3 年多的时间。最后，到 1996 年 9 月我们达到了公司的最高水平。”卡伦回顾了自己在玫琳凯的日子，在那里她经常听到这样的话：“个人成功的潜力越大，就不得不面对更多的逆境和灾难。真金不怕火炼，如果我们的信条从来不具有挑战性，那么我们如何迈向高层领导层？”卡伦和比尔，因为成功地面对挑战，现在就生活在加利福尼亚的雷东多比奇，摆脱了传统美国公司的束缚，拥有了自己的事业。当问到为什么她能在别人都退缩的时候坚持下来，她说关键是你要时刻牢记自己的目标，即使你的路程还没有开始。

我们可以清楚地看到，乔和汤姆博士以及卡伦和比尔的成功都与他们为达目的而不畏惧的心态紧密相关。他们每个人的成功都源于他们能排除身边各种杂乱的这种能力，不管是内在的还是外在的干扰，他们很清楚地知道自己将要走向何处，如何才能实现自己的目标。实现目标是一个逐渐适应新的、更好的现实的过程，在这个过程中你可以很清楚地看清你自己。当你维护自己可能实现的信念的时候，当你在隔绝负面影响的时候，当你不担心怎样实现目标的时候，一定要把精力集中到最后的结果上来。

中途改变销售模式

分散炸弹首要表现形式中的一种，很可能就是诱惑人们去改变自己的销售模式，这种影响有时甚至只是轻微的，不易察觉的。例如，你的上线可能告诉你，因为财富和自由的普遍诱惑力，你可以向你周围的亲戚朋友们阐述自己的潜在的财富和自由，并与他们结成生意关系，通过这种方式来建立起自己的客户群，这是很重要的。虽然你也在点头，但其实你心中真正的想法是："我不能带着能挣这么多钱的无耻的想法接近我的家人和朋友们"。于是你就改变了自己入门的门径：避免谈到自己将来甚至是稍少一些的财富估算，根本不推销自己的产品。虽然不介意你的上线告诉你要利用这笔巨大的财富和自由时间来入门，但是在你心中你知道，你的朋友和家人不能和这种金钱产生联系。

你不赞同你的上线是因为你已经承诺了使用他的这种销售模式，但是你想你知道什么最好的。但如果你真这样想，这就是你的悲剧了。

我们不知道是什么使得人们认为他们的生意是很容易的，但是所有很快签约的人开始都相信自己知道的比他们的上线更多，甚至比这个行业中任何人知道的都多。他们那种天生的领导才能越大，他们就越有可能想彻底改造这种模式。

阻止新入行者改变的方法就是在培训阶段抢先占据他们的思想。这些新的销售者可能还不懂关系销售或者利用那些收入高的人来创造意识上的震惊对于开始自己的事业的重要性，因此要教会他们把这些想法降到次要地位是多么容易的，要提前正确地告诉他们："现在你正在诱导着延迟向你亲近的人伸手，这是因为你担心和你的朋友们谈论这么多的钱。一定要这么做！正确利用我们所教的入门途径是很重要的。"

要确保新的销售者明白直销是从人际关系开始，需要不断地与人接触，并顽强地完成所有的动作。他们觉得被强迫地去改变的入门途径的另一部分是降低你在训练中交给他们的数目。如果你建议他们在从业期间至少要发展 100 人，他们通常会觉得 50 个上线就已经足够了。如果你建议全职的销售者一旦进入行业每周至少要发展 100 个潜在的客户，他们通常会觉得 30 或 40 个已足够了。如果你建议他们要以朋友名单上有 2 000 人为目标，他们会认为你疯了。而新的销售者不会认为这些改变会阻拦自己的成功，而这些正是分散炸弹的首要因素。记住，每次你在传授新的销售者你的销售模式的任何一小部分的时候，一定要确保你对他们强调了任何对你的模式的背离都会导致失败。

当他们变得叛逆或注意力分散的时候，而你又需要实质性地批评他们的时候，在娱乐、轻松的训练课程中仅仅警告你的新进人员第一年中会遇到的挑战的行为会帮助你。当然，如果你不想浪费时间告诉他们这些事情，同时你也没有上线伙伴创造的能挣大钱的销售模式，你可以把这本书交给这些刚签约的人。（对于一个厚颜无耻的保证它会是怎么样的呢？）不过请记住，最好的建议是从你的上线那里得来的，因为在你的公司里他们已经验证过这些经验。

其他交易的诱惑

还有一些变化会从你影响范围之外产生，有超出你的控制的可能。我们想让你为所有威胁到你下线的转变和挑战做好准备。直销的惊人的事实就是一旦你成立了自己的公司，在没有任何人试图去诱惑你离开的前提下你可以撑过数十年。尽管第一年中你成为了一名销售者，但是竞争无处不在，它会“乞求”你转换公司。成功和坚持会给你赢得尊重，但你的不成熟也使你易受攻击。

马克告诉了我们他第一次成为上线销售者的经历。“这就是我，很激动可以和一个因为他的收入和生活方式而很尊敬的人齐名了，他住在另一个城市。因此当他打电话给我看是否可以帮我的忙，我就问他可不可以考虑开车 150 公里来我的城市来认识我的顶尖的销售者，并在生意上指导他们。而他接受我的邀请的速度使我大吃一惊。他告诉我让我的销售者们做好准备进行高级培训，他将在一周内达到。由于我们负责人没能在高峰时期订到饭店，因此我就不能开一个圆桌会议。我只是简单地邀请了 25 个最好的销售者到我家参加进修课程。尽管我真正的指导老师是理查德·柯尔，但这次的负责人住得近一点，也是我们公司仅有的在我之上的三级水平的销售者。据说他一个月可以挣 15 000 美元，因此我估计我的销售者手气都不错。”

“这件事就像发生在昨天一样。那天我们开了一个真正的得克萨斯州的野餐，很大的烤肉架和所有完美的装饰品。当其他人都在吃饭的时候，我则十分兴奋，因为我心目中的英雄让我把他带到一个安静的屋子里和我讨论会议的事情。我把他带到楼上我的办公室里。我们在双人沙发上对面而坐。在我说话之前，他对我说：‘马克，准备好今天晚上不睡觉吧。我已经在一家叫做美国维他命的公司中找到了最终所需的经费和补充视频材料。如果你认为我们公司可以比较两个计划，请听我说　　’”

“我很震惊。我在直销公司的第一年中第一个主要的分散炸弹已经爆炸了。而这一个一定会把每个人从课堂中带走的，因为他已经做好准备去说服我的优秀的销售者。我必须迅速思考，因为我不想使这个场景发生，我只有半个小时来准备应变的策略。在他讲的时候，我正在开动脑筋试着去想我该做什么。最后，我想到了个机智的回答：‘看，你已经在这件事上重重打击我了，我不能让我的妻子知道在她不在时你给我这样的礼物，她会觉得被严重冒犯了。’”

“都哥说：‘我明白，我妻子　　’最后一刻我打断了他的话。”

“‘看，就假装你没有说过这些话，我想我妻子也会这样处理的，我们想最后一件事就是什么都不要对我的销售人员说。当你和他们接触的时候我和我的妻子想在你的那一组里，你应该知道我的意思吧。’”

“都哥点头表示同意，也变得很真诚。他还保证将要辅助我们，同时还保证除非晚上晚一些时候我们 3 个单独相处，否则他一个字也不会说的。会议正常举行了，没有人知道我们的辅导老师已经到另一家公司了。我让他把这些话都藏在心中，并告诉他在第一年就跳槽是多么愚蠢。我们扮演了敌人的身份，因为这是他所期望的。但是他还是经常打电话给我，和我分享他在直销的近况，解释为什么我要加入他。我想他已经在半打的公司待过了。假设一下当他意识到他应该想些什么的时候，他还得继续工作，他将在他的余生每个月仅仅从我们的劳动中就能挣 100 000 美元。”

我们和每一位销售者都说过：“青草在被收割前经常会更绿。”我们向你保证，就像明天太阳从东方升起一样，你的新进销售者在第一年中必定会被其他的直销公司所引诱。每一个销售者应该牢记在心的一件好事是，垂滴理论在我们业界比在经济中所起的作用更大。教会你的领班者所有的知识，如果都做到的话，你的组织中的任何一个人都会很快学会的。在业界做了很多年的人们都已经学会了一个真正成功的原则，那就是：坚持！一个在一家公司做了很多年的销售者，在过去的每一年中都有新的创造，现在都已很富有了。认为青草更绿的销售者很快就学会真正的、持久的财富只能通过在我们公司长期的参与才能获得。

我们已经获悉那些相信一个人要在直销成功，就必须拥有两家甚至更多的公司的所有的证据。但是这些证据都是通过书籍传出来的，我们还没有真正见过一个同时成功建立超过一个下线的人。但是这些年中我们见到了数百个诅咒拥有两家销售模式的人。但是请听清楚：它是没有作用的。要达到一个稳定的直销公司销售的顶尖水平，将会花费全部的精力和努力。不用有任何怀疑，你的销售者中的一些人将会受到其他公司的诱惑，当然还有一些人试图想证明我们的理论是错误的。在这实现之前，我们一直要警惕地面对现实。尽管这到目前为止还没有成功过！

一些人正在参加我们称之为“顶尖职位”的行动。这就是说他们会不断从一家公司跳到另一家公司，也很清楚地知道每家公司都不会在业界持续很久。但是他们会从黄金公司跳到海岸公司，希望在这个过程中获得短期、迅速的金钱。他们从来不在意业界有个金字塔式的体制，只有少数人才能获得胜利，也不在意公司很可能会耗费每一分钟。但他们的问题是他们只在跳槽的过程收获一点容易的金钱。一定要警惕这些给我们行业带来恶名的恶棍们。

在传统社会中，金字塔型公司、所有的公司都寻找经销商来满足顾客的需要或者一些特殊的要求。如果你是一个医师，并且已经厌倦了单独作业，你正在医院中寻找一个具有专业特长的伙伴，或者是指导者，你所需要做的是寻找具有医学专长的雇佣代理机构。这样的机构有几十个呢。如果 IBM 公司想找一些技术工程位置的专家，他们也不发广告，而是给擅长于工程方面的雇用代理机构打电话。

这就是我们的观点。在一个自由的社会团体中，人们往往要寻求自己更好的状态。公司经销商在一些猎头代理机构雇用他们的上司时不会特别受到伤害，这就是现实生活。假如你的一个领航人开始在别的直销公司前徘徊，或者更糟的是他已经向这家公司展示过自己了，天啊，你觉得天都要塌下来了。流言也快速传开。你的上线伙伴很快就会被告知这件事，那些挣 6 位或 7 位数的销售者就会启动整个寻找救援系统，以防止那个可怜愚蠢的人的变节。他们都会认为如果公司失去了这样一位领航人，他们会崩溃的，这可能会破坏整家公司的热情和动力。这是胡扯！

事实上，所有新的销售者在他的职业生涯中会多次受到诱惑而换公司。记住这个 SW 原则："一些会，一些不会，那么会发生什么，因为其他一些人总是在等待。"我们都是成年人了，我们当然不想保留那些行动迟缓的人，因为他们总是没有进步，并不断地消耗我们的时间，而他们在别的公司可能会更幸福。我们还要对他们说："祝你成功、好运。"但是很早以前他们也进到一家新的、竞争激烈的公司，我们确定他们已经做好面对各种不可预测的事情的准备，他们也意识到，从他们每次开始的时候，他们就在一点点地毁坏自己的名声，而且一次次地远离财富。

成功的关键是停止不断地跳槽而坚守一家公司。彼特·赫斯已经树立了良好的可供人们疯狂追寻的知名度，人们把他当作成功的范例，期待自己从一家公司跳到另一家以寻求一个月固定 10 000 美元的收入，这种行为就属于"可卡因心态"。相反地，他提出了更确定、更安全的途径——"胡萝卜汁心态。"他认为财富只有从一家长期获得剩余利益的强大公司的稳定结构中获得。一生待在直销，就像我们播种终将会有收获一样。

其他领导者的影响

受内行的诱导或者卷入别家直销公司，这似乎是业务中异乎寻常的部分，但是受到本公司领导者的拜访，分散炸弹又会怎么样呢？这些诱惑有多么危险呢？事实上，在公司初创时这个问题会导致直销员分散而互不影响，从而更加难以参与竞争。除非领导者详细解说，否则他们将非常容易成为公司其他领导者嘲笑讥讽的对象。

一般而言，那些从未成功建立下线的领导者会说分散炸弹的坏话，但是凭借以往的经验，分散炸弹相信他们知道自己正在干什么。十年经验和一年经验的十倍有重大的区别。我们之所以鼓励直销员们大量招聘没有在直销工作过的人员，因为他们更容易被训练。直销那些真正的无能之辈，从一家公司跳到另一家公司，给新员工带来这么多问题还经常自以为是。

让我们想象一下领导者们离开分散炸弹可能造成的混乱。假设你刚到直销公司，你已经为建立团队而额外工作。你手下总共有 850 人，每个月赚 3 000 美元。你的团队正在以幂的次方的速度成长，而且所有人都在接受你的训练模式。然后在开放的会议上，你的团队开始热烈讨论公司其他团队领导者的事，他正前往商业区训练他的团队成员而且邀请了该商业区的每一个人。显然，如果你没有预先跟团队成员讨论存在的威胁，你就不能阻止这股热潮，而且你一定不要表现得过于戒备或者过于保护。

当然，这是你在公司的第六个月，然而你能干的上司没有一个人在公司已经干得足够长以至于能赚到买房的钱。因此在职业生涯的这个阶段，他们非常容易受到任何新观点的影响，只要能激励他们更快更容易积累财富。会议开始了，讲话者介绍一个假设已经被证明是确实可行的全新的探矿系统，你坐在那儿人云亦云。你注意到你的团队成员正在做着冗长的笔记。这个系统和你的上线曾经教给你的相似，并不会更加有用。事实上，他们以前年复一年的试验，而且发现这是个不易复制的系统。接下来就是这样一番情形：通常大约一半的领导者会去执行，然后补充这个令人振奋的新系统，仅仅 6 个月就会以失败告终，但是与此同时，这将会使领导者受到牵制从而破坏他们前进的势头。那么你怎样才能阻止这种内部的分散炸弹呢？

一个我们敬仰的心理学家曾经说过："任何问题的解决办法 90%包含在对问题的认识中。"如果在早期阶段你有效地训练团队成员而没有被淘汰，你就已经解决了问题。以下就教你怎么做。在训练直销员的过程中，你应该这样说："我们就是你们的良师益友，帮助你们赚成千上万的钞票，尽可能快地完全控制自己的时间。我们保证：工作系统信息的通畅；工作经验教会我们不让你犯可能导致失败的错误。明白我们的目的了吧？我们就是要看到你的成功。作为良师益友，我们坚信你赞成我们重要的协定，如果你不赞成，我们就不能帮助你。明白了吗？（得到他们的同意）你必须立即自愿向我们承诺，在任何情况下，你都不会改变新体系，因为在这个商业区只有你与我们保持一致，领导者才能推销或者推介书籍和资料给你的下线。这个协定就是让你每个月赚 150 000 美元。那样你就能做你想做的事。这是个相当公平的交易吧？（我们只需得到你的口头承诺）我们担负不起，如果你们四处分散，或者教给你的下线新的思想，或者作任何相互矛盾的事情。事实上，我们建议第一年在参加任何大会议以前，你要和我们保持一致。明白了吗？”

为了避免新直销员进入不可避免的傻子圈套，你要做大量的工作来宣传它。更重要的是，事先你要征得他们的同意，每次有新领导者进入商业区宣传商品时都要反复告诫。当你在领导者冲击商业区前就能够完全使你的下线听命于你，那么他们就不会把你的告诫当做是离开或嫉妒。如果你不能通过培训使团队成员都行动一致，那么每次新领导者开发一个新领域，你的团队成员可能会被阻多月。显然，新体系不起作用并不是必定的。问题是，每次你推介新体系，每个人又都处在同一起跑线上。众所周知，要精熟于新的市场策略需要好几个月的努力。

寄生虫老师

下一个会导致新分销商分散注意力的因素，我们称之为“寄生虫老师”，这是那些从来没有成立过合法公司，却已经发行书籍或者录音磁带来教他人如何成功，并自诩为良师益友的人。我们说，一个刚具有二级销售水平的销售者打电话给你介绍他自己，并装作无意地表现失误而透漏他的领导者（你的上线伙伴）正在参加一些新的你完全不熟悉的招募活动。于是你就打电话给你的上线伙伴，委婉地提到你和他的新进人员的谈话，在经过简短的谈话之后，你以这个直接的电子邮递系统测验了他。他变得很尴尬，然后向你解释他最近正在读一个知名作家（据你所知这个人从没有确实成立自己的公司）所写的书。尽管电子邮递系统从来没有在你的小组中对任何一个人起到直接作用，他还在使用它，就教给了其他人。

朋友们，我们认识到并尊重这个事实，那就是我们都是独立的销售者，都有权力按照自己的期望去做生意。但是对于我们组织的领导人，我们每个人都有权利决定谁来担任，并且愿意积极地支持他。一定要确保在训练中让你的新进人员知道你只支持遵循你的销售模式的那个人。没有得到你赞成而改变销售模式的人将会失去你的支持。为什么我们对这一点如此坚决？因为我们想让你成功，同时我们也知道我们的销售模式是很管用的。但是我们就不了解其他的了。

另一个问题可以阻挡那些心中燃烧着的渴望的成功销售者变成一个作家。

但是要很小心地对待这些书，它们会很有创造力。我们已经见过很多被成功的直销公司或者那些作家甚至是任何一个人搅拌混合的材料，这其中包括很多甚至他们也没有用过的模式和策略。但是乍一看，那些被燃烧的热情刺激要通过书或磁带来释放也是合乎逻辑的。问题是新进的销售者读了这种领航人所写的、从来不用这些理论的成功销售者所呈现的书，会把它尊奉为真理的。我们时常在想，有多少可怜的人因为仿效那些没有经过证明的征募和训练材料而在业界失败。这是让人伤心的，但也是事实。

如果你是一个新的销售者，我们鼓励你追随你的上线直到你找到一个更成功的销售者，遵照他或她用的正确的销售模式。如果你很享受从行业中吸收新知识，至少给公司里有经验的人打个电话征求一下关于成功建立自己的大公司的作者写的真正有用的书的意见。不用因为追随“寄生虫老师”的模式或者新作者描述的没有经过证明的销售模式，从而丧失自己的眼界。一些已经写过很多关于我们行业的畅销书的人实际上没有建立过任何功绩，其他还有一些已经在 20 个不同的公司待过，如果你要订 10 000 本他的书的话他还会加入你的公司。但是他们经常散播那些不起作用的或者没有经过验证的策略，如果你新进的销售者也读了这种书，并执行了，这就会浪费几个月的时间的。

分散炸弹发热

当新的产品或者服务被介绍进来时，另一个注意力的分散就会不经意地由你们公司造成。这就是我们通常所说的“热情产品”——一种新的、令人激动的策略或者是特别的职位，会引起销售者们失去所有的体面和恰当的礼貌。一部分职员的不合理的解释和古怪的行为会伴随着新产品的发布。特别是当一个主要领域的领航人也加入到这场热潮中，这种“热情产品”的分散炸弹将有强的破坏性。让我们看一个例子吧。

这种形式的分散炸弹就像是销售者计算，如果下一个月他的客户群都定购一种新产品的话，他就会多挣 30 000 美元这样的算术题一样简单而无知地在公司里蔓延。它还会发展到另一个地步，就像狂热的医生租下仓库，并教导医学助手如何使用叉式装卸车把供应品装入仓库，这些供应品会给明年带来 200 万美元的收入。当还没有人看见过甚至是使用过新产品，或者还没有任何关于这件产品是否通过的研究的时候，这种狂热已经发生了，这就是使所有事情令人恐惧的原因。正是这种产品很好、所有美国人都排一英里的路去购买的谣言引发了这种行为。公司的领导者中止了那种暗示，就是供应是有限的，可以订货，要把这种热潮保持到一定高度，就像销售者买的东西超出自己所需以证明自己没有花完所有的钱。我们见过数千个这种错误行为的受害者，甚至一年以后，一些销售者还在受影响。一些人威胁要控诉他所认识的所有人，另一些人则在生气他们丢失了 200 万美元。

那么当公司有新产品出现时，我们该如何保护自己和我们的销售者受到这种分散炸弹的攻击呢？我们又如何在面对我们的上线领导人发起这种令人尖叫、疯狂的行动时保持理智呢？诚实地讲，我们不能确保有任何保护措施，只能告诉你贪婪和人的本性。当一家好的稳定的公司发行一种新的、激动人心的服务或是产品时，没有任何事可以压抑人们的兴奋。但至少你可以保持平衡。告诉你的领航人要试用产品，还要提醒他们每一组的成员都要试用，但不能抵押他们的财产购买。在新产品的功效被完全证实前要等待，不要太兴奋。

我们从以往的经验中学到的是，真正的钱是从几个月后新产品经过检验之后才开始挣的，而不是从最初的广告开始。如果销售者把目标放在新市场的开发或新产品的问世上，他们就是那种典型地只会在业界待几个月的人。大约到第二个月的下旬，如果我们还没有真正明白产品的长期本质，那么生意只会停留在订货阶段。在第三个月或是第四个月里，如果产品或服务真的像描述的那样，公司也生产出足以应付需求的产品，这些条件都可以使我们进行我们所想的所有的买卖，基于我们的使用而不是通过广告的销售数字才开始。这时候才能通知我们的家人和朋友，才能在与顾客的谈话中添加新的内容。

但是最大的危险恐怕还是那些过于眩目的新产品或服务的问世，这些足以分散销售者的注意力，会从销售财政的安全和时间的自由转移到仅仅只卖新产品上。这是真正的冒险——你不想使你最好的征募人员改变他们方向，从直销的梦想中走向单独的服务或产品。记住，前景不是像我们认为的牙膏、CD 机那样令人兴奋和激动。在销售者卖新服务或新产品的过程中，他们应该把注意力放到自己一个月怎么样才可以挣 20 000、30 000 甚至是 50 000 美元的方法上，达到总的财政独立。如果你想冒险，你可以非常激动地对待新产品的问世和新市场的开发，但是一定要使事情在自己的预期之中。总之，对待每一个新产品都要保持平衡的心态。不要跳出船外，在产品还没证明是成功的之前不要建立自己对新产品或服务的描述展示。狂热是永远不会向稳定成长屈服的。

缺乏组织结构

很多销售者在直销中都经历过没有组织结构的问题，特别是那些已经习惯于传统生意模式的人。毕竟他们已经习惯于星期一拼命喝彩的晨会、产品的定额分配、管理人盯着他们的脖子下达越来越多的命令。在直销中，你是你自己的老板，自己加快转动自己的机器，自己设定自己的步幅。传统销售所采用的模式与直销正好相反。一些传统公司销售人员如泰瑞·希尔，作为影印公司首席销售人员，在她离开这家公司之后，没有了传统的组织结构，刚开始她觉得很没有方向感，觉得被替代了。

很多人需要详细的活动计划和时间表，并按计划完成定额配置。这使得他们免于精力分散，可以创造很强的方向感。一旦你达到特定的目标，利用一天的计划或者时间表，或者其他任何事情，这些都可以帮助你持续前进。

对于另外一些人来说，时间本身就是问题。他们可能会觉得已经被繁忙的生活打倒了。怎样才能使他们把精力从很多事情上转移到一件事上，特别是像直销一样消磨时光这样的事情上来呢？没有计划地到处乱跳，没有效率地耗费他们的时间，在城市中到处乱跑，打交通仗，做一对一的会谈、展示、训练吗？他们觉得结果是完全自由的，对于到底什么真正组成了产品活动也不确定。

新罕布什尔州法兰斯城的帕姆·德拉汉提找到了向自己的上线伙伴求助的解决办法。她描述了在试图维持自己的生活和生意时是如何感到浪费时间的："对我来说，时间是最大的挑战。毕竟，作为一名牙科的卫生学家我已经全职工作了；而且，我还是两个活泼好动的学步小孩的妈妈，我还有想共享时光的丈夫。但我想各方面都顾及到的时候，我觉得很累、很痛苦，也常有罪恶感。我看见自己带了很多顶帽子，妈妈、妻子、朋友、职员，现在还是一名销售人员。尽管我对这个行业以及这个行业所能提供的各种可能性表示强烈信任，但是介于我那已经非常满又闹哄哄的时间表来说，我很难再找时间和精力了。”

“我向我的上线伙伴求助，在杰伊·克拉克和琳达博士的帮助和建议下，我开始利用我的核心价值。我发现对我来说很重要的东西是人际关系、乐趣、自发性以及经济自由所带来的和平。当我决定之后，我看了一本如何配合我的生活和事业方面的书。当我能既不单独以一种身份出现，又能继续我的日常生活时，什么会分享那些产品和事业所带来的利益？如果是自发的，甚至是很有乐趣的，什么又能分享这些利益？当我把这些因素融入到我的事业中时，我发现自己更有精力了，因为我不再浪费时间来担心我该说什么，或者我怎样去看，甚至回应又是什么。我过去认为精力取决于我睡了多长时间的觉，或者我吃了什么。现在我相信当我投入完全值得投入的活动中时，我能拥有我所需要的所有精力。行动创造精力！”

“我永远忘不了当我发现自己新的热情时那场令人不能容忍的即席谈话。在我去往我的第一场主题会议的路上，一个警察过来制止我，因为我越过了一个停车标志。我极富感情地向他解释我是多么紧张我的这次生意冒险，他让我走了，只是给我一句警告、一个微笑和一句祝福的话。作为回礼，我给这个警官一个我们牙膏的样品。一周之后，我被同一个警察拦住，但这次是买我的商品，很多年之后，他还是我的一位忠实的顾客。”

当一位很久的家族朋友给加利福尼亚州弗雷斯诺城的苏尼尔·尼尔森介绍直销时，她拥有两份工作，每周要工作 60～80 小时。她立即通知她的朋友，她不能从事这个行业，因为她没有多余的时间。但是她越想她的困境——残酷的工作时间报表和头顶 40 000 美元的债务，她就越觉得自己没有什么不可以丢弃的。她放弃了电视和一些睡觉时间，觉得电视不会使她达到她想去的任何地方，睡觉也可以以后再补。她开始同每一个认识的人分享这个机会和产品。她制定了一个工作计划，并按计划执行，在两个月这么短的时间里她就得到了这种荣誉——成为了他们公司第一个经销商指导教师。这个纪录一直保持了 5 年。在接下来的两年多里，她达到了他们公司的顶尖水平，挣到了真正的自由去享受她的真爱——水上弯道滑水比赛。

人们拒绝参加我们公司的一个主要的原因是他们没有时间。然而，帕姆和苏尼尔都找到了解决的办法。他们挡开了分散炸弹，集中精力做那些必要的工作以建立自己的团队。不要这么惊讶，一旦他们意识到这项事业对他们意味着什么，他们都会找到时间的。

如果你在整理你的时间、利用你的精力或者保持你的精力集中到你的事业上存在困难，去找老师寻求帮助。你可以询问你的上线，或者其他一些你想仿效的人来指导你。一周仅用 10 ~ 15 分钟的时间进行电话交谈就可以做到了。瑞妮现在有时就是俄勒冈州韦斯特林市的卡仁 · 迈克基兰的指导老师。每周一，卡仁会汇报她的业绩，总结这一周她潜在的客户的人数，以及听过她做过展示的人数，这些都是她进步的真正的衡量标准。她的目标是一周做 10 个潜在客户，这样一个月就会发展 5 ~ 10 人。当她接近自己的目标时，卡仁和瑞妮那一周就会讨论在她达到目标的过程中会发生什么，之后瑞妮可能会给她重新设计思想的形式以阻挡任何负面的想法。当我们不在国内时，卡仁就会发传真或电子邮件向瑞妮报告；如果他们没有讲话，也会写信进行交流。时间一长，卡仁和瑞妮就建立了亲密的关系。你可能会发现一个指导老师会帮助你整理自己的活动，在成功和失败中分析所有的不同之处。

在小组活动中保持独立

一个新的销售人员所起的作用是播种，而你不同的上线伙伴则需要浇水。如果销售者在这个行业中单独行动时就很容易分散注意力。事实上我们都是一个小组中的成员。新的销售人员必须学会利用上线的支持直到他们也能像自己的榜样一样得到财富和独立。

宾夕法尼亚州库兹城的约翰 · 普润基直到尝试直销之前的 50 年里一直是一个各方面都很成功的兽医。据他所说，“我花费了两年的时间才意识到一些事情是错误的，我并不像我尽力的那样成功。我也招募了很多候补，但是他们都不愿意在这个行业中做下去。”约翰对他目前的失败感到很困扰，想从她的小组中寻求帮助。

人们就建议约翰进行一个个人深层的课程去寻找他生命中可能缺乏的东西。一个节目带领另一个，他发现：“我意识到自己从来没有通过倾听他们以尊重他们，而只是让他们听我的办事议程。我开始面对现实，我的生活是我自己设计的，更早的几十年里都是按照我的设计而生活的，在这个活动中我突然觉得自己失去控制了，除非我自己作出一些很重要的改变。我被写一份新的底稿所带来的乐趣所深深吸引，无论在哪里我都可以在与收入不牵扯的情况下把生意做得更大。当我开始把自己投身于那些由支持我的决定和信奉、总在我身边的个人组成的团体中时，这个计划的最重要的部分实现了。”

“然后我知道了这是一条双向街道。我不得不向我的组员们提供积极、定向的反馈，以帮助他们在基于自己的期望的基础上获得成功。我经常希望自己是一个很好的朋友，能扮演正确的角色。但是我现在也看见了当我的成员离开自己生意的轨道时提醒他们知道的价值。作为被请求的支持，我必须给与强有力的、清楚的请求。作为被给与的支持，我逐渐明白我的伙伴不可能不会接受。他们加入我的事业是相信我可以正确地领导。于是我开始回应他们的请求——尊重他们的想象力，并支持他们按照自己选择的方式取得成功。”

约翰发现，作为真正的支持性小组的一部分是成功的关键。它回到了几个简单的步骤上：在面对巨大的选择时，要考虑无限的可能性，拓宽自己的视野；制定活动计划，描述你的事业建立的具体的日常步骤，这包括分辨你生活中那些你认为可以改进的人们的个性；投入行动，不要耽搁，尝试；为了你的个人成长，一定要向你的指导老师或上线老师提出明确的请求，不要介意他们个人的目标，然后你会发现你的事业会超出你最疯狂的想象而发展。

由于我们行业多层级的组织结构，我们都是一个小组的成员——时而指导别人，时而受别人指导。如果所有的工作都按照计划实施时，多层级的报酬系统就绝对可以保证和证实。在业界尝试单独行动就是逆流而行。这是一个梦想中的事业。在每一天中，都会有给与和收获。如果你想避免被分散注意力，始终保持清晰的眼光，你就需要重新估量怎样更好服务团体和更好地被团体服务。

由个人危机引起的令人分心的事

没有任何人是生活在真空中的。事业的成功与我们付出的热情是相等的。我们的热情是受我们的个人生活所影响的。康涅狄格州朱德尔敦市的丹尼斯·帕兹莱斯博士，在经历了人生中最大的悲剧之后发现把精力集中到事业上来是很舒适的。丹尼斯的故事有助于我们正确地处理危机。

“1992 年 2 月 28 号，大约下午 10 点半，我卷入了一场车祸，从此改变了我的生活。在这个悲剧之前，我是一个成功的人，或许是我想象中的。我擅长于我生活中的作过的所有的事。我是一个能做很多事情的完美主义者。但问题是在我内心深处我是很不幸福的。这种不稳定性导致了我的离婚、酗酒，以至于最后的这场完全转变我的生活的车祸。”

“那天晚上我就像以往生活中的无数场景一样喝了酒。我又一次与现实分离。在这个特殊的晚上，我闯了个红灯，侧面撞上了有两个乘客乘坐的车。乘客没有受伤，但是司机雷佛德·吉尔宁被撞死了。”

“从那时起，我的生活中就充满了控诉、出席法庭、破产、试图连续用大标题以我的名字刊登我的诊所、将要面对的可能是 10 年的监禁，还有试图维持我与新婚妻子的婚姻，她是世界上最支持我的人。另一方面，我觉得很有罪恶感，惭愧、悲伤、恐惧、绝望，所有的这些加起来，我甚至希望我是那个死去的人。这是一个不可估量的悲剧，它埋在我的心中，渐渐吞噬着我。”

“我被判定错误驾驶车辆，被判 4 年监禁，30 天后执行，接着是 3 年的缓刑。我要接受两年的尿检、酒精辅导以及汽车协会举办的会议。我的驾照也仅用了两年。我破产了，不得不关闭我的公司。我做了 3 000 小时的社会服务。但是我觉得没有什么可以补偿我过去的生活。”

“同年的八月，我发现了直销。公司的总裁十分相信直销对个人成长来说是个很好的机会，还会带来个人经济上的发展。在直销这个新家庭里，我学会了停止隐藏在过去的悲剧中，还把这个悲剧转化成前进的动力，并把它当成是天赐的礼物。我已经把我的故事讲给了数百人听，他们再轮流告诉其他人，影响了其他数千人——不要酒后驾车。当我向别人讲述仁佛德和我的故事时，我不再沉浸于为所有的一切感到羞愧，而为了以仁佛德的名义拯救无数的生命感到骄傲自豪。如果不是我们这个神奇的行业所发起的人生哲学，我相信自己现在仍然生活在酗酒、充满了罪恶感与绝望中。现在我与妻子感情很好，还有了一个 3 岁的漂亮儿子、一家生意兴旺的诊所、一个以几何速度成长的销售机构，所有的这些使我的生活充满了激情，这种激情感染了无数的人。”

丹尼斯幸运的是找到了支持他的妻子和在直销公司中理解他的小组。他可以轻易地在他的余生中通过自己的悲剧故事来传播他的力量。他没有向顽固的酒精中毒和无止境的绝望屈服，相反他把自己的注意力转移到那些他可以挽救的生命上。我们公司所宣传的那种急速成长可不仅仅指的是金钱。正如用丹尼斯的个人故事来做例子，我们强调的是那种改变成千上万的人的生命的那种力量。在他的故事中，丹尼斯战胜了他的生活中的阻力，他用自己坦然面对生活的精神影响着其他人。

每次我们与新的潜在顾客坐在一起的时候，我们都必须意识到我们是在提供一个改变他们生活的一个机会。为了达到这个目的，我们要寻找方法去打破他们生活的阻力。当他们看到一个看起来很好可以成功、但又不符合自己的设想的机会时，他们要么放弃，要么抓住机会又很快放弃。只有当他们能想象到最后的结果时他们才会考虑加入到你的行业中来。

网状销售是一个讲故事的行业，不要害怕展示你的脆弱。如果你的故事充满人情味，它就可以提供一个更好的接触人的机会，在谈话中可以降低他们的戒心。我们不能避免危机，但是我们可以把它当成是对个人以及事业的挑战，这样就可以避免危机完全改变我们工作的方向。

摘 要

- 分散炸弹是一种精神上的爆炸，分散了销售者的注意力，使得他们停止以前学到的销售系统或模式，同时疯狂地追随随之而来的每一种新的直销系统以及随之而来的领航人。
- 有效的直销是一个不断重复的过程；每次你改变你的销售模式，都会使你的下线感到困惑。
- 直销就像是可以把任何东西放在银盘里。如果他们拒绝重复简单但经过试验和测试的销售模式，他们还是会失败的。
- 新入行的销售者一定要学会遵从你的上线的领导，不能背离他们。
- 销售者要被警告在他们的第一年中一定要对竞争公司的真正的瑞典式自助餐、征募模式、视频、指南以及其他各种有用的销售模式视而不见。

- 成功的销售者成就自己的事业，需要有阻挡身边各种负面影响的能力，不论这种影响是内在的还是外在的，保持自己清晰的事业，把精力集中到自己的目标和活动计划上。
- 分散炸弹首要表现形式中的一种很可能就是通过软化入门的途径或者将低收入和征募的数目来诱惑人们去改变自己的销售模式，这种影响有时甚至只是轻微的，不易察觉的。
- 阻止新入行者想彻底改造销售模式念头的方法就是抢先占据他们的思想，在训练他们了解遵循已证明过的模式的重要性的时候就要加以警告。
- 通过以下几种方法来反击第一年的销售者即将面临的其他生意的诱惑：
  1. 用这个事实警告他们。
  2. 教会他们坚守一家公司是成功的关键。
  3. 向他们解释妄想在两家不同的公司发展自己的下线是注定要失败的。
- 大多数新入行的销售者都会多次受到换公司的诱惑，但是要记住，在你的公司中没有一个人是绝对不合格的。
- 在你不断扩大你的团体的过程中，一些选择离开之后一些新的领航人还会出现。
- 提前查明一个新的演讲者宣讲的资料，不要改变自己的征募或训练模式的材料，以避免你的团体从一个模式转变到另一个模式。
- 成就成功事业的关键是坚持一种销售模式足够长的时间，以使这种模式起作用。
- 向你可以信任的上线伙伴询问受到推荐的读物，在读到你的指导老师没有推荐的作者的作品时，不要丧失自己的眼光。
- 分散炸弹热潮出现从来不会事先通知，而经常是从你很受尊敬的领航人那里发生，这些人说某种即将问世的新产品或服务是不可信的，人们就很快开始叫喊。因此在你使用之前，一定要对他们的宣传表示怀疑。

- ❑ 当你和你的伙伴偶然陷入了分散炸弹之中时，不要改变的活动计划，坚持你稳定的课程，同时还要在你的展示中提到令人激动的新产品。
- ❑ 很多销售者在网状销售中都经历过没有组织结构的问题，特别是那些已经习惯于传统生意模式的人。
- ❑ 如果你在组织你的时间上有问题，利用一个计划或时间表来帮助你持续前进。
- ❑ 为了你的个人和事业的成长一定向你的指导老师或上线老师提出明确的请求，作为报答，给你的上线伙伴最诚实的回复，不要介意他们的目的。
- ❑ 如果你想避免被分散注意力，始终保持清晰的眼光，你就需要重新估量怎样更好地服务团体和更好地被团体服务。
- ❑ 事业的成功与我们付出的热情是相等量的。我们的热情是受我们的个人生活依次影响的。
- ❑ 只有当人们能想象到最后的结果时他们才会考虑加入到你的行业中来。
- ❑ 当你经历个人危机时，不要担心在讲述你的故事中谈到这些危机，这些可以帮助你在展示时降低人们的戒心。
- ❑ 我们不能避免危机，但是我们可以把它当成是对个人以及事业的挑战，这样就可以避免危机完全改变我们工作的方向。

7 躲开会议地雷

避免事与愿违的会议带来的意想不到的困难和危险

每一位曾在美国公司待过的人对于自己的经历都有着形形色色的回忆，但无一例外他们都会想起没完没了的会议。很多想提高效率的经理人都有严重的会议综合征。他们认为会议是绝对产生不出任何结果的。参加会议的人越多，越没有效率。会议对于以结果为目的的人来说是个极大的障碍。

网络配送行业曾有段混乱时期，许多从传统行业逃难来的经理们蜂拥而至。他们带来了宝贵的信息和高水平的管理经验，但是也带来了不良的习惯。这就导致了美国公司的缩小（我们将在第 9 章谈到这个问题）。同样的经理人拿着相当高薪水在各种会议中穿梭，他们把自己以往的经验带进了我们的行业中。

进行直销的第一年，也可能是第一个月，新的分销商发现他们处于导致我们这个行业失败的其中一种氛围之中：死气沉沉。因为这是由那些被认为是成功的人们带进来的，所以很难抵制。这种死气沉沉是由我们所说的会议地雷引起的。在追求成功的过程中，这些地雷很少会引起“死亡”（彻底的失败），但是通常会给一个直销从业者带来埋怨和消沉，这种情绪会从始到终地影响他们的职业生涯。这种影响一旦起作用，这位新的分销商很可能就会失败，甚至会给以后的职业生涯带来阴影。如果幸运的话，她还能在彻底绝望之前得到一笔收入。但是有时不幸的话又很可能给他们的上线留下很差的印象，可能会面临失业的危险。尽管会议地雷往往只是带来埋怨，但是它们可能是致命的。

花点时间考虑一下我们的行业是如何工作的吧：产品或服务被订购之后你就能获得收入。我们组织的规模越大，订单就越多。我们行业的 CEO 们不是去创建耗资巨大的零售商店和雇佣公共关系部门，而是做“口头的”广告。我们招募和培训的人越多，规模就越大，收入就更丰盛。所以，有效的招募和培训会议是发展我们行业的根本。在进行直销时，没有人愿意浪费时间干坐在策略会议上。除非你在跟人谈我们的生意，否则你就不是真正地在从事我们这个行业。新的分销商第一年一般都对资助问题不太热情。这是一个直销商职业生涯中的关键时期。本章我们将详细描述会议地雷，并且告诉你如何有效地提防它们。

第一个地雷：宾馆会议

当一个新的分销商已经了解如何成为一个领导者并让自己的团队走向正轨时，某个住在城外的领导者必然需要经常性的联系，举办一个全城范围的宾馆会议。虽然这对新人有一定的吸引力，但也带来了不好的习惯。也可能是常规的宾馆招募会议，几个当地组织的领导者坐在一起谈论一下公司的进展情况。这种会议每天都在世界各地的著名宾馆里召开。偶尔发言者很有水平，会吸引大量的分销商前来参加——有时会达到上千人。但是在所有建立一个生机勃勃的直销组织的办法中，大规模的宾馆会议作为与潜在顾客接触的首项主要方式可能是最差的。

尽管马克的顾问理查德·波说：“我第一次进奥斯汀时决不会召开这种会议。”马克仍然组织了一次这样的会议。他在一家舞厅组织了一次 300 人的会议，他相信凭着自己的沟通能力、理查德的成功经历，他们肯定能够签下一个下线。他连夜制定了 100 多人的协议。但是这 300 人中，只有 3 人签了而且他们在 60 天内就全部退出了。马克踩到了他的第一个会议地雷，他决心再也不那样做了。

宾馆会议原本是由一些销售耐用品的商家发起的，他们想通过这种会议做成一两笔大生意。这类公司的一位前任总裁开玩笑地告诉我们，他们举办这种会议每次都抱着能达成 30 000 笔生意的愿望。问题是，这些公司都破产了，这种宾馆会议形式还在流行。

宾馆会议是众多会议中效率最低的一种。直销一直被称做“人与人之间的生意”。当潜在客户走进这种很大却没有人情味的会议室时，我们行业的伙伴之间的亲密关系就荡然无存了。在传真机、计算机、录像机和宾馆会议之前，玫琳凯就造就了比历史上任何一家公司都要多的女百万富翁。安利利用个人、家庭会议建立了一家价值亿元美金的大企业组织，至今比与它实力最接近的竞争者大 4 倍不止。在 20 世纪 80 年代后期，直销开始繁荣的时候很多公司采用宾馆会议而不是家庭会议。如果宾馆会议偶尔用来作为常规性家庭展示会议的补充的话，还是有价值的。下面我们来分析一下理由。

宾馆会议不能被复制

首先，宾馆会议不适合任何直销。最令人恐惧的就是当众发言。一些由宾馆会议介绍进来的新潜在顾客立即就对未来的成功充满恐惧。他们走进君悦酒店，看到两个穿着考究的人拿着马克风面对几百个人发表演讲，他会想：“我做不到!”很多人都害怕在公众面前发言。我们有时还会纳闷，那么多有成功潜力的人为什么会放弃宾馆会议，因为他们害怕被点到站起来发言。这么想想确实很吓人。没有人愿意主动发表一通演讲。然而，这是那些还没开始就放弃了的人们的误解，他们以为公众演讲在直销中占很大的比重。

另外，也有资金的问题。租用一个球场或会议室要有一笔不少的费用，所以，在会议上，要么是领导者赔本了，大部分人都支付不起；要么就是获得了收益，引得众人效仿。但是传递给潜在客户和组织内其他成员的信息是什么呢？当他们环视四周时会发现：领导者赚的就是他们的钱啊。

当想到领导者从会议中谋利时，不满就产生了。而且，很多的企业领导者会以为直销赚钱的方法就是组织这些大会议。有些领导者会售书和光盘给参会的人。这事如此有利可图，以至于有一个领导者——他曾经拥有最大的直销公司的一家，告诉我们一个周末他就能因提供宾馆房间、食物、书、磁带、光盘等赚 500 多万美元。但他具有专业会议策划人的优势，有大量的钱可供投资。并不是所有的领导者都能复制这种方法，事实上他们也不应该这样做。我们的工作就是从销售产品和服务中获得利润，而不是挣这种“边缘”钱。

宾馆会议产生依赖感

当领导者被招募，同时也招募其他领导者时，直销是成功的。这意味着产生了互相依存。很多公司坚持独立，但是宾馆会议恰恰有相反的影响。对于参加过并领会到其精髓的人都会想：“太好了！我简直不用工作就可以获得成功，我要做的就是把我的亲戚朋友邀请过来，下面的就由伟大的演讲者帮我做了。”当然这是不可能的，因为唯一的收益者就是举办会议的人。有效的宾馆会议不一定大，也不一定需要发表正式的演说。

参加宾馆会议不应该与本行业真正的工作相混淆。很多新分销商发现成为一个专业的参会者比面对来自下线招募的拒绝容易多了。在你的直销生涯开始之初，明白依赖于宾馆会议来招募和建立一个大型组织的想法是建立在这样一个错误的理念基础之上的：“那太简单了！我根本不用工作，只需邀请我的朋友就行了！”这种想法是绝对错误的。

低出席率造成尴尬

想想如果在你家举办聚会，没有人参与会很难堪，更何况宾馆会议呢。当你租用很大的会议室却只有很少的人参加，那是多么尴尬的事情啊。问问你身边的公司领导者，他们都有这样的经历。戴维·琼森回忆起大约 10 年以前他的这样一个经历时说：“在我刚入行的时候，我觉得应该邀请我的同行、并告诉他们我加入了他们的行列。我的一个二级分销商，洪泰·王博士，邀请我指导一场产品宣讲会。他向我保证会有 175 人参加。所以我刷爆了信用卡、用光了所有免费旅程（飞机），去支持他。”

“星期六上午 8 点 30 分我到达了会场，会议开始时间是 9 点 30 分。没有一个人。9 点王先生来了，就我们两个人。9 点 25 分来了两位客人。9 点 30 分，王先生按捺不住了，他在会场来来回回地走，徒劳地找那些不见了的分销商。9 点 45 分，他开始懊恼地想其他的 170 人到底上哪里去了。”

“我们为这 5 个来参加会议的人做了一整天的培训，其中 3 人直到今天仍然待在这个行业里。后来王先生承认他失败了。这件事让我们认识到：你永远不知道何时见到你的同行。如果我们因为只有 3 人而取消会议又会是什么样的状况呢？”

事实上，会议应该开在王先生的家中，这样就可以缓解没人参加的尴尬。事实上他们已经够幸运了，至少他们还不至于完全无法显示自己的本事。在过去的几年里我们听到了很多这样的故事，没有一个是说宾馆会议有益处的。今天，洪泰·王先生拥有亚洲最大的组织之一也是行内薪酬最高的分销商。戴维·琼森和他的妻子与我们住在同一所城市，在创业时期，和他们一起工作，我们已成为亲密的朋友。作为王博士的上线，琼森夫妇是亚洲最大的组织之一的领导者，也是我们公司收入最高的分销商之一。他们周游各地，过着其他人梦想的生活。

博罗·库克讲述了早年陪伴丈夫参加得克萨斯商务活动的相似经历。“那时，我决定为我认识的少数人举办一个会议，我计划把我们宾馆的单间作为会议室，然后把几件重要的产品展示给大家。”

“值得一提的是我的上司，他说他要在得克萨斯组织一次很大的会议，说可以把会议内容放在他的语音信箱里。他让我订一个宾馆的大会议室，说他预计将邀请 50 人。我做完之后，给他打电话，他说可能房间不够大，我们要订一个能容纳 100 人的大房间，会议将要开始的前两天，宾馆说只剩一个容纳 200 人的地方了。我们只好同意。我们进行了精心的布置，把产品排放在各个角落，充分利用了空间，当然我们需要更多的产品。所以公司又连夜派人送来一些。几乎所有的产品都摆上了。”

“我给我的上线打电话，他说他已经通知到了所有人，坚信会有很多的人参加，最后还说这是锻炼我的好机会。是的，我没想到这一课上得如此的昂贵。”

“是的，我们把我们漂亮的产品摆放整齐，每一个都代表着新的机遇，等待着那个时刻的到来。我的两个同事早早来到会场，整理着登记台。但是会议开始前 15 分钟，居然没有一个人！这时我们相互自嘲：‘没有一个人参加岂不是很可笑？’猜猜接下来发生了什么事？到了下午 7 点 30 分，会场上只有 4 个人，也就是我们邀请的 10 人中的 4 个。在容纳 200 人的会议室里只有 4 人。多么昂贵的会议啊。他们一定认为市场还没有饱和啊。后来我丈夫开玩笑地说，如果只有我们几个参加，那是多高的待遇啊！我们后来经常拿这件事自嘲。”

“回到房间时，我看到上线的留言，他让我回电话，想了解会议的进展。我告诉他的时候，他震惊了！我永远不会忘记他的第一句话：‘你不会想退出吧？’说实话，我还真没有想过要放弃。我告诉他：‘不，当然不会。’他说我‘是个汉子，如果我不打算放弃的话，肯定会成功的’。结果我们关了语音信箱不让这些话流传出去。后来上线帮我们付了租金，但是这件事就成了我们的饭后谈资。”

“这么多年过去了，当我想要退出时却发现我一直都在进步。”今天，7 年之后，她和她的丈夫蒙特，住在迈阿密海滩做到了公司的最高层，从一个遍布 20 多个国家的组织中赚取提成。他们过着自己梦想的生活，仍然相信只要战胜了暂时的困难，任何人都一定会成功。

很多人出现在家里或者宾馆套房里将是一场正常的直销聚会。但是如果只有几个人出现在宾馆的大舞厅里，而且你又是东道主的话，可能感觉不会很舒服。它的成本也很高。大部分直销从业者都没有资本重复犯这样的错误。

宾馆会议并不私密

本质上讲，宾馆会议囊括了 25%的人。但通常情况下，很多医生都不愿意在直销的招募会议上被病人看见。很多公司领导和经理担心被自己的下属和客户看到。教师则害怕碰见学生的家长，最糟糕的是碰见他们的校长！一个儿童心脏病专家坐在我们的起居室里说：“你知道吗，我的姐姐很希望我参加这个会议，因为有来自奥斯汀的大学者演讲，但是我推了。如果让 5 岁孩子的家长见到我在招募会议上，那是多么尴尬的事情啊。因此，我觉得会议应该更加私密一点！”记住，除非参与的人都是新的潜在顾客，最好的办法就是在你的起居室里召开会议。

宾馆会议不代表自由

我们经常坚持一个观点：自由是最大的回报。所以，想象某个人在星期二晚上的 7 点 30 分，松一松领带，走进一个百人的会议室。他可能还在想这个礼拜我已经工作了 42 小时，我如何向我的妻子和孩子解释晚上的这个会议呢？没有人愿意在这个宝贵的晚上在希尔顿酒店门口寻找停车位。每周例会让人失去了自由，因为它强迫人们在正常的日程外增加额外的负担。

宾馆会议制造了饱和的假象

分销商饱和是不可能的，但是这种想法让新的分销商对我们这个行业望而却步。在某个起居室里和几个朋友谈论直销行业巨大的商机时更容易让人接受。我们都知道，相对于整个城市人口而言，一个300人的聚会算不上什么。但是对于新的分销商，这是一个很大的挑战。他会想，“天哪，仅在这个房间里，就有299人都比我强！”早期参加这种会议的印象被这种几百人挤进一场大型宾馆招募会议的想法抹杀掉了。

宾馆会议不利于个人发展

个人的成长和发展是我们这一行的真正收获。但是很少有人能够在麦克风前谈笑自如。对大多数人来说，招募新人的小型会议要比周末的培训会更能提高人的领导才能。我们相信在我们行业最大的成功不是经济独立或者时间自由，而是个人的发展。

我们自豪地看到，虽然大部分新人成功的机会渺茫，但是由于顽强的意志力他们最终成为了著名的公司领导者。我们鼓励他们自己组织招募会议，而不是为他们组织这种会议。当一些成功的领导者为他们资助的前医生、律师或者公司经理而自豪时，我们也为我们招募的出身并不显赫的下线——看门人、学生、警察而感到自豪，他们都成了行业中的百万富翁。

在每一个会议上我们想要传递给每一个潜在顾客和分销商的信息很简单：我们干的是低投入、低风险的工作，所以每个人都可以通过奋斗和合法的商务运作获得财富。我们不想说的是：我们的金字塔需要面向公众发言的技能，谁先开始，谁就可以在周会、月会、年会上通过出售书籍、光盘、出租智能团等获利了。这在宾馆会议上很有用。宾馆会议不是很有效的工具，但是它不容易被复制。而且可以定期地出于某种目的，如团体中某个上线来到你所在的城市，为了一次常规的展示奖励或特别的联谊，而将一群人聚集在一起。或者仅仅是为了捧场，但是你的大部分时间应该用在面对面交流意见或在家打电话做你自己的展示会上。

第二个地雷：兼职的成人看护中心

第二种会议雷通常发生在家里。我们叫它“兼职的成人看护中心”。通常是指好意的上线把自己的家随时向任何和所有的下线敞开，即使在他们的工作时间。新老朋友感到自己可以在任何时间带上点礼品甚至是一杯咖啡去拜访上线。这对那些没什么朋友的人是个好主意，是他们改进人际关系的好方法。也使在职的分销商比在正规的会议上更加尊敬你。不过，如果你立志要举办一次大型的会议，这种方法就帮不了你了。如果有一个专门收容无家可归的人们的24小时营业的中心就好了。这种方式或许很有趣，但是如果你想确信这种中心是否有效或者能不能帮助你增加销售额。很遗憾，不能。

第三个地雷：教堂式服务

第三种无效会议我们称之为“教堂服务”。一般来说，它是指下线分销商将客人带到上线家中做简单介绍的招募会议，这种招募会议一周一次。如果这种方法还起作用的话，他们大约过几天就会抱怨了。那是为什么呢？如果在第一个礼拜，5人来到了招募会议而且每个人都复制这一过程。3个礼拜就有155个潜在顾客——开始是5个，然后是25个、125个。大部分家庭并不能容纳这么多人。但是如果坚持这么做的话，到第四个礼拜，他们肯定招架不了780人。

很明显，一些领导者多年来继续采用这种家庭式周会的原因是组织的增长不是很快。如果你的目的仅仅是加深与朋友之间的感情，或者是引起一些人的注意力，这种会议方式就再好不过了。对于那些没有教堂情结仍然需要每周作一次礼拜的人来说，与志趣相投的人们进行一次两个小时的会议是个不错的选择，但是对于建立一个国际直销机构来讲，这种会议就不适用了。

如果组织规模像预料中那样有了飞速的发展，领导者会很快发现，除了出现大量无法操控的人们，他们还破坏了他们的相互信任。如果你想赚到大笔的钱，完全控制你自己的时间和财富，你就必须成为领导者，指导你自己的会议，同时告诉你的下线也这么做。

瑞恩在我们采用这种方法之前讲述了自己的个人经验："我曾经是一位牧师，每周和大家一起作礼拜。我觉得教导别人很愉快，同时我也相信自己给下线带来了很大的方便。我是一位心灵教师，喜欢利用商务机会展示我的新观点。我一直坚持这么做，但是为什么他们不这样做呢？很多自满的人在他们自己的家庭会议中崭露头角，但是每个星期四的晚上我们三四十个人就聚集在一起，都是分销员和他们的潜在顾客。我继续教导他们，形势好转了：活动吸引了不少新人，但是我们更加珍惜彼此之间的信任和尊重。"

"1991 年年末，我和马克结婚了。我的生活改变了很多，我们在世界各地旅行，以支持他的下线，现在也是我们的下线。我放弃了我的周会，我的团队也开始慢慢解散。这很大程度上是因为我们的公司正经受着直销史上最大的媒体危机。但是最主要的原因是我让我的组织过于依赖我。当我关掉'教会'的大门时，也关掉了我的伙伴们的生意。这是很痛苦却很宝贵的教训。如果你正拥有自己的'教会式服务'团队，你应该继续鼓励你的每一个成员都坚强独立。这对他们个人的成长以及他们的生意都很重要。"

第四个地雷：诡计会议

这种会议地雷的名字很多，有些人叫它"晚餐会议"，因为经常是几个朋友一起共进晚餐；有些人叫它"好奇会议"，因为邀请之前会议的主题是保密的，所以被邀请的朋友就很好奇想知道到底是什么会议。事实上，我们叫它诡计会议，因为被邀请的人事后都会埋怨自己的朋友认为他们不应该带自己来。事实上，多年来我们回避直销因为我们只能出现在有着这种诡计的行业里，所以在用这种方法邀请别人的时候，提前警告大多数是没有效果的，它只能给朋友之间带来苦恼。

诡计会议建立在一个存在严重错误的概念之上。一些公司的分销商特别害怕告诉他们的朋友自己公司的名字，因为他们认为如果公司很出名的话，给别人造成分销商已经饱和的错觉，从而不愿意来参加现场介绍。这种恐惧是错误的，有两个原因。第一，在你邀请别人的时候不应提及自己公司的名称。第二，任何行业任何生意都不可能饱和。你的朋友听说过你们的公司并不代表他们不感兴趣。重要的是不管你被邀请参加社会热点问题讨论还是朋友间的聚会，事实上都是一种招募会议。

诡计或好奇会议一般在家里举行，这样不会让人觉得他们仅仅是到朋友家用餐。客人到的时候，会议的主人常常会做一番介绍，或者有另外两三对夫妇做顾问。用完餐后，就要发表正式的介绍来阐述直销的发展情况，这时客人才会知道是怎么一回事。这种会议从头到尾都是一个骗局。很多人拒绝用这种诡计把朋友骗到家中，因为这样更不容易说服他们。在美洲、亚洲和欧洲旅行期间我们曾经遇到过很多不想与我们这个行业有任何瓜葛的人，原因就是他们与这个行业的第一次接触就是参加这种根本上就是诡计的会议。

第五个地雷：办公室会议

还有一种会议地雷是办公室会议。尽管马克的上线理查德警告马克永远不要陷入办公室会议，马克还是忽视了这点，第五个月他就参加了这种会议。后来马克常常向别人说起这件事。

“我变成了一个‘大生意人’，我之所以把它读成‘biness’是想开个玩笑。‘大生意人’地位很重要。我们经常会开着奔驰汽车，穿着价值 2 000 美元的运动服，戴着劳力士金表。除此之外，我们还需要有特色的办公室和高额费用来大张旗鼓地证明自己的价值。但是有一件我们试图通过参加直销会议逃避的事情就是我们的自尊不停地提醒我们有一次成功的经历。当挣得第一笔收入——15 000 美元时，我不顾上线的反对，坚决找一个固定的办公地点。毕竟，有了这笔收入，我觉得应该拥有自己的办公桌、秘书、传真机和会议室，应该在自己的办公环境里召开会议了。所以我在得克萨斯最美丽的办公大厦里召开会议，然后雇了一个兼职秘书接听所有的重要电话，是的，我是‘大生意人’了。”

“猜猜接下来发生了什么？我的生意减少了 50%，不仅如此，展示会爽约的人大大增加了。我接到的所有电话都在抱怨态度问题、还有秘书的不称职。所以我不得不教我的秘书基本的电话礼仪。到了第二个月，没有一个人签约，而且我第一个月招募的那几个人都吵着要在我的办公室举行他们的会议而拒绝在自己家里开会。到了第三个月，我把办公室会议又搬回了家里。这时，我学到了：办公室会议并没有家庭会议那么有效。回到家里，我的生意快速增加了 20%，我的分销商又开始愉快地在自己家里开自己的会。”

我们发现对于一些已经有自己的办公室和生意方式的人来说，拒绝办公室会议的建议并不受欢迎。但是我们的目的不是让你们喜欢我们。我们的目标是让你们能挣得和我们一样多的利润。但是，如果你选择保留办公室时，至少你应该清楚如下事实：首先，因为费用的问题，大多人是不会租用办公室的；第二，办公室造成了不必要的花费；第三，办公室会议并不代表作为一个直销从业者你应该拥有的自由。

办公室会议不可复制

很多人有工作而没有自己的办公室，所以对如何处理它们没有主意。这就导致了大破坏和不必要的压力，这种压力妨碍一个人的生产力。很多人忙于学习直销的基本原则却没有时间打理自己的办公室。另外，不是所有人都有办公室。刚入行的时候我们谁也没有办公室，所以，如果摆脱了这种办公室会议，我们肯定不会再陷进去。尽管你可以和别人共享办公室空间，但办公室在世界上任何地方仍然是很昂贵的。你要记住，我们生活在一个复制的年代。如果我们都没有能力在办公室、轮船上或者其他任何地方做生意的话，劳动阶层的人就更不可能在这些地方做生意了。

办公室会产生不必要的开支

也许直销最大的优势就是不需要大量经费。你不用在装修和人员的安排上花工夫就可以得到收益。这门生意最大的优点就是在起居室就可以完成，不需要你投资几千美元在员工和办公室上。那么在办公室对你提高生产力没有作用的情况下，为什么要把钱花在不必要的地方呢？

办公室不代表自由

我们行业有两个吸引人的地方：薪水高、有自由。来办公室面试的潜在顾客会感觉到，加入直销之后，他们就被关到办公室里了。那么，自由在哪儿呢？

如果他们也这么做，很快他们不仅要陷入通勤堵塞，也会觉得自己不得不在这上面浪费时间。更糟的是，他们的领导者会模仿这种行为。他们会认为他们的现场介绍也应该在这种正式场合举行。租个办公室，你会发现你的下线正在背离公司的精髓：在给普通人一个在传统办公室之外享受自由的机会。

我们的很多下线忙碌于办公室和宾馆之间，但是他们的收入还不到我们的一半。我们鼓励自己，也鼓励他们，不管做什么事都要做自己愿意做的事情。一些有着国外文化背景的分销商通常倾向于集体办公。我们理解这种倾向，也接受网络市场从业者是他们的老板这一事实。但是没有什么能阻止我们的分销商成为百万富翁。我们的目的就是向你提供这个事实，以便你在开创自己的直销事业时能够做出明智的决定。

第六个地雷：酒吧或者餐馆会议

这个奇怪的会议我们称之为休闲会议。新成员指望通过这种会议取得事业上的成功是不太可能的，这种会议上没有录像机，没有黑板和易擦拭的白色写字板。你知道，“小型的”交流会就是一群喝醉的同事唱着歌，或者大声讨论综合性电视节目。一本写于20世纪80年代、很流行的直销图书中说，通过这种方式每个人都能取得成功。但是这是不可能的。相信我们！在酒吧和娱乐场所的会议没有任何效率和专业性而言——除非酒吧放着一个很大的工作日程表，和专门的录像机，不能放音乐，没有酒和来这里娱乐的人们。

直销的秘密在于能够让更多的人加入这个行业。你用于资助潜在顾客的方法应该容易被复制，并且对潜在顾客也同样有用。因此，你最好是在自己家里组织一个小型的会议，因为在家里你对一切都很熟悉。

第七个地雷：在“别人的地盘”上

另一个危险是在“别人的地盘”上召开自己的招募会议。如果可能的话，避免在任何一个潜在顾客的家里或办公室里进行招募。它与酒吧或餐馆会议同样没有什么效果：你根本无法集中精力。更糟糕的是你控制不了面试的局势。潜在顾客的朋友突然造访或者电话突然响起，难免会打断会议的正常进行；潜在顾客的孩子跑进来哭哭啼啼的，因为他擦破了膝盖，这时你就暂时转移了注意力。那些关注我们的人一旦意识到你可能要到他们家里来，他们就会故意制造一些情况来转移你的注意力。一个我们试图在他家里招募的潜在顾客为了转移我们的注意力，并给自己找一个打消我们念头的好理由，特意邀请了两位曾经有过一次失败的直销经历的朋友。

开车去别人的家里或办公室里也很浪费时间。再者，干嘛费心进行一对一的面试呢，组织一个小型的面试会不是更好吗？但是有时不能这么做，因为面试的地点可能会泄露公司的商业机密。但如果可能的话，可以在自己家里组织会议，这样对于你来说控制整个会议的局势就更有可能了。如果成功的话，潜在顾客会按照你的方式进行他的招募事宜。

第八个地雷：高科技

尽管未来会出现很多的高科技方法，但是招募者还是坚信简单的招募系统是有效的。记住，如果别人不能很轻松地复制你的系统，你就很难成功。我们知道现在有些直销工作者运用因特网和电子邮件招募和培训新的分销商。但是超过 75%的潜在客户并不上网，那么为什么要把范围缩小至 25%呢？另外有些人试图利用自动拨号、传真在线系统和其他的高科技手段工作。将电话和面对面的方式结合起来的方法是有效的。仅仅使用一种高科技手段局限性就比较大，效果也不明显。如果你本人经历过这种方式的面试，你就不会再重复这种方式了。你们可能认为他们只要购买同样的设备就可以取得成功，但是有些人用不起。

综上所述，记住：我们是在销售行业，我们的利润是根据出售的商品和服务的数量而定的。不要仅仅考虑到销售行业条款和教导系统，这些很容易学会，也会很轻易地被别人复制。坚持这些规则，你才能在自己的职业生涯中走得更远。

会议成功的关键就是复制

我们想让你明白：为什么家庭会议能取得成功，如何安排你的发言时间和培训会议。记住，这本书教给你的是怎样避免在直销的第一年退出。我们组织过我们前面谈论过的各种各样的会议，我们发现，没有一种会议比家庭会议、录像机或黑板展示更有效了。但是不要告诉你的学生，家庭会议是唯一有效的方式。我们不是绝对主义者，如果你真的想在第一年生存下来的话，我们认为你应该充分了解其他会议，以找出最有效的方法。我们希望你能够始终拥有财富，得到你想要的一切。

此外，我们想告诉你，在今天的直销中最好也最容易复制的程序是什么。成功的真正关键是始终围绕着复制这个直销的基本原理。任何不能被复制和不能被最不明白、最不成功的人学会的会议形式都注定会失败，应该被摒弃。

马克在这个行业待了 4 年的时间，他经历过一次惨痛的教训。他说："我接到了一个叫巴尼的人的电话，是从佛罗里达州的 Lauderdale 堡打来的。告诉我他赞助了 200 名有实力的分销商，但是没有一个人取得成功。我让他描述了一下一个礼拜的工作，以知道问题出在哪儿。他的观察能力很强而且他的能力也是无可匹敌的。他的签约率比我低得多。当他开始描述问题的时候，我就发现了症结所在。他是这么描述的：

"马克，我和妻子有一个 Rolodex（公司名称——译者注），里面都是佛罗里达州南部区域最有名的人，我们有两个生意做得非常成功，最近就卖给他们数百万美元的产品。两年的游荡生活之后，我开始厌倦了，认识到我们需要做点有效率的事情。于是我们就签下了直销开始投资我们的市场。我的女儿是佛罗里达大学的优等生，我们雇她和她的 3 个朋友为会议供应鸡尾酒。他们干了两个小时，在那段时间我们巡航各地，播放公司光碟并按照你教我们的作些白板展示。做完之后，我们靠上码头邀请他们参加星期六的培训。"

"巴尼解释签约不是问题。他家里的大部分成员和朋友都签下了，但是他的一个下线伙伴却和另一家分销商签了约。听完他的故事后，我问他：'你的下线分销商和潜在顾客中哪些拥有游艇？'他笑着说：'没有一个'。他明白了，没有人可以复制他的会议模式。他迅速地将会议转移到家里，不再供应鸡尾酒，最后终于成功了。”

有时，当我们教导分销商一些招募和培训的相关事宜时，我们不愿意建议一些新的技能，因为我们也只是听说，还没有实践过。我们的准则是：如果一个新的方式没有促进销售额增长达 6 个月以上，就不应该被传授给下线。如果你只是听说哪个方法很好用，不要放在心上或者教给别人，除非你真的实践过了。如果你坚持在家里开会，你的每一个潜在顾客必须在任何城市都能够赶到会场，走的时候了解到相同的知识和信息。这就是顶级公司的领导者的做法，但是这并不一定适用于所有的成功。

招募会议

很多方法都可以洞察一个人。通过广告、玻璃鱼缸和竞争；通过行为举止，生活方式和电话；通过电子邮件和计算机；通过每一个公共区域的飞行者和布告栏。分发印刷品、参加试映和加盟研讨会事实上任何方法都可以，但是你只能采用一种特定的会议方式进行现场介绍。不要改变系统，特别是在你进入这个行业的前两年。最好的会议是精心准备每一个细节，从地点选择到结束语，而且容易被教导和模仿。

史蒂夫回忆起在狭小的房间里与一屋子的人做现场介绍的情景，以及家人怎样满足他隐私的要求。“我告诉我的妻子和孩子不要打扰我的会议。问题是，他们外出回来，发现我正在演讲，他们只好硬着头皮穿过去。后来他们发现了一个办法——从洗浴室里爬进来。好几次，我发现他们以这种方式进里屋的时候向我大笑、微笑、招手。当然潜在顾客不知道怎么回事。这些都是我们回忆过往、想起我们怎样离开家创建全球的国际性大组织时想到的好玩的事情。”

在你所在的城市招募

肯·朴提丝，是直销行业中的传奇人物，也是我的密友。她告诉我如果从业第一年在你所在的城市招募的话，最好在家中进行。花费金钱、技能和知识去资助远距离的分销商对于新入行的人来讲，可能会力不从心。“有时我会想到刚入直销行业的时候发生的一些可笑的闹剧。由于我的坚持和妻子的帮助，现在我每年有几百万的收入。我资助了在这个行业毫无基础、甚至不愿意加入这个行业的人。我像一只顽强的斗牛不停地拱着他们向前，从来没有意识到他们需要通过自我激励取得成功。在我没有足够的资金和知识之前我赞助了别的城市的人。因为某些原因，我最初并没有在家、在自己的城市里发展我的事业。”

“我通常开车去参加会议。有一次我开车到 221 英里以外的地方去指导一次现场介绍，密苏里许诺我已经订下了宾馆会议的房间并布置妥当。一个长相甜美的女士来了之后认为这是个跳舞的好场所。是的，我可以写几百条我应该在第一年退出的理由，但是一个理由就否决了一切。直销是唯一能让普通人用最少的投资和零开支获得百万财富，而且有绝对的自由和环球旅行的乐趣的行业。有一句话能让我们登上人生的顶峰，它会对你非常有用：“不要轻言放弃。”

会议时间和地点

由于事实上每个人都有家，很明显最合乎逻辑的会议地点就是家里。人们常常会这么说：“当然，马克、瑞恩，这对你们来说很容易，因为你们都有家。”但是记住，我们需要一个好的环境。不管你是住在公寓里、拖车上还是别墅里，你常常把最大的房间当做会议室。你还需要一些设备：电视机、录像机、白色写字板。大多数人都有其中的两个，如果你没有的话，就去借或者买一个。作为创造一个简单且容易复制的系统的一部分，我们建议你通过放映机或者白色易擦的写字板辅助现场介绍。

早些年，马克曾签下了各界人士，赞助过一个已经退休的银行行长和一位画家的妻子。前银行行长住在得克萨斯州奥斯汀的富人区。画家和他的妻子住在一架拖车上。前银行行长 3 个月以后就退出了；画家的妻子今天月收入 6 000 美元，很可能以后也会如此。你的家庭环境的质量远远没有你的热情那么重要。

不要在你的会议上提供食物，如果实在有必要，那就提供一些饮料：水、咖啡或者冰茶。理想状态下，会议应该安排在工作日的正午左右的一个小时里。这个时间最好，因为它可以让你的潜在顾客或早或晚地吃个午饭。接着最好的会议时间是晚上，最差的时间是周末。你应该给别人留下你们行业有正式规则、在正常的商务时间进行的印象。理想的参会人数是 4~8 个，尽量避免一对一的交谈——这样太浪费时间。当然，有少数专业的人士需要进行私下的交谈。

但是，一般情况下，小型团体会议最好。关于“开放的面试和职场介绍”，我们在《强大的直销》这本书中谈到了各种各样的步骤。它们能在商务活动中给你提供更多更有用的信息，比如商务演说、商务汇报、商务面试和个人商务接待。

会议上有人爽约很正常

按照招募计划人数的两倍来邀请参会者。比如，如果你需要招募 5 人，你最好邀请 10 人来参加会议，因为有 50%的不出席率是很正常的。人们常常为不能参加会议找各种借口。杰瑞和戴碧在他们从事商务活动的经历中记录了各种各样的借口。下面是几个具有代表性的：

“你不能相信！我的房子着火了，烧得一塌糊涂。我现在一无所有，包括你的资料。不能参加你的会议我感觉真的很遗憾。”

“在去参加会议的路上我遇到了车祸。我简直不能相信我还活着。我不得不去医院了，我现在还好。恐怕我们要等待几个礼拜才能见面了。”

更常用的借口还有：“我没能参加会议是因为有人砸了我的车，还偷走了我的东西，包括会议资料，那里有你的电话号码，所以我没有打电话给你。接到你的电话我真的很高兴。”

看看这个：“很高兴能在我丈夫回来的时候见到你，他告诉我这是一个金字塔结构，那里并不关心卖出多少产品。他纳闷我为什么会喜欢这些。”（两个星期后，她和另外一家公司签约了，肯定是她丈夫的主意）。

就算听到很离谱的借口也不要惊讶。在一次电话会议中，一个潜在顾客的女朋友这样拒绝了我们：“很抱歉，我男朋友肯定是忘记了。今天是他的宝贝宠物蛇的生日，他不能跟您讲电话，因为他正在生日派对上。”杰瑞说他通过视频看到一条蛇正戴着生日帽子往蛋糕上爬去。卡姆帕提（Campisis，公司名称——译者注）建议你不要追究别人的借口。成功的企业家明白这些借口只能通往失败。在公司内待了将近 20 年，经历过很多这样的事情，他们已经知道事情的真相。他们攀到了事业的顶峰，和我们一样，他们在公司相识，结婚然后穿梭于美洲、欧洲和亚洲的各大公司之间。他们喜欢在一起工作，游戏于世界各地的海滩。

我们身边就有很多分销商之间结婚的例子。直销对于寻找共同思想、价值

观　　银行账户的人可以说是天堂。有传言说，高级法院已经表示，直销人员不仅可以结婚而且必须允许可以和下线合法地结合，没有婚前的限制。当然，这只是个传言。

培训会议

另一个获得成功的必要的会议就是培训会议。我们录制了一盘叫做强劲培训的 180 分钟长度的录像。它精确地描述了我们要做的方方面面，强调了成功培训的最重要因素。但是我们要谈一些与培训相关的心理学方面的内容。

根据一些研究，超出一般智力的人都会在会议的第一个小时内掌握 15%的内容，第二个小时 10%，第三个小时就不到 3%了。因此，我们相信在一个培训会议或者任何一个会议上灌输大量的东西是没有必要的，完全就是在浪费时间。既然科学证明大多数人都会忘记接受到的大部分内容，我们该怎样教会他们一些重要的知识呢?

我们的整个培训系统设计是每 50 分钟更换一个主题。这是基于一个事实：一个人的注意力只能在一个小时内保持集中，达到饱和。在开始每一个新主题前都要休息一下。我们接触了一些指导周末培训会议的分销商。有一些领导者忽略了这样一个事实：他们的培训如此密集，内容如此丰富，往往要用 8 小时的时间才能讲完。很遗憾，又是空洞无效的演讲。

培训会议的主题

培训的第一步，我们要教人们把周六上午的 10 点到 12 点这段时间分成两部分、进行一次 50 分钟的教导。我们建议第一个小时描述怎么完成，如何教导别人完成，应用方式，分发协议，产品订单和其他的文体工作。这是向他们展示启动包里的产品、如何使用产品、如何奠定 10 个客户的基础的时间。介绍一些你希望下线使用的公司文件如小册子和杂志印刷品等。这个程序就是第一部分。

会议的第二部分是对目标设置有一个简单的描述，讲解如何建立 2 000 人的潜在客户名单、怎样把你的家庭和朋友这样重要的关系作为很好的机遇。在两个小时的最后，向你的新同行布置 4 个任务：(1) 拿回家使用你的产品，(2) 在你的家庭和朋友圈子里找出 10 个固定用户，(3) 作报告时设定你的目标，(4) 尽量回忆发掘你的潜在客户。记住，认真选择你的 2 000 个潜在客户，然后从中选出 10 个固定客户。

在他们培训的过程中，告诉你的新同行，今天他是你的学生，明天就可能是别人的老师了。系统很简单，他们会觉得拿来教导他人也很容易，只需重复你对他们讲过的内容就可以了。你要把内容缩减至一页，否则看起来会太过复杂。这一页看起来就像是一个前言，但是作用很大。我们先由这一页开始，接下来还有 25 页的长篇大论，对于一些复杂的项目，可能会是一本百科全书。但是我们给外地的分销商传真哪些东西呢？就这一页的培训简介！不过在这样做的同时，我们必须要克服一个大多数人的错误观点："这也太简单了，好像根本不太现实吧。"我们要告诉每一个人，这个系统非常简单，但操作起来并不容易。

我们的会议模式可以说是世界上最棒的，因为它非常有道理。人们不用花费大量的时间在教室里研究复杂的商务模式，那些在现实的商业世界可能没有什么用。人们可以在实践中学习很多东西——不断地犯错，又不断地吸取教训。对于一些新的分销商，我们的目标就是尽量减少这种没有实践性的东西。新手越早形成自己的独立能力、参照一些简单的成功法则，越好。我们要不断地重复我们的观点，指出我们的系统是如何如何的简单，如何地容易被复制。因为如果不是这样的话，很多人都会想："没有人坐在起居室里就能赚到这笔钱，不信的话，看看光碟。"但是我们就是这么做的。拥有一个简单、易复制的策略很简单，我们只要有一间房子、一台电视机和一台录像机就可以了。尽量让会议从简，把时间限制在两小时以内。

现在，说说这些受到培训的人吧，他们回到家，使用产品、书写计划书、开始琢磨潜在用户、最后固定 10 个客户，然后等着你给他们回电话。他们有些需要你进行一对一的面谈，了解他们的个性，等等。培训方法也要因人而异，根据他们的不同情况对他们的客户进行调整。教导他们应该采取什么方法来培养自己和客户的长久合作关系，这些问题在第一次的会议上就要提到。第二次会议要花费 1～2 小时的时间来讲讲如何和 25 个客户保持联系的具体的技巧，如何和感兴趣的人约会等。下一步就要琢磨你的潜在客户名单了。

产品培训没有必要

你可能注意到了，在我们的培训会议上经常会有精力不集中的现象。将要给别人作产品介绍的你们可能就要琢磨怎样才能省去啰嗦的产品培训。我们的理由是：完全没有必要。人们迫切地想知道一些他们关心产品的成分，维他命、宠物食品、或其他消费品，他们愿意花些时间使用和进行个人研究。但是要注意：那些注重产品介绍的分销商很少能够成为国际大型会议的组织者。在我们编写上一本书的时候，我们采访了美国最优秀的分销商，这些人中没有一个把产品介绍作为现场介绍的重点，一个都没有！

肯定会有些人在阅读这本书时，还在为自己了解所分销产品的方方面面而自豪。这种人可能会对我们的观点非常失望。嘿，打起精神来！我们一直会嘲笑自己，并且毫不避讳地揭露自己犯的错误。事情是这样的：在我们的专业领域里，那些招募下线领导者并建立一个强大的国际组织的人肯定比较关注于告诉大家如何创造财富、享受独立和自由。这才是我们行业最令人欣喜的结果。

我们仍然建立了自己的个人组织，倾力于成为这行的专家用我们自己的智慧把别人唬住。科学家把黏多糖分馏成精密的分子颗粒，并激活头发小囊的乳头部分来引起血管舒张，促进血液流通，增强头发的健康。记住这个步骤的程序并不用花费太长时间。当我们在会议上谈到这些的时候，连在场的医生都困惑地睁大了眼睛。这些知识不仅不利于得到顾客，也签不到分销商　　所以我们应该避免谈到这些。我们可以满怀热情地说："它对我很适用，也许也适合你啊，要不要试试呢？"

在培训会议上不要讨论产品，而是对主要产品和服务有一个大概的介绍，然后鼓励分销商自己使用它们，亲身地感受一下。直销就是和你的亲戚朋友分享你试用过的那些效果令人惊喜的产品。这用不着你对产品功效进行了深入的了解。记着告诉你的亲戚和朋友你最近看到的电影和发现的餐馆就行了。通过直销分销的产品并没什么不同。

第 8 种会议地雷是指在入行第一年需要避开的障碍。当然还有许多，不过这些是最有破坏力的。很多本来有可能成功的分销商仅仅因为一次宾馆会议、办公室会议或者其他场所的一次演讲而莫名其妙地失败了。

记住，你是一个全球性公司的专家。对于新的伙伴，你要做的无非是向他们展示合理的观点和为你的公司召开的招募会。所以在以上介绍的基础上，控制局面。不管是招募会还是培训会，一定要保证简短、容易复制。在私人的地方，最好是在家里进行。必要的时候阶段性地召开大型的聚会，让大家觉得有必要在一起巩固关系，交流知识，并相互激励。你来决定会议的时间和地点。你要对第一次会议的一切全面控制，更重要的是你要控制对你的新同行的培训。如果你曾经参加过类似的会议，会议比较成功的话，照着做就行了。

你的态度对于你是否能够抓住命运之神也很重要。别人能够盯着她或他的眼睛真诚地告诉他，在完全自由的情况下，不到 5 年，一个月就可能挣 20 000、30 000、甚至是 50 000 美金吗？除了我们两个，其他人根本做不到。新的分销商必须避开像瘟疫一样的所有的会议地雷，只要参加一些与其他分销商加强联系的会议和一些加强当前使用系统的会议就可以了。以你从事的行业为荣吧，不要组织召开自己的会议产生恐惧。

摘 要

- 参加不必要的会议是你通往成功路上的绊脚石。
- 大型的宾馆会议通常没有什么效果，除非作为定期家庭会议的补充。
- 每周的宾馆会议没有效果、不易复制。因为耗费巨大，需要互动性强，所以在没人出席的时候避免不了尴尬。宾馆会议不是私密的、不代表自由，常常给你饱和的错觉，不利于个人发展。
- 偶尔的宾馆会议最好是把大家聚在一起听听前辈的观点、颁发奖励、表扬优秀者以及增强关系。
- 我们的大部分时间应该投入面对面的交谈、电话和家庭演讲中。
- “教堂式服务”是一种常规式的招募会议，下线分销商被教导把客人带入自己家中，在家里他为每个人进行现场介绍。如果长期这样做的话，会产生相互依赖，可能是灾难的开始。

- ❑ 诡计会议是邀请朋友参加宴会，大家都认为是社交聚会，会议末尾才发现是直销的介绍会。
- ❑ 在邀请大家来家里参加商务演说的时候让他们保持好奇是合适的，但是不能欺骗他们。
- ❑ 利用家以外的办公室开展业务很不明智，是因为

  1. 对于大多数人来讲不易复制。
  2. 浪费不必要的经费。
  3. 并不代表自由，所以你应该喜欢自己作为一个直销人员的工作。
- ❑ 把酒吧或餐馆作为招募会议的地点，就别指望成功，因为那里没有必需的设备：录像机，白色书写板，而且很容易被转移话题。
- ❑ 如果可能的话，避免在潜在顾客家里或办公室里召开会议，因为你可能控制不了局面。
- ❑ 高科技的招募方式——比如使用因特网、电子邮件、电话、自动回复机和应时传真——和别的方法一起用的时候是有效的。但是单独使用一项科技通常有局限性，不易复制。
- ❑ 成功的会议包括直销的各项基本准则。
- ❑ 不能被下线中最口齿不清、最不成功的人复制的会议注定会以失败告终。
- ❑ 开展商务招募时，首先从你所在的城市开始。
- ❑ 举行招募会议时，环境的质量和你的热情同样重要。
- ❑ 做好思想准备，你邀请的50%的人承诺后可能不会出席会议。
- ❑ 培训的第一步，我们建议你在星期六的上午腾出两个小时的时间来教导新手们这行的基本工作。
- ❑ 第一步培训结束之后，与已经签约的任一下线伙伴进行一个一对一的个人策略会议。
- ❑ 产品介绍不是会议的重要内容，因为直销是与你的亲戚、朋友分享你所推荐的产品的行业，这种分享是基于你已经亲身体验过的令人欣喜的效果，而不是你对产品成分如何的了解。
- ❑ 不管是招募会议还是培训会议，都要保证简短、容易复制。

8

卸下嵌入式手枪

招募并培训你自己的人，不要依赖他人

有一个破坏性的武器，可以打击、伤害我们行业未来的领导者。这个小型破坏武器对于新的分销商来说无疑是后院起火，它可以阻挠，有时会破坏他们招募并长期培训的能力。作为直销人员我们在第一年都会点燃这种武器，并且每天由全世界所有的直销组织的新的从业者每天解除。我们把它叫做嵌入式手枪。下面我们看看它是如何起作用的?

电话铃响了。是你的分销商，她很热情地告诉你，她有一个另一个州的很重要、联系密切的客户，他让人信赖，并且愿意在她这儿投资数百万的资金。一旦说出这些，手枪就开火了："那么，我需要把他插在那个城市的某个组织内。你能推荐一个人吗？"更复杂的是那个国外的潜在顾客存在语言的问题："我们刚刚签下了一个来自东京的分销商，他很激动。我们该怎样与世界的另一端召开会议？我们怎么让他插进来呢？"这个试图插队的人的问题其实很简单：很少起作用，经常后院起火，给你们的新分销商带来不利的影响，常常成为他们成功的阻碍。直销的成功与否和我们观察、招募和培训的能力密切相关——教导他们做同样的事情。所有的事情都由别人来做的分销商很少能取得成

功。本章举了许多例子帮你面对每一个可能出现的情况。

插入远距离外的培训会议中

在远距离的赞助中，直销人员签下了新分销商，然后把他们送到正在举行的培训会议上。我们先提出一个问题：大部分的直销人都采用这个方法，为什么？坦率地讲，是因为他们不知道还有别的方法　　这是遇到这种情况的最佳办法。这样的专业气氛，可以让人们顺利开始。所以，如果你被这种远距离资助的“子弹”“射”中的话，你可能会受到一点轻微的伤害。但是要注意，你可能也会受到严重伤害，把自己搞得晕头转向，它可能对你的直销职业生涯产生致命打击。

有这样一种情况。培训是让你的新同行开始工作时的个人化和重要的一步。我们已经说过很多次，有很多途径可以抵达成功，但是坚持是最重要的。经常更改系统是欠考虑的，甚至对经验丰富的分销商来讲都是致命的。如果你负责感很强的话，就支持你的同伴，教导他们如何开始吧。这样做能够在整个组织内产生自力更生的意识。如果你把自己的新人送到别人的会议上，你就会冒很大的风险——你可能正在为福利意识建立新的分销商。

到底是用哪种系统是个令人头疼的问题。你已经向你的新伙伴指出了在家召开会议的重要性，但是他插进去的当地组织的培训者却说他可能要参加定期的宾馆会议。尽管你一再强调与潜在商务伙伴交流的重要性，但是他在会议上听说可以通过分发大量的新的招募光碟以避免直接面对某个人的拒绝。最坏的情况就是你把你的新伙伴送到了一个使用多个系统的会议上，这让她在会议中感觉不适。

所以如果你确信新系统能起作用的话，请注意下面的建议：选择一个领导者或者团队时，一定要谨慎。要小心注意对他们的培训，就像照料你的孩子一样。在我们这个行业，培训的情况是成功与否的关键。但是最好的办法就是留在自己家里“照看”你的新分销商。最好是让你自己做。记住，复制是这场游戏的主题。如果你把你的新分销商送到别人的会议上，是一种情况。如果你亲自培训，又是另外一种情况。

最近，由于目前的规范压力，我们公司准备制作自己的培训材料，指导自己的领导者培训会议。大部分人都反对这种政策的变化。在我们看来，这与照看小孩很相似。你有小孩的话，如果政府命令所有的小孩都要被送到一个公共护理中心，你作何感想？所有的小孩都可能被灌输当权者的思想。这与美国的自由与民主是相对抗的。

我们坚决反对任何一种强迫性的公司培训。如果直销组织管理者知道在这个行业中如何成功，他们在家就可以挣到 10 倍的薪水，而不是在会议上创造自己根本没有实践过的销售工具。让他们来设计会议的模式真是应了一句古话："会做的去做，不会做的来教。"

但是同时我们也了解了公司这么做的原因。联邦贸易协会（Federal Trade Commission，FTC）与某些已确定的直销公司有着坚固的关系。（如果你在一家不到 5 年的比较新的公司，你就要自力更生。）FTC 倾向于对公司的宣传册、目录、培训手册进行非常详细的描述。这种政府官僚的观点就是让公司最终为这些出版的内容负责。相应地，直销公司决定寻找出路——他们声称拥有培训材料的权利，以保证所有内容在自己控制之下，从而避免法律诉讼。最后他们也要求控制所有的培训程序。

我们试图了解他们对于联邦安全的回应，仍然觉得不可行。我们不看好公司强迫性地安排培训。我们也不接受错误的表示：任何对我们新分销商的城市范围内的培训都是有用的，特别是他们入行的第一年。每年都有成千上万的这样错误的例子：把新招募的人员遣送到别的城市进行培训。

马克回忆起自己亲身经历的事情。1986 年，他把他的侄子史蒂夫，从家乡送到了当地的一个会议，会议是由一个成功的分销商组织的。接下来是史蒂夫的回忆："我厌倦了操作机器，发现我的职业根本没有任何前途可言。马克送给我很多资料，我们填写了一份协议，然后让他回去培训，他说自从一个当地的医生举办了一次礼拜六的培训会之后，我感觉应该参加他的会议。我不得不承认是因为另外一个医学博士使我动摇了我的职业目标和信心。毕竟，为什么一个 35 岁的成功的医生来签直销呢？但是我意识到，这与 AA 会议没什么区别，都只是在开始的时候会遭遇尴尬，毕竟每个人来到这里都是为了共同的理由。"

"开车去参加会议的路上，我开始想有可能碰上所有有趣的经理和商业专家。当我走进去的时候，我的猜测是对的——我的悲观的猜测。一个我曾经治疗过的病人慢慢靠近我，跟我开玩笑，笑声很大几乎所有人都能听见：'我亲爱的医生，自从上次你收了我的医药费之后，你再也不用什么兼职了吧！'"

"我苦恼极了，脸一下子红了，我注意到有 10~15 人正在盯着我看。我笑着没谈话，向他摆摆手，然后走开了。在一个看不见他的地方找了个空地坐了下来。"

"坐在我旁边的女士穿着很得体，看起来是个蛮有修养的人。于是，我向她介绍自己，谈了一会儿天。她告诉我她刚刚签到一个外城镇的公司里面，是第一次参加这样的培训会议。然后她说是她以前的医生把她送到这里来的。让她最兴奋的是她已经做了一个她称之为健康方法的图，她说就是在杂志上找一些材料然后贴到帆布上。我们再见面的时候，她告诉我（我正松松领子往四周看，发现没有人在认真听这个会），她坐在她的健康方法图旁边，大声'呼'了一声，然后想象意想不到的收入落到她的膝盖上。直到她告诉我，在引导会议上，冥冥中似乎有人告诉她她应该参加这个会议，我才走了出去——她再也不会参加直销这样的会议了。"

我们听过很多比这个更糟糕的故事。因此，你要仔细听好：当分销商问你在密歇根州或佛罗里达是否有别的领导者的时候，你一定要告诉她没有！这不是什么商务运作，只是想让你加塞儿。在接受这么做之前，你得保证他们已经实践过并且能证明这样做是正确的。必须确定其他领导者的会议的目的是为了额外的支持和公司联系。但是在完善之前还需要一段时间。

永远记住亚内尔的第 81 条规则：不管什么时候我们将一个可信的人送往外地参加培训，无疑得保证上帝在创造这棵树时没有争议。"这是有事实依据的。如果你让一个新伙伴参加外地的一个会议，那你就要反复检查并详细询问这个培训的质量。不要仅仅盲目地将这个人送往某地。你不要期望一个对你的新伙伴不感兴趣的人对他表示支持。每一个领导者的重要职责就是培训并支持在一个线上的人们。可能绝大多数领导者把你的新伙伴纳入他们的会议，但是他们不可能过多地关注你的新伙伴。简单地讲，你的人插入了别人的队伍里，你给予他们的是普普通通的支持，至少在他们刚入行的这段关键的时间里是如此的。"

做你自己的培训

如果你是那种愿意留在家里、把公司带到家里以便照看自己孩子的家长，你该做些什么？你可能会下意识地支持你的下线。

假设你与我们一样认为培训只是一个简单、容易复制的系统，内容能够缩减至一页。我们再假定你签了一个外地的新分销商。你先是给他传真了一页左右的关于系统的复印件。你让他认真看，并在再接下来的一两天内提出问题。在约定的时间打电话，以使你可以回答任何问题。让他知道你们的系统资源和可信度。因为你需要提前走在前面，问问他们有没有什么目标。你要让你的新伙伴知道你如何地信赖这个系统，如果他想让你资助他们的话，就不能出现任何背离这个系统的行为。要让你的新伙伴对这个系统负起责任来。

下一步就是让你远距离的新伙伴从公司直接购买他们的介绍材料和起动产品包（像我们通常做的那样，反对从我们这里购买他们的产品）。那时，如果可以的话，让他们买一个小册子（少于 40 页）——你已经实践过的某个领导者用的各种方法的大全，然后教导他们一种简单的、不用动脑筋的方法来做生意。这种手册很容易复制，内容能够缩减到一页，可以解释一个每个行业都可以学习、操作并教导的系统。在你的远距离伙伴使用了产品、阅读了小册子、安排电话会议之后，就是确定系统中最重要的事情了。有时，有些人可能会在购买第一批产品之后，完成任务之前退出。这种进进出出的现象在我们这个行业内非常正常。但是对于那些留下来的人来说，你要推荐给他们几个最有用的激励工具来帮助他们做成生意。你会与有些人形成牢固的关系纽带，建立终身的生意伙伴关系。对于那些成就卓著的生意人来说，我们建议他们去购买完整的培训手册。我们花了很多年的时间写出了《直销百科全书》，希望它引导直销人员走向成功。（在你的上线导师没有写出相似的东西之前放心地使用它吧。）

另外我们向你推荐一种与你的远距离同伴通过电话每周召开一次的教导

会。坚持他们创立了会议，并说："打电话给我吧。"他们照做的时候，毫不动摇地给予他们支持。（如果不打电话，你就换一个人。）保证他们的方法和他们的人数在每周的电话会议上得到审核。讨论他们这周接触了几个人，发出去多少视听材料，定了多少次约会，作了几次现场介绍，最后他们要发展多少人。不管他们的人数多么少，都要鼓励他们。用实例指导和引导他们。帮助他们接近真正的潜在顾客。给他们一些建设性的评价，让他们更加自由地发展。

我们教导新的分销商时，不要告诉他们都犯了什么错误——这么做只能让他们继续犯这种错误，并把他们推向失败的低谷。你是否曾经琢磨过要怎么做一件不可能的事情？当你希望你的新下线做出一些改变时，你要告诉他们你希望他们怎么做、做些什么。通常最难克服的就是人本身。如果你的同行缺乏自信，"但是如果我　　"多用一些假设性的话，增加他们的自信心，增加成功的机会。最好的教练是那些能让人记住他们的天赋能力的人。如果只是单纯游说，效果不见得好。

简言之，把你的新人当成领导者来训练，教导他们怎么教导别人。每个人都有可能成为领导者。SW规则里说：有些人可能是，有些人不会是，为什么？因为其他的人在等待。那些不能成为领导者的人会倾向于相互依赖。那是你的备份计划书。可能，只是可能，天使会出现，把他们带回家。

简单的培训系统的价值

在负责你自己的组织内的领导团体时，教导一个简单的系统会是一个很好的开始。如果你的领导者进入了正确的轨道，并能证明他们可以成功，就坚持同样的程序吧。下面是一个成功的例子。如果你喜欢，可以据为己有。

一个好的培训系统就算是对最没有经验的人来说也同样有用。你可以参考直销表格，遵从亚内尔成功培训系统。它向你的新伙伴展示一个完整的过程，然后让他们依葫芦画瓢。

亚内尔成功培训系统

“简单是最好的教学。”

——埃米尔·凯迪博士

规则

1. 在第一年或者是达到你的最终目标之前，认真遵从这个已经证实有效的培训系统。你按照已经证实是正确的轨道走很重要，我们建议你不要教导或提高其他的系统。
2. 认真选择最有可能成为你的终身生意伙伴的人，然后教导他们照着做。
3. 如果市场比较冷淡，就把你的重心放在你接近的人数上，关注这条线的宽度，而不是深度。但是支持所有向你寻求帮助的人。
4. 在家庭会议或者远程的签约会议上，鼓励他们给你的上线打电话。
5. 为保持受到关注，我们不建议你制作自己的培训材料。在第一年或者是达到你的最终目标之前，请认真遵从已经证实的培训系统。
6. 建立下线之前在你的亲戚朋友中建立客户基础。
7. 把你所有的精力放在建立一个强大的组织结构上，不要试图在不同的公司内建立两个或两个以上的线。
8. 成功靠的是相信自己并为自己投资。因此不要把你的资金或产品贷给新的分销商。
9. 对你的行业忠心。使用自己的牌子的产品代替其他次等品牌。
10. 关注最终结果，以你的成就为荣。不要让反对、猜疑、打击阻碍你前进的道路。你有 100%的控制自己思想、也就是控制自己未来的能力。

系统

1. 和你的资助人一起参加初步培训，然后每周开一次集体会议。
2. 填一个申请表格。设立一个暂时账户，排列产品顺序。
3. 只需搞定“10 个”客户，越快越好，收到产品包之后，把你的个人体验和结果与他人分享。

4. 设立一个书面目标，完成之后将它们形象化。继续关注最终结果，相信你的计划肯定能达到这个结果。
5. 开始建立 2 000 名潜在客户的名单，发展前 25 位。设置卡片文档系统，这样可以每 6 个月重新审核一次。
6. 回到你的资助人那里召开个人策略会，在目标之上建立一个特定的行动计划。
7. 让大家注意财务安全和时间自由。给你的前 25 位打电话告诉他们如何与同伴合作。记住，你的热情可以把他们带到你的组织中来。每天都要审视你的目标。
8. 给他们提供音像包，向他们介绍日程表、趋势、优势和我们行业的精彩之处。

9 在每一次会议上向 4 ~ 8 个潜在顾客家庭演说，他们都来自于你的热市场名单，或者间接地来自它们。（你的上线可能会参加你的前两三次会议。）

（1）分发文章、印刷品等来建立本行业的可信度。

（2）谈谈你的故事（5 分钟的时间）或者某个成功上线的故事。

（3）说明你们公司的位置和能力。解释你为什么会选择它，而没有选择其他公司。

（4）提供一些产品的推荐书。

（5）播放招募会议的光盘，包括公司和产品的信息、计划的简单补充。看下面：

- 解释大多数工作人员今天面临的挑战——40 年计划收入。
- 解释 5×5×5 的飞速增长，允许有 75%的退出率。
- 解释导致人们退出的种种原因。

（6）回答任何问题。提供一些成功上线的联系方式，鼓励他们与之取得联系，如果有问题可以得到及时解决。

（7）分发商务报告，列出 3 个加入的理由：批发商、税收优惠、公费旅行、健康和自由的生活方式。

（8）邀请潜在顾客参加下个星期六的培训会议。

10. 参考协议：作为商务建立者或者批发商签约，同样，他们也可以选择做顾客，或者至少提供一个备选顾客。
11. 为每个产品包命名，列出希望新人购买的培训资料，留下订购电话。
12. 为新人每个礼拜举行一次初步培训。为将要完成任务的分销商制定个人策略：购买产品、书面设定目标、开始开发他们的名单、建立客户基础。

结果

惊人的收入、绝对的时间自由和帮助别人的工作满意度。直销流程图如图7.1所示。

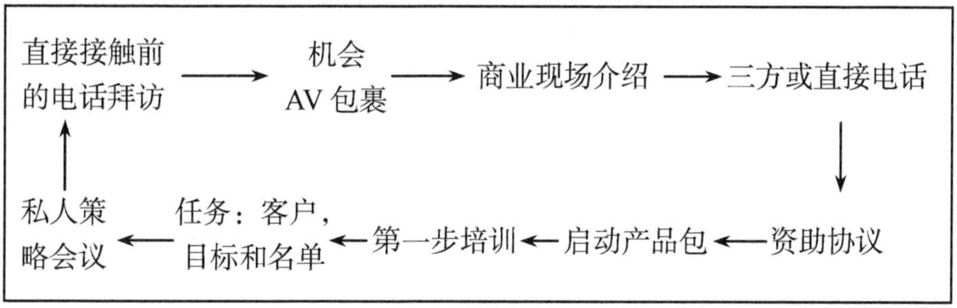

图7.1　直销流程图

插入远距离的招募会议

如果送一个人参加远距离的培训会议是存在问题的，让你的一个非常有价值的潜在顾客在你不在场的情况下参加别人的招募会议简直就是愚蠢到了极点。这与你派一个助理帮你接孩子是同样的道理。我们不会派别人接回一只猫或者一条狗。为什么人们排斥一个完全陌生的人加入呢？在介绍一个潜在顾客加入我们行业时，我们持有一个基本的不动摇的信念：直销可以存在于小的集体中。而不这样做就是违背直销的本性。毕竟，这是个朋友传达给朋友的行业，而不是由光电、照相机、阴影和行动组成的正式产品。

如果你正在把你的直销公司介绍给一个远距离的潜在顾客，我们建议你先从个人的角度出发，看看距离上是不是合适。它牵涉一个任务包、长途电话、邮资和更多电话的问题。除非你能负担这些费用，否则就放弃吧。在试图联系时，挑选你认为应该联系的客户，把你的精彩经历讲给他听，然后表达与他一起工作的愿望。送给你的潜在顾客一个用简单的方式介绍你的公司、产品生产线和你的组织的磁带、光盘或多媒体包。然后想想你收到这些东西时的感觉，它们真的能回答一切问题吗?

只把这些材料分发给那些不仅对直销显露出真正兴趣的人。不要邮给过多的人，否则你将无法跟踪和协助他们。至少要打两个长达一小时的长途电话。在第一次电话接触中，你要告诉他们你如何和为什么进入直销行业。在他们收到产品并且已经看过这些东西之后，在你准备打电话之前事先与他们约定时间。让人们看你的录像带或者听磁带，可能是个真正的挑战。这就是为什么我们要挑选远距离或者一个你无论如何都不能向其进行产品宣讲的偶尔碰上的本地的潜在顾客的原因。远距离市场开拓的效果是无法与面对面的产品宣传相比的。

接下来的电话就成了一个小型的演说了——你要确保强调的是生意的重要部分——能挣到的钱和完成这个生意的简易度。你要教导他们如何一步一步地走向成功。回答他们的问题，弄清楚他们的反对意见。用上线的支持来拉紧你和潜在顾客之间的距离——让你的潜在顾客与那些经验较多、事业更成功的上线通电话，仅仅一个电话就可以了。整个过程通常是需要一个以上的电话。

现在，在上线的帮助下，做完一个远距离的介绍之后，你就要计划与他们签约了。一旦你这样做了，你可能会选择参加当地的招募会议，你公司德高望重的上线可能就在那里进行产品宣讲。如前文所言，我们需要在鼓励你的潜在顾客参会之前精心地选择团体和演讲者。千万不要让参加招募会议的潜在顾客参加接下来的培训会议，除非培训的领导是名声远播的上线或者导师，而且你使用的系统可以复制。

如果因为一些反对意见，你的潜在顾客仍然坚持要离开协会时，你要做出艰难的决定了。把你的潜在顾客送到另一个城市就像把你的孩子在没有人陪伴的情况下送去纽约一样。但是，如果你不能将他送走，可能就有风险了。如果你选择按照计划行事的话，结果是一样，如果你那样做的话，结果如何就要看你们两个之间的忠诚度了。直销永恒的准则就是来自于真正了解你的人和发现你的人之间的关系。把你的潜在顾客送到会议上，对于你正在使用的系统益处不大。在他们刚刚到家、或者第二天早上，给你的潜在顾客打电话告诉他们你对于会议、演讲者、客人和演讲的看法。不要认为一些会进行得很顺利。也就是说，一旦你把他们送到当地的会议上，你就要负起责任来。你需要关心他们。你跟踪潜在顾客并得到一些评论之后，你就可以松一口气了，而这些事情仅仅需要整个过程 20%的时间。

插入当地招募会议

尽管我们并不认为他们是有效的，但是我们知道为什么直销从业者要在新伙伴正式工作之前，把他们送到另一个城市参加招募或培训会议。但是究竟为什么在同一个城市内也会出现这种现象呢？在一些简单的系统里，只需让他们按照正确的轨迹进行就可以了，这种方式在这里就不起作用了。接下来，你需要与你的新伙伴分享你的知识并且教导他们做同样的事。宾馆会议应该仅仅作为备选项。但是新潜在顾客不应该在第一次参加网络工作分配时就置身于这种大而且正式的场合。

《激情生活》的作者彼得·赫兹（Peter Hirsch）回忆起他的经历："我的直销噩梦从我入行的第一个商业会议就开始了。我的一个朋友邀请我参加一个宾馆会议，虽然已经过去 8 年了，我仍然非常对它非常抵触。'如果我加入这家公司，就意味着我永远不能穿天然纤维的衣服了。'我猜那些游走于会议之间的人们都认为：'只要我们能做的，你也可以。'但是我不这么想。我的想法是：'这个屋子里没有人知道怎么讲话，怎么穿着。我不想和这些人在一起，我不要变成他们中的一分子。救命！让我离开这儿!!!'我留在了这儿因为我没有开车来。（顺便说一声，那不是把客人带上车的理由。答案是不举行酒店会议，而且每当你要做产品宣传时，都要尽力做好！只有做好了，你的客人才会心甘情愿地留下来。）当我的朋友把我送回住处时，送了我一样产品让我试试。我都懒得再谈了，所以只好收下了。那是一个过滤水的器具，看起来像个热水瓶。"

"那天晚上我过得非常糟糕，我搞不明白为什么会有人加入这家公司。我想象着某个人坐在厨房里，右边放着一杆枪，左边放着一个清水过滤器，然后喃喃自语：‘在拿起这杆枪之前，先用用这个过滤器。’一个星期后，我加入了这家公司。为什么？有两个原因：第一，产品确实不错，我喜欢用，而且我需要它；第二，绝望。我恨自己不得不为生计奔波——我是一个实习律师——而直销是一个不错的出路。”

“第一个月里，我的组织活动了 100 000 美元的批发产品。生活是那样的美好。你看，别的律师的处境简直糟透了。而我正在通往成功和富有的路上。但是，真正的噩梦开始了，第二个月的成绩不如第一个月，第三个月的不如第二个月。怎么回事？会议上没有讲过这个啊。这种趋势继续持续下去，我变得一无所有。这给我很大打击。于是我不得不开始研究这个行业。我开始学习直销。第一个星期，我学到了古老的直销艺术。现在我意识到在直销行业中，没有哪件事比建议别人花成千上万的美金来购买自己根本不需要的东西更糟了。”

皮特最后离开了那家公司，开始琢磨自己的生意，像我们一样，在一个小圈子里，做自己的演讲，开自己的培训会议。痛苦的经历让他有着和我们一样的理念：与理想状态相反，真实的市场容量是建立一个稳固的组织的途径。“如果你从小订单做起，你的订单会源源不断。如果你想一口吃个胖子，而不顾及后续问题，最后你会鸡飞蛋打。”皮特是“边走边说”这种少见类型中的一员。他不仅自己出书，而且所有的东西都涉及“激情生活”。因为你不赞成同事的实践，当他挣的钱比你一辈子挣的钱多出好几倍时，从你的公司走出去需要多大的勇气？皮特知道是因为他就是这么做的。后来他成为了直销界最有伦理道德和最有良知的一个年轻人。

关于诚信

当然，有很多原因告诉我们：如果你不能参加会议，你就避免把有价值的潜在顾客安排在会议中，不管是在自己的城市还是在别的地方。不久前，我们作为会议的演讲人参加了一个会议。会议上一对夫妇在前台摆了一张桌子来登记到会的人员。但是会议开始的时候，他们拿起登记表和登记费走了。后来他们开始给登记表上的人打电话。我们的发现让人简直不敢相信。他们其实是另一家公司的领导者，从不止一家公司骗了许多潜在顾客的名单。在如此大型的会议上发生这种事是多么不可思议啊。

但是让我们谈谈更阴险的盗窃方式吧：领导者从自己的公司内盗窃潜在顾客名单。这种事情不仅存在，而且就是某公司最高层的领导者干出来的。有时他们也可能会被公司总裁和员工揭露出来，虽然他们不肯承认。

皮特在几个月前给我们打电话，他的心情很沮丧，他问我们能不能一起聚聚、共度这个周末。因为我们是很好的朋友，所以我们邀请了他。这位年轻的“明星”是公司的骨干，负责招募并培训一些大的组织。我们这才知道公司居然允许一个受偏爱的人从公司内部偷去了他的整个下线的名单。他来就是想告诉我们他要离开这个月薪 30 000 美元的工作。这需要很大的勇气，不是每个人都能做到的。

幸好，这并不是领导层中经常会发生的事，但是它的确发生了。我们曾经见过很多公司所有者也面对着伦理上的尴尬局面。一些公司以自己公司的荣誉为代价赚钱。一些公司坚持伦理准则，却不能挣大钱。一些公司试图从当前需要的材料——磁带、光盘和印刷手册中获得利润，而不是从事真正的产品销售。我们还见过很多公司收取高于真实培训费几倍的费用。有些事情已经调查，我们相信它肯定不符合 FTC 的标准。

和大多数人一样，我们对自己所关心的直销行业充满幻想。我们开始接触这个的时候，这个行业的公共形象还非常差。但是，我们现在知道：这是个干净并且稳固的行业，仅仅是为了更多地销售公司生产的产品和服务。这是让我们通往高质量生活的途径。随着这个行业的发展，很多理想化的状态都消失了。现在有形形色色的公司，没有哪家直销公司能赚大钱了——也就是每年 5 000 万美元或者更多一点。没有哪家公司能够稳坐泰山了。

然而，与传统行业比较，直销行业的道德沦丧更为严重。比如去年，日本最大的银行遭遇诈骗，不得不付给美国人 200 万美元的利息。1995 年，最大的烟草公司的 7 位 CEO 站在参议院调查委员会的大门前，右手挥动着帽子高呼：“香烟与药属葵一样不会让你上瘾而且不含‘特别添加的’成分”。两年后这家公司被处以 2 亿美金的罚款，并且明文规定不允许再为他们的产品做广告。最近我看到威斯顿（Winston）的广告牌上写着：“我们已经裸体，取出我们身上所有的添加剂吧。不是公牛！”当你做这行的时候会多么的自豪啊。

下面是我们向直销新晋人员传递的一个信息：以我们的行业为荣，把你的公司建立在现实的期待之上吧。按照你的价值观找出一个有最良好记录的公司吧。但是我们相信没有一家公司能完全拥有这些品质：高端收入者领域分销商之间的和谐，完全均衡的补充计划，高质量的产品和有竞争力的价位，长久发展的可能性和平均摩擦。可能有一天一个公司会出现并打破所有的销售纪录。但是尽管不太可能发生，直销公司始终在全球范围内超过传统行业——这真的根本没法比较。

随着直销的成熟，这种清白渐渐消失。一些持续了 5 年以上的公司都有着良好的纪录。不幸的是，越来越多的分销商肆无忌惮。基于这个行业的特点，不合乎社会公共价值规范的行为只能由他们本人——我们能为受邀加入我们组织的人设定一些规范和标准——或者由有勇气开除那些明显违背公司规范的分销商的公司领导者控制。如果这个问题不提前解决，那么这种人就会继续这种不道德的行为，会走上不归路。最后，不合乎社会价值伦理观的分销商就会越来越强大，从而对公司以至于对整个行业造成极大的危害。

我们仅仅通过号召那些表示出严格遵守规范的意愿的公司加入我们来维持我们行业的诚信，从而避免偏袒或自私贪婪，这就与我们在招募新人和培训的过程中观察新同行一样。简单地说，选择一家不害怕阻止破坏准则的公司，邀请那些你信得过的人加入你的组织，然后培训，让他们在遵循道德规范的情况下工作。

害怕损失

对一个可怕的事实做好准备。当你建议别人参加一个未经审核而且远在外地的会议时，你就要做好损失分销商的准备。下面是一个例子：鲍勃是直销行业中的新人，还不明白我们这个行业如此简单。他的朋友史蒂夫听说鲍勃的镇上正举办一个由当地的领导组织的、每周一次的会议。所以，在鲍勃加入之前，史蒂夫就先参加这个会议了。当然，他到达那里并解释他还没有签约之后，一些当地的领导者会很乐意帮助他。他们对鲍勃很友好，在一个晚上的会议上，他们劝鲍勃把对第一个介绍加入行业的分销商的忠诚放在一边认识另一个分销商。他们最后说服他加入他们的公司，他们说如果没有他们的帮助他是不可能成功的。可以在家门口签下协议，何必跑到 500 英里以外的地方呢？

当然这是个谎言，不过鲍勃没有分辨出来。他并不知道我们行业结构上的完整性。想获得当地的支持是个神话，这限制了鲍勃的发展，就算在本地也没有任何前途可言。成功的秘诀就是成为自己组织的领导者——不要依赖于任何人。直销的飞速发展与分销商教导别人学会这个易复制的系统的能力息息相关，赞助别人或被别人赞助。

所以鲍勃不应该离开史蒂夫，是史蒂夫把他介绍进这个行业来的。尽管史蒂夫没有多少经验，但是他有一个有能力、收入和经验的上线，这个上线能教会他这个行业中已经证实的技能。但是鲍勃没有意识到这一点，很幼稚地与当地的组织签了协议，只是准备两个礼拜后打电话给史蒂夫，温和地告诉他这个消息。

说不清到底有多少分销商因为让他的潜在顾客参加了其他城市的会议，而导致潜在顾客被偷走从而不得不辞职。当然，在潜在顾客签下协议并且受到培训之后再去参加其他城市的会议，被盗的可能性就小多了。在我们看来，当地的部门以及每周一次的会议并不是通往成功的途径。我们都接受过外地导师的资助，并受到了电话培训。事实上，马克在月收入 15 000 美元之前并没有按照他的导师理查德·波的话去做。马克第一次打电话给理查德的时候，理查德教了他一个系统。尽管这是马克第一次参加直销，不过他在电话里学到的东西足以让他在 4 个月后赚一大笔钱。

国际性招募

对直销来说，在国外的市场招募人才对其本身结构性的完整是个很大的挑战。你和你的团队之间的忠诚的分裂，往往是嵌入式手枪的结果。如果不把你的新人委托给别的会议的话，也不可能发生这种事。在国外市场上成功与否取决于几个因素：（1）上线和分销商之间的相互忠诚和交流；（2）翻译得当的培训材料，简单、已经证明的系统；（3）独立，和这个国家启动的积极性。成功不是发现人才，然后把他插入到任何一个会议上。然而，失败往往是这样的。

如果操作得当而且真心诚意教导别人的话，肯定是会成功的。成功不需要大量的正规会议、培训中心、产品研讨会，等等。但是有一个问题：我们前面提到的那些肆无忌惮的人数增长得很迅速，这可是个大问题。也许他们中的某一个与你的分销商在一次公司会议上或公开会议上相遇，并得知你的分销商签的是外地的公司。这人可能根本不考虑这个行业的结构完整性，肆无忌惮地劝这位分销商签一个当地的公司。为什么？因为这样做的话，他们就可以公用办公室、培训中心或者得到了解当地文化的人的资助。

直销真的需要这些东西才能取得成功吗？不，但是你的分销商会相信。这些不遵从社会伦理道德观的人会根据挖到人的数量得到回扣。那么你构建国际组织的梦想和希望就灰飞烟灭了。他们最终让你签下另一家公司——整个偷盗过程是完整的。然后你的下线分销商就会被教导如何复制所有的招募程序。这个经历对于当前的直销从业者来说无疑是致命的打击。但是对于刚入行的人来说，一般不会发生这种事。10 年的退伍军人也是他们的猎物。当这种事泛滥成灾时，对于一家公司来说，追踪、发现并让所有的下线都重回正轨就不可能了。

一些商界的传奇人物向我们透露，因为开始前的非法活动，他们已经损失了好几百万。所有的钱都直接进入了在正式开放前就带着产品和文书进入这个国家的那些人的口袋中了。但是让我们心痛的是，我们行业中许多诚实的人获得财富的途径和机会，在没有任何公司干涉的情况下，被这些无耻的人偷走了。

我们要告诉正在阅读这本书的领导者：这种行为可以被阻止，但是必须在萌芽状态就被阻止。一次罢工，警告；两次罢工，罚款；三次，出局。公司的处罚条例写得非常清楚：我们无法忍受来自我们分销商的不道德的行为。如果一个公司不能及时阻止这种不道德的行为，那么接下来就可想而知了。这种行为会开始变本加厉，一旦形成了怪圈，就更难控制了。

我们所说的都是目前存在的事情，我们可以很负责任地告诉你，这种问题将会给你带来空前的困扰。如果你的公司还比较年轻，还没进入国际市场，那么你一定要按国际条例严格执行——有必要的话，包括开除业绩好但没有道德意识的分销商。一旦公司展示了国际条例是多么严格，这种说法就会流传开来。那些想为所欲为的人在这么做之前就会再三思量，不会轻易冒被开除的危险。但是，如果公司对这种做法犹豫不决，那就像是试图把罪恶重新放回潘多拉的盒子一样。

直销是一个巨大的行业，当你进入国际市场的时候，你会发现这个行业可能大得超乎你以前的想象。

尽管你有足够的能力来避免这种嵌入式手枪，并亲自监视新的市场，国际招募仍然是很困难的。不管是什么原因，如果你感觉观点或会议不太对头，你就应该遵从你的直觉，说进行下一项。佛罗里达州庞帕诺比奇的罗博·海曼第一次向环太平洋诸国扩张的时候，已经在公司待了6个月。罗博决定前往。为什么？罗博回答得很清楚："我在香港待了5个月，然后去台北。一天我搭乘出租车的时候，发现司机讲一口流利的英语。我把他邀请到我们公司，并向他讲解公司概况。我的上线告诉我如果一个人在你3英尺（1英尺=0.3048米）的距离内呼吸正常的话，那就要雇他。"

"他高兴极了，而且他说自己认识一个擅长打造大型下线团队的人。第一次见面我们约的时间是上午2点。我的直觉尖叫着说不，但是我实在想打造一个很大的下线团队。他在1：30的时候来接我。我穿上了最好的西装，想给他留个好印象。他停了车，我们沿着小巷往前走，几经周折，终于到了一个很小很脏的地方。敲了三次门，门开了。他们说中国普通话，凭我的一点中国话基础，我听到他们在讨论：'把支票给我''洗澡间在哪儿？''你有这个雄心吗？'后来我们进入了一间房子，那里除了两把椅子、一个破沙发、一个桌子，就没有别的东西了。15分钟后，这个人走了进来，他和数位司机聊了半小时，我注意到他开始的时候很严肃，后来生气了，再后来非常愤怒。我不停地询问他：'他感兴趣吗？'这位出租车司机说我们下次再谈。"

"当我们出来往出租车走的时候，我发现他不断地绕圈，并且不停地向后看。后来我终于弄明白是怎么一回事。他向我坦白，他的一个朋友从这个人那里借了一大笔钱。说到这儿，我让他停了车，我下了车告诉他去找另一个赞助者。"

我的上线告诉我的第二件事就是"做任何值得做的事"。我觉得这句话本身就有毛病。在国外市场招募人员是很困难的，特别是对于刚入行的人来说。从那以后，鲍勃打造了上万人的组织。想象他是怎样丢掉这些不愉快的经历的吧。他应该遵从自己的直觉，不去赴那个上午2点的约会。

每个公司都有处理国际市场的方法。有的是直接到国外，找一个当地的负责人，根本不通过分销商本人。有的是只找那些在国外市场有成功经历的分销商。还有些是要求它的营销员要符合它的各种标准。还有的拟定整体的全球计划，对公司每一级别的分销商公开。熟悉你所在公司的国际扩张条例。参考前辈们的宝贵意见。根据你的个人情况和选择的公司，做出你的职业生涯中最好或最差的决定。

一般来讲，我们不鼓励客户进入国外市场，除非这个国家是你的出生地，或者你最好的朋友在那里。就算是对经验丰富的分销商来说，国际市场还是相当困难的，它需要绝对的忠诚和提前计划，而且要保证沟通渠道畅通。然而，如果你是新手，而且对情况不甚了解，要想在一个特殊的市场占有一席之地，就一定要请教你的前辈，或者是比较成功的同行，他们也许会给你一些好的建议。有一件事是肯定的：如果你能在国际市场占有一席之地，你将赢得更多的赚钱机会。但是你的成功靠的是你自己的能力和领导，而不是把你的有价值的分销商“插入”一些当地的培训中心中去。

如果你认为远距离招募和培训就很困难而且开销太大的话，那么国际招募会更能“烧”钱。就像你进行外地招募的时候，你必须自己管理团队。如果你不能亲自到国外市场监管你的分销商的话（这是最有用的方法），你应该告诉他们你可以通过电话、传真、电子邮件和书信来管理他们。如果你懂英语的话就简单多了。你还可以使用很多行业的招募方法。比如，我们的主页上就有很多关于我们行业的基本知识，还有如何选择自己的公司。有两个网址可以供您参考：http://www.yarnell.com 或 http://www.powermlm.com。

大多数公司和很多直销领导者都有自己的主页、传真机和其他招募培训会议上需要的工具。你应该能够熟练使用它们。建造一个国际市场并不容易，有了这些工具的帮助，你取得成功的可能性更大。

通过你可以任意支配的各种各样的设备，向国外的分销商做一个完整而全面的产品宣讲，就像他们就坐在你的客厅一样。这是在国外招募人才的有效方法。要让你的分销商明白这种领导的重要性。被激励的人就是你要雇用的人，而感觉绝望认为需要“插入”别人的会议中的人不能雇用。通常情况下，把你的所有信息展示给他们。特别是你的经历、产品和服务的生产线、他们国家直销行业的前景，以及平均收入。回答这些问题之后，一个强而有力的上线就会站在你的立场上继续演说。除非你有一个信得过的上线，否则千万不要把你的潜在顾客送到另一个领导者的行业分析会议上去。在这种距离很远并且文化差异很大的情况下，失去潜在顾客的几率非常大。

假设一个国外的潜在顾客愿意签为你的下线。现在艰难刚刚开始。你必须教导这位潜在顾客你认为有效的系统，然后要求他这样做。我们建议你先给他一个简单的一页的培训梗概。你的新同行能够很快领会，并活学活用。如果行业内或公司内有一本书、手册或者光盘培训包，而且已经翻译成适合你的系统的材料，那么就让你的新团队购买并应用这些材料。但是如果你只有一个一页的梗概，你一样可以进行有效的训练。我们发现电话会议也是建造国际市场可以利用的好工具。如果你所在国家的通信事业远远不及美国的话，那么这也不是件方便易用的工具。但是没有人说过这种方法简单。如果那个国家有个领导者愿意每周举行一次电话会议，那么抓住机会吧，这非常难得。如果语言成问题的话，那么第一次交谈中最好找一个会讲英语的潜在顾客，或者找一个翻译。

但是，不管你做什么，都要控制住自己的团队。保证正确的出发点，系统简单而且容易被复制。让他们知道你的系统很重要。在上线领导者去他们国家的时候提前通知他们，并为他们翻译所有的材料。但是最后的价值却是因人而异的。

我们想告诉你的信息很简单：如果你卸下嵌入式手枪，控制住自己的团队的话，你就能排除很多行业内出现的问题。当你仅仅回避这种武器并选择自我满足的思想时，你可能会失去你的分销商。保护自己和下属，尽量避免犯错误。对自己的组织负责，教导他们简单的系统，告诉他们这种系统很容易被复制。寻求上线的支持但是不要期望别人招募并培训你的人员。

摘 要

- 一个直销人员签了一个远距离的新分销商，然后把其“插入”到当地的培训会议中，这就叫做内嵌式手枪走火。
- 选择远距离的领导或团队，把自己的新同伴委托给他们，就像你把你的孩子交给护理中心抚养一样。
- 最好的办法就是你亲自抚养自己的孩子，同样，最好是你亲自培训自己的新同行。
- 把你的新手插入到别的培训会议中，特别是他们刚刚入行的时候，可能会让他们感到迷惑，甚至对其职业生涯造成巨大的伤害。

- 对你的远距离分销商进行培训，可以通过：
  1. 传真给他们一个一页的系统梗概。
  2. 回答他们通过电话询问的所有问题。
  3. 让他们严格按照系统执行。
- 新手经过上述培训后，接着：
  1. 要求他们购买手册，以便加深对一页梗概的理解。
  2. 通过电话审核这个手册。
  3. 向他们推荐一两个有效的激励工具。
  4. 每周教导他们一次。
  5. 通过电话研究个人策略培训会议。
  6. 建议他们一旦成熟就订购完整的培训手册。
  7. 拉近你们之间的距离，有求必应。
- 教导下属时，你应该告诉他们怎么做才是正确的，而不是警告他们。
- 只有当你的新同行真正进入轨道之后，才能允许他们参加城市范围内的会议。
- 首先，你应该把你的家人和朋友介绍到直销行业中来，他们可以看到私人场合进行的产品宣讲。
- 远距离招募时，通过以下方式与你的潜在顾客保持联系：
  1. 通过电话、传真或者电子邮件做简短的产品宣讲。
  2. 给你的潜在顾客发送多媒体信息并在电话会议上演示。
  3. 取得上线的支持。
- 如果能够与你的远距离的潜在顾客保持密切的联系，你可以核实一下当地正在召开的会议，并鼓励你的潜在顾客参加其中最好的商业会议。
- 直销的首要目的就是通过口头使用或者分销优质的产品，同时付给你的分销商丰厚的薪水，保证他们过上高品质的生活。
- 你可以通过以下几个方式维持行业的诚信：与那些坚决制止违规行为的公司合作；邀请有诚信的个人加入你的组织；培训你的分

销商，让他们尊敬这种行业的诚信。

- ❑ 一些肆无忌惮的人试图破坏这种行业的结构完整，他们通过不道德地拉拢别人独自参加会议的潜在顾客，并且暗示他们如果没有当地的支持是不可能成功的……当然，这是不可能的。
- ❑ 获得当地支持的神话指的是分销商被限制在他们自己的城市内，没有全球扩张的潜力了，这与直销的本性背道而驰。
- ❑ 国外市场的成功靠的是：

  1. 上线和分销商之间的相互忠诚和交流。
  2. 翻译得当的培训材料，简单、已经证实的系统。
  3. 独立。
- ❑ 成功不仅仅是发现人才，然后把他插入到任何一个当地的培训会议中去。
- ❑ 国外市场上的新招募员很容易被引诱从而离开他们原来的上线，而与当地的部门签约，他们错误地认为：培训中心、约定红利和文化纽带是成功的关键所在。
- ❑ 在错误的萌芽状态就扼杀它们，这对公司领导人至关重要。
- ❑ 一般来讲，我们不鼓励客户进入一个国外市场，除非这个国家是你的出生地，或者你最好的朋友在那里，或者你的下线完全符合条件。
- ❑ 随着科技的发展，建立一个国外市场组织比以往更有可能。
- ❑ 如果你全面负责自己的组织并且教导你的招募人员简单的系统，而这些系统很容易被复制，那么嵌入式手枪就不会走火从而伤害到你。

9

执行中的偏差

认识加入直销行业的企业主管的优缺点

我们在南韩的直销大学课堂上被问到了一个棘手的问题。一位绅士很真诚地问：“美国的很多大的管理企业，裁减数千人后，被裁减的人原来做的那些工作都由谁来做呢？如果美国企业简单地通过裁员而获得利润的话，那么这些很有生产效率而现在被裁掉的人怎么办？”

在我们没能回答之前，另一个南韩的绅士说：“美国的公司，和我们亚洲的一样，经理主管人员每天参加会议计划下一个会议，写下一个记事簿就开始了下一个。”当然，大家都笑了。从表面上看，直销专家的集体和公司相抵触。但是这是事实。在这个集体里有很多过去做经理主管的现在改行做直销了，对传统行业中人们的生产效率并不高这种现象更有发言权。“记事簿和会议对生产不利”，这就应了亚内尔的第 39 条。

我们有的朋友费尽力气拿到了 MBA 文凭，进了“全球 500 强”的公司，辛辛苦苦干了 20 年还没有升入管理层。一旦升迁，他们就开始参加会议和书写记事簿。我们看到很多公司的管理人员负担着深重的责任，经常加班。但是有些人不这样做。这就是为什么公司裁掉数千人却仍然赢利的原因。理论上讲，我们进了一家公司，停止 20%的管理活动，那么底线就会受到影响。但是大多数情况下，利润会增加——这是华尔街偏爱裁员的原因。投资者喜欢那些裁员的公司，因为他们的股票价值会随之上升。

很多有才能的经理主管被裁掉。20 世纪 80 年代，很多人被直销行业经济上的独立性和生活方式的自由化所吸引。通常情况下，在美国企业中的人们都生活得很愉快，他们从最好的 MBA 学院毕业，把人生中最好的 20 年奉献给公司，但是最后却发现自己被裁员了。而这些人不仅有能力、经过了很好的培训，而且在执行公司的方针政策时游刃有余。

我们认识到公司经理、产业所有者和其他行业的人们加入我们的行业都有一份共同的财产——尊重。大多数人都有很高的学历，丰富的管理经验，正因为这些，分销商们很乐意听他们演讲。传统行业中的人们在照搬前辈的经验时也带来很多的麻烦——他们的经验在我们这个行业根本不适用。本章我们将谈到有管理经验的经理人带给我们的好处，同时对随之带来的挑战提供解决方案。这些挑战不可避免地影响到每一个分销商的有效性。而且这种挑战不但影响到整个下线，有时也会影响到上线。

企业主管加入直销行业带来的优势

从 20 世纪 70 年代末到 80 年代，成千上万的公司经理转行到直销行业。20 世纪 80 年代最为疯狂。再没有人提起“小女人的兼职工作，家庭会议”之类的事情了，直销成了 90 年代受人尊敬的行业。同时这种特权带来了过多的合法收入以及政府干预。更多的人加入直销：大学毕业生、大学教授、成功的公司经理人和 CEO、外科医生、牙医、健康护理专家和律师等。这个行业的信誉在专业的工作成长中慢慢建立起来了。

随着更多的专业人士加入我们的行业，很多商业杂志对此行业有了正面的评价。《华尔街期刊》、《商界》、《成功》、《在家工作》、《墨西哥论坛》都报道了这个行业。本行业的信誉也随之遍布了世界的各个角落。80 年代，关于哈佛大学要不要开展这门课引起了各方的讨论。也许最后哈佛教授不会开这门课，但是 1997 年 4 月，哈佛的金博士在哈佛法学院的学生生活咨询部、哈佛法律和商业关系部和哈佛商学院市场部发表了关于直销的演讲。

企业主管加入直销行业带来的挑战

为了节约费用，很多公司裁员，这些人转行到了直销，试图开始他们的新生活。坦率地讲，这些优秀的人们根本不了解我们的行业，甚至他们根本不知道自己的无知。当他们发现一些蓝领和没有任何文凭的人都能拿到3万~5万美金的月薪时，他们动摇了。他们认为既然那些没有任何文凭和经历的人都能拿到这么多的月薪，他们肯定会得到更多。这部分人加入这个行业面临着两个挑战：首先，突然失去了权利、公司的汽车和薪水；其次，这种错误的观念使他们把以往的经验带到直销中来。因为有太多公司经理人加入到我们的行业，因此我们需要过滤。他们带入直销中的错误经验导致了生产率的降低和传统行业中公司经理的不合理的高收入。

另一方面，也有两个明显的挑战摆在转行的企业主管面前。第一，他们大多有着光辉的历史，这点很可能会把我们的分销商吓住。第二，这些转行的公司经理会使用他们以往的工作方法，而这些方法不适用于本行业。一旦被吓住，上线可能就不再命令并教导这些企业主管们了。所以这些经理人会很快控制局面然后开始管理别人了。不要认为这些有管理经验的人在这行就一定比你了解得多。亚伦·林奇在他的一本书《想当然的信任》中有所阐述。如果你在这行待久了，又接受过正规的培训，你会运用你的权力培训他们，然后引导你的上线按照你的教导做事。如果从一开始你就能控制局面，那么你就能赢得尊敬。

罗勃特参考了公司不同人的意见后发现：没有人能够严格按照他们的导师教导的去做。他们早期干的是工程师或者是程序师。几乎没有公司的执行总裁加入直销这一行中来，因为他们已经到达了成功的项峰。大部分加入这个行业的人都是为了恢复他们原来的生活水准。罗勃特不是这样，他描述了自己的情况："刚刚加入直销这个行业中的时候，我的事业非常不如意。我的不动产生意破产了，而且也没有恢复的迹象。我看到一个令人兴奋而且有利润的不动产事业在腐烂。市场像是瞬间消失了一样。"

"在我入行的前一年，一个原来的不动产开发商找到我，给了我一个清水过滤器让我试试，问我是不是考虑干这个生意，他挣到了不少钱。我问他：'我可以吗？'他回答说：'你也一样可以挣到大钱的。'尽管我对这件事印象很深，但并没有立即加入。"

"一年以后，我应邀参加一个商务演讲。听起来像是不动产的生意。但是我加入之后发现很少听到不动产的事情。我应邀参加了直销讲演，我有大量的经费而且我对它很感兴趣，特别是销售皮肤护理产品和洗发水。我以前是搞工程的，而现在我明白我的下一个工作是什么了。我的不动产生意让我损失了数百万美金，现在我要告诉我的朋友我正在从事直销行业，并邀请他们加入吗？现在，我挣到了数百万的钱，过着自己想要的生活，我想不出他们不加入这个行业的任何原因。我曾在 IBM 工作，从中学到了很多，特别是在不动产生意中挣扎过之后，成功的降临是意料之中的事。"

企业主管的心态

罗勃特表达了对公司经理和生意人的心态的看法。他说："我开始联系我的好朋友，发现大多数都想提高自己的生活质量，并且挣大钱。但是我没有料到：很多人根本不付诸行动。他们接受自己的命运——炒鱿鱼、裁员等，他们没有任何梦想和追求。他们不满意目前的处境，但是害怕做了什么反而让目前的状况变得更糟糕，他们没有主动掌握自己的生活。"

"很多公司的经理不能把自己定位成功者，因为他们过去失败的经历带给他们更多的阴影。直销能改善这一切吗？答案是：当然可以。他们的未来不是定数。为什么不抛开那些淤塞、混乱的重组，奔向能带来'持续、扩张的发展'的未来呢？挑战是要我们必须明白，我们的工作不是找一些人然后改变他们。我们的任务是要找到那些已经认识到自己需要改变目前的状况，然后使他们得到满足其研究所需的各种信息。只有能够看到自己的前景并努力使自己向成功迈进的人，才能建立动态的成功商业活动。这是今天最有回报机会的行业。明年将会有数千人的命运在直销中被改变。"

"这个行业是适时的，能够在合适的时间向合适的人展示成功的机会。如果你们能够向公司经理提供他们关注的信息的话，你就有机会更好地进入下一步的调查。一旦他们了解了产品的优点，看到了产品的市场潜力，意识到将要带来的丰厚回报，他们就会毫不犹豫地卷入直销的大潮中来。”

“我发现公司经理和商业人士有两个重要特点：他们需要证明这一行业是合法的信息；如果让他们本人来负责这个生意的话，效果会更好，因为他们明白你能够向他们展示如何复制你的成功了。如果你是一名新手，你可以请你的上线帮助你拉拢这些公司经理们。马克·亚内尔不得不越六级上线找到有经验的理查德·波。在马克和理查德之间就没有经验丰富的领导了？程序是相似的。潜在顾客需要证据和指导。你提供得越早，他们开展自己工作就越早，就越快地进入下一个环节。如果他们仍没有开始，说明时机不对，或者是这个行业不适合他们。”前两步都是积极的，但是很多没有经验的直销从业者都会觉得第二部分没有正面影响。如果你也使用我们推荐的档案卡片系统，你最终也会发展几个人。如果这个行业不适合他们，要求指导。

正像罗勃特所说的：“当公司经理们说‘不’的时候，很多人完全不明白。并不是因为他们不想挣更多的钱、拥有更多的空余时间，而是因为时机不当。6 个月能够改变这一切。大多数人不理解这一点，认为这是一种拒绝。刚进入直销行业的人不会认为事业的低落仅仅是因为时机不当。不要把个人的因素看得过重。我不止一次地认为现在是我加入直销最好的时机，直销确实使我的生活变得更好了。”

罗勃特即将出版的一本书——《从 IBM 到直销》，详细地描述了控制自己的人生、培养远见、更具活力、付诸行动的必要的步骤。他和他的妻子泰瑞住在得克萨斯州的达拉斯，他们一起工作。由于所有的成功，他们现在有时间追求他们真正的激情——去遥远的岛屿冒险、在一个小港口驻扎几日。去年夏天，他们乘游艇的时候和别人分享了体育运动的快乐。他们的下一站是希腊。

公司的经理可以成为组织内最伟大的分销商，但是他们也可能会自吹自擂，破坏你的整个下线。我们曾看到过这两种情况同时发生。阻止后者发生的方法就是从一开始就发挥你的力量，让他们知道直销与传统行业的不同之处。我们很荣幸，可以从泰瑞和汤姆那里学到不少经验。他们是我们发展的少数能力卓越的销售专家：泰瑞是销售行业中的佼佼者，而她的丈夫汤姆是股票经纪人。关于执行中的偏斜这块内容，他们给我们上了无价的一课。他们教会了我们经理人思想定位的重要性和结构的必要性。泰瑞告诉我们很多营销策略，特别是他们在我们行业行不通的原因。我们开始审视自己的策略，以查明它们为什么无效。

网络工作的策略：传统行业的对立面

网络策略和传统行业、传统的商业体系往往是对立的。公司经理常常错误地认为帮助他们在传统行业成功的策略在直销同样有用。很遗憾，大部分都没用。但是由于他们的自我主义和先前的领导习惯，他们本能地重蹈覆辙。当这些经理人进入新系统，并在传统的基础上创造新的销售工具时，他们不知不觉地脱离了别的分销商。正因为他们的可信度，他们动摇了自己的下线，甚至上线。当然，很多新手分销商想当然地认为这些曾经成功过的经理知道自己在干什么，运用他们的传统业策略也能在直销取得成功。我们想再一次强调：控制，决定能力，领导自己。

放弃会议和记事簿

让一家公司经理放弃会议和记事簿可不容易。他们习惯了管理。所以，首先告诉你的新分销商，这里是直销行业，成功不会光临那个经常在会议和记事簿中度过时光的人。我们曾经遇到过这样的人。在第一个星期，我们收到了冗长的记事簿——通过传真和邮件发到我家——详细地写着他准备去做的工作。一天，我们打电话给他，告诉他做这些事纯粹是浪费他的时间。他听后很受打击。对他来说，记事簿就是生命。两个星期后他辞职了。他不能理解记事簿在我们的行业等于零，而行动才是唯一有用的。新手，特别是从美国公司转行进来的，一定要注意只有产品使用、勘测市场和招募是有助于成功的，记事簿和会议都是在浪费时间。

把高科技系统换成个人陈述

公司经理们最经常犯的错误就是过多地使用了高科技系统。目前的高科技交流手段越来越发达，但它们也是人与人之间关系的障碍，不利于我们行业的发展。很多公司经理人在参加简单的家庭内的行业会议时，也照着传统行业的方法去做。他们使用幻灯片、投影仪和电脑播放的短片。他们试图让演讲更加正式，反复地书写手册，模仿他们以往的方式。有些人甚至还有自己的办公室（见第 7 章）。

对一家公司经理来讲，我们行业最难掌握的就是直销设计出来的东西要让任何人都能明白。如果你试图把它变成一个独立的国家俱乐部和公司，你就否定了直销最关键的。要确定你所做的每一步都能被哪怕是最没有技术的人轻易地复制。如果做法得当的话，当我们的潜在顾客回家时，他们会这么想："我能做到！我有一个客厅、录像机，还有一群需要钱和陪伴家人的朋友。我坚信我能做这份工作。"

这是一个讲故事的行业，你要和你的上线和下线一起分享。传统行业强调的是你的能力和过去的辉煌。为打破这种抵制，直销人员教导你学会分享自己的失意——你被打入冷宫时的情形——与分享你的辉煌一样。打开你的门让更多的人进来。更重要的是你要讲讲自己的故事，让更多的人认为你是一个"真正的"人。而对于传统的公司经理来讲，与别人分享自己的弱点似乎有些困难。他们很少这么做。但是这是一个从感情和个人层面上增加人格吸引力的途径。像幻灯片放映、邮件招募、高科技网站、宾馆会议和一系列其他传统策略，在简单的、容易复制的、传统的家庭会议领域是很难行得通的。

带头干而不是分派任务

一旦加入了直销这个行业，传统的公司经理人将不得不改掉以往分派任务的习惯，开始带头干。这些经理人被迫进入直销的轨道中，但是对于很多人来说，让他们改掉分派任务这种习惯并不容易。很多经理、行政人员和上司都是告诉别人该做些什么然后监视他们的工作。但是在直销中同样的行为可能会导致整个组织的死亡。

知道为什么吗？因为这是个容易复制的行业。不管你做什么，别人都可以复制。如果每个人都在管理他们的团队，而没有人去勘测、招募、利用商业机会，那么这个组织就会停滞不前。健康的组织是把行动放在第一位。领导者也应该做同样的事情——调查、约会客户、在第一线招募、和一些客户分享产品和服务。领导者不应该只监管任何人，而是应该带头做。如果整个组织都这样做，你的生意将会充满活力、欣欣向荣。

不要限制你的潜在顾客，抬高进入门槛

新的分销商可能会招募那些有着辉煌履历的人。专业的销售人员的黄金规则之一和能够把他们带入直销的关键，就是限制潜在顾客的重要性所在。比如，一个销售价值300万美元激光打印机的营销人员在准备方法之前，需要确定某家公司是否需要并且支付得起这种打印机，也就是说限制勘测结果。但是在直销中使用这个原理是无效的。下面讲一下原因。

在我们这个行业里，那些成功建立大组织的人往往没有任何背景、没有销售经验、没有大学文凭和一切在别人看来成功所必备的条件。对你试图招募的这种人的最好的描述就是他们是没有财政可以依赖的人；他们有动力驱动着；他们是可教导的，并且愿意始终如一地复制你的体系；他们工作热情；他们很乐意与别人一起工作，并乐意看到别人成功。但是那些经理人出现了，他们试图限制他们的潜在顾客，仅仅因为不合自己的标准而把那些最终带给他们财富的人拒之门外。我们给这类公司经理人最好的建议是："每天早上醒来，提醒自己已经辞去了总经理一职。"不要玩弄上帝。任何人都可以这么做。他们是否努力是他们自己的事情，和你无关。

记住很重要的一点：一个有远见的直销工作者会接纳包括批发商、零售商、兼职组织建设者和那些放弃一切，想通过这个行业一步登天的任何人。不要让任何人感觉他们在你的组织内是多余的。只要人们按部就班地达到他们为自己设置的目标时，他们就会对这个组织产生归属感。一个优秀的组织能够在各种各样的人之间权衡。可能组织中大部分是批发商，他们可能每月都批发商品。一个优秀的组织者同时也应该理解零售商赚钱的愿望。此外，那些兼职工作者的目的是增加收入。最后，组织内还有一小部分狂热的工作者，他们为这个行业疯狂，不断地刷新直销的纪录。在你的组织中为每一个工作者留出一个位置。其实，人员结构越多变越好。限制你的潜在顾客毫无意义。

组织建设与产品零售

随着公司经理蜂拥而至网络分销行业，建立一个组织要做三件事：使用产

品或服务，和别人分享，找出下一批人。这需要很多人，分工合作来完成整个工作。但是今天，像过去一样很多人有一个困惑：是该把重点放在产品销售上，还是组织建设上呢？这个答案决定于在工作之外你还想要什么。

家庭聚会、零售商品可以立即拿到钱。建设一个分销商的组织则是一个长期的过程。大多数药理医生和职场中人比较倾向于从组织建设中获得长期固定的薪水，而不是迅速的产品流动。甚至那些进入我们行业、对什么都不了解但能够销售产品的人，如史蒂夫和珍妮特，常常忽略建设一个组织的长期价值。他们并不是少数。

1979 年 11 月，简第一次学习多层次营销时说："我有一个 4 岁的女儿——萨拉，和一个 2 岁的儿子——克莱顿。我今天被邀请参加这次产品描述会。我很想参加，但是这家公司经理告诉我，她要离开公司了，我可以打给她的上线。我打电话给那个人，给她留了一条又一条的留言。最后她给我回电话，让我别再骚扰她。她说我们的公司才刚刚开始，在明年 3 月份之前他们将不再让人们成为销售代表。"

"那个月的第一天，我给得克萨斯州的销售代表打电话，她让我在她去的那所教堂里见她，我知道她不想让我扰乱她。我加入的时候怀着我的小女儿。我们没有钱，我经常生病，所以不得不向我的丈夫要钱花。我真的没有想到有一天在经济上会独立。我只是想挣点小钱。我刚刚 30 岁，不愿意下半辈子像乞丐一样地生活。我的丈夫没有追求金钱的欲望，我很喜欢我的 3 个孩子，我不能离开他们去赚钱。我给我的妈妈打电话，希望她能资助我，但是很遗憾，她觉得这样的聚会根本不适合我，她说我应该待在家里，让我丈夫来养活我们。我不喜欢她的态度，于是我打电话给我的外祖母，她说：'宝贝，我很乐意给你投资。我相信你肯定前途光明。'"

"那天我似乎找到了最适合我的工作。这个工作看起来太完美了——它能让我和我的孩子在一起，在家里卖东西。当时我还不知道这就叫做直销。我加入的那天，我的上线退出了，而我的下一个上线住在加利福尼亚。我是美国南部唯一的销售代表。没有培训，没有会议，没有支持。我决定做一个优秀的销售人员。在我的第一次家庭聚会上，有 20 人参加，我把产品定价为 75 美元。天哪！真的会有人买！我激动得浑身颤抖，我签下了一个客户，我的生意就这样开始了。我继续在我的家庭会议上展示我的产品，一些人来买我的产品，还有人问我怎么销售，想要加入我的行列。”

“我一下没了主意，于是我告诉他们不能加入，因为我是这里唯一的销售代表。你相信吗？我当时还不知道什么叫做招募，但是我签下了很多订单，自己应付不过来了。大概是入行的 6 个月，我决定看一下放在我废物箱底部的公司手册。上面说我的公司属于直销，我应该招募别人一起销售产品。哦，天哪！我不知道而且我从未保留那些想要加入我们行业的人的名单！今天我仍在寻找他们！”想象她在车库前徘徊，喊出“天哪”的那一幕吧！

“在接下来的 6 个星期内，我开始招募，发现有 13 人愿意加入。当时，我的加利福尼亚同行打电话给我！事实上，所有人都在找我！1980 年，这 13 位分销商使我成了公司历史上第一个招募者！一个被招募的人告诉我她只是来参加聚会的，并没有想到自己会干这行。明年秋季我将几乎隔一天就搞一次家庭会议，这就是我生活的一部分。我记得在最初上线来找我的时候，我怀里还抱着我的小女儿，她说她要退出了（她刚刚加入的那天），因为她打电话给她所有的朋友，发现他们都在我这里定过产品了。我做出了我的职业生涯中最艰难也是最重要的决定。我告诉她她也可以举行像我这样的家庭聚会。”

“通过举办家庭聚会，她创造了我们公司最高的销售额。起初我有些酸酸的，不过我有更多的时间和我的孩子在一起，毕竟，他们中的两个还不满 4 岁。后来她招募了 6 个我曾经支持的人。随着组织的扩大，我在活动房的一角设立了一个小的办公室，这样我可以边工作边照顾我的孩子。我每天花几个小时与潜在顾客电话联系。甚至在照看我的孩子的时候，每天仍然至少要接听 20 个电话。公司内的其他人都有固定的任务，而我没有。我想挣到更多的钱。我发现如果我帮助他们赚到钱，最后我也能获利。”

“我可以每隔一天就带我的 3 个孩子去动物园或者公园玩。他们在我寻找潜在顾客的时候玩得很开心！我越来越有动力，只要能挣钱，我什么都做，我需要成功，因为我想把我的萨拉和克莱顿送到私立学校去读书。我‘远离’招募会议并关注寻找那些愿意招募或者举办聚会的人的那天，就是我的事业腾飞的开始。我关注于寻找共同合作的人到年末的时候，我的组织里已经有 24 个人了，我已经挣到了 5 000 美元。但是到第二年的一月，几乎所有的人都退出了。我又重新开始。我不能相信我能坚持下来！我的孩子和我的事业是我的全部。他们都很好，除了我的婚姻。你们可能都想不到这一点。”

"我离婚了，独自抚养我的孩子，我亲爱的外祖母去世了，我的上线去世了，我流产了，我几经周折成为一个正在发展中的直销的总裁。我每天都在感谢上帝，希望有新的分销商加入我们。我的父母搬离了得克萨斯，现在我们住得很近。我的妈妈居然成了我的销售代表！我的孩子都长成了出色的年轻人。有两个已经大学毕业了。我待在家里，现在我的家人和我的下线们都在收获着成功的果实。"

今天，18 年以后的今天，简欢乐地结婚了，和她的第二任丈夫生活在美国科罗拉多州的高级别墅里。通过直销，她成为拥有 7 000 人全国销售网的百万富翁，年销售量达 1 000 万美元。她是直销行业 3 本最畅销的书的作者。"在家工作"于 1997 年 9 月在《成功书刊》上登载。她的格言就是"领导我，追随我，离开我"，直到今天这仍是她的座右铭。

很多分销商进入这个行业是因为他们爱上了产品，想挣钱让所有的人看看。组织建设者，特别是了解行业的人，都喜欢把零售业当成他们的一部分。简把家庭聚会"转让"给她的同伴时就是她的事业刚刚起飞的一天。为什么？因为应了多层次营销的法则：我们通过提升别人来提升自己。对我们来讲有意思的是，当一位无私的外祖母拒绝接受外孙女的平庸，而且愿意为她的将来投资时，所有就开始了。

建造全职直销组织

将世界上的传统行业丢在一边，对于网络工作者第一个挑战就是失去自豪感。对于传统公司职员来说，降低自我意识是最大的挑战。尽管在原来的生活里他们可能会被降职、扣工资、甚至被开除，但他们觉得自己是个大人物。毕竟有一个头衔，一间小小的办公室。现在他们处于阶层的最低处，不得不通过生产力来证明自己，这简直太可怕了。在赞助和培训公司经理这样的人时首先要注意，他们可能是最脆弱的人。他们仍然会在谈话中夸大其词，不要被这些愚弄了。现在他们需要你。向他们展示你的优势，一步一步地引导他们，指出直销行业和他们之前所从事行业的不同之处。用你的每一句话激励他们。

作为华尔街投资公司的产品经理，杰伊在加利福尼亚拥有 56 个分公司。

作为公司西海岸唯一的经理，虽然他有绝对的独立性的自由，至今他仍能回忆起过渡到全职直销时所做的调整。

1989 年 1 月，杰伊与他的公司签约。杰伊说："当时情况很糟糕，我从我的朋友那里带走了不少资源，他们认为我疯了。刚开始的时候，我的父亲不停地暗示我，希望我找一个真正的工作。"某个糟糕的日子，他甚至被质疑自己在干什么。尽管在美国的公司他并不如意，但他至少还有个一份最起码看起来还不错的工作。

"然后，"杰伊说，"我给自己放了个假，也放弃了 6 位数的收入。我厌倦了传统的美国公司。我做得越多，他们期望更多。现在我有自己的事业，很开心。我只用对自己负责，再也不用管其他人了。基本上，我只用寻找和我有共同观点的潜在顾客，这是一个全球性的机遇。"

"我开始走向成功。我无路可退，每天工作 10 ~ 12 个小时，一个礼拜通常工作六七天。我和一个上线马可 · 巴雷特在一起工作，我在一个有电话设备的房间里，他在另外的房间里做演讲。"

"对于从传统公司内出来的人来讲，最大的问题就是缺乏结构。我已经习惯了独立，但是很多新手做不到这一点。因为我先前的工作是培训者，他让我发挥我的优势，第一个星期，甚至在我不太明白我在说什么的情况下，做了一次演讲。这对我来讲是一次洗礼。在那些令人绝望的日子里，我越忙越开心。"

一年后，杰伊的收入增加了；在 6 个月之后，他的收入比原来增加了 5 倍。今天，杰伊和她的妻子贝蒂、两个孩子杰森、艾什利住在科罗拉多州的大圆石城外。他们游遍了整个亚洲，和世界上的其他地方，以支持他们的下线。他的孩子长大后肯定会误认为所有的大人都是在家工作的。我们相信，当他们知道别人的父亲每天都要去上班，还有写不完的记事簿时，他们肯定会有同样的反应："噢，天啊！"

建造兼职直销组织

在有全职工作的情况下，建造一个兼职的直销组织通常面临着更多的挑战。兼职者通常得应付老板的不满、家人的怀疑。它们中的任何一个都具有破坏成功的可能性。

珊迪·艾斯伯格讲了她的丈夫最初进入直销时她的疑惑。“一天晚上，我的丈夫比尔，告诉我们要去宾馆。那天我好好地打扮了自己，穿上了最喜欢的衣服、戴上了最漂亮的首饰。但等到了宾馆我大吃一惊，足足有300人在那里。前面一位穿着格子花呢披肩和深色夹克的男子告诉，每个月兼职就能挣28 000美元。”

“出于本能，我惊呆了，简直都无法思考了。作为一个在城市中长大，在一个小学做了10年老师的人，我甚至无法想象这个人告诉我的这个数字。我斜靠着比尔说：‘看看，卖了一座布鲁克林桥。这仅仅是一个聚会，你想让我把时间浪费在这儿吗？’”

“但是比尔说：‘亲爱的，我想试试。如果你不支持我的话，至少不要反对，好吗？也就需要仅仅6个月的时间。’在长达6个月的时间里，我很少看到我的丈夫。我的父亲经常给我们打电话，问问我们在忙些什么，而比尔经常不在。我们收到的第一个支票只有100美元多一点。父亲告诉我，让我看紧他，他可能有外遇了。但是我坚持了我的承诺，接下来的一个月也不好（仅仅300美元）。”

“又一个月，支票变成了500美元，但是他仍然把时间花费到生意上，每天晚上和周末都出去。我责怪他时，他提醒我那6个月的承诺。再下个月是1 000美元，接下来是2 000美元。在6个月结束的时候，上升到了38 000美元，他仍然只做兼职，诊所仍是他的全职工作。”

“我教了这么多年的书，一个月的薪水没有超过1 000美元。这时，我有了个主意：‘亲爱的，’我说，‘我可以写一些培训的程序，这样你就不用一遍又一遍地重复了，别人进入状态也会快一点。我们做一个手册，就像是我给我的学生做的那样。所有内容都很简单，而且容易被复制。’”

“你猜怎么着？仅仅90天的时间我们的收入翻了一番！当我们一个月收入7 000美元时，我突然明白了为什么一个月挣28 000美元也是可能的。我们要实现它！我不得不压抑住怀疑给他成功的机会。我常常为比尔兑现了自己6个月的诺言而欣喜。就像许诺的那样，直销‘给了我金钱’。”

很多情况下，全职工作的人可以进展得慢一些，这样牺牲就少一点。汤尼就是这么做的，最后他获得了成功。

“不动产提供给我很好的生活，但是没有时间自由，一天到晚唯别人是问，我每天工作 12～14 小时，一个星期工作六七天，我完全无法支配自己的时间。工作推着我走。为了给我的营销事业腾出时间，我不得不做出一个选择。我每天早起一个小时，让我的不动产文书工作进入轨道。我也做些喜欢的运动——特别是壁球和高尔夫。”

“早起床一个小时是最简单的方法。这样的话我一个月就能挤出 20 小时，2 个月挤出一个完整的工作周。关键在于怎么利用时间。几个月内，我把我的时间划分为 3 个板块。每天早上我本地时间 5 点的时候就醒了，然后我能给简·茹荷打电话，当地时间刚好是上午 8：00。这个方法非常有效。”

“如何在如此紧张的时间表里安排我的社交活动是件困难的事情。体育运动是保持清醒的唯一方式。幸运的是，我的妻子一直都很支持我。我刚开始做直销的时候，还有一个刚满 21 个月、正学走路的孩子，以及一个仅仅 2 个月的婴儿。凯特把家里照顾得很好，这样我就能把我的时间腾出来。她所做的一切让人吃惊。我确实感觉到，努力地工作改变了生活，现在这已被证明是正确的！仅仅是一天一个小时竟然永远地改变了我们的生活！”

通过运用这种稳定的、系统的方法，汤尼最后成为了一家大型直销公司的加拿大高层分销商。

女性建造直销组织

在直销行业中有成百上千像简·茹荷这样的女性。她们在履行其他职责——妻子、母亲、女经理的同时，也在努力建造一个组织。卡门·安德逊在二十几岁的时候，就是一家公司的总裁了，她负责连锁餐馆以及其不动产的销售。她每天工作 16 小时，每周 7 天都耗费在雇员、上司、餐饮费用、文书和永远开不完的会议上！

卡门·安德逊说：“完成我的项目之后，很荣幸我结识了一个企业界的朋友，他了解我的经历。她告诉我有一个更好的办法：找一个合适的位置，努力工作几年，然后你就可以决定还要不要工作了。无论什么工作我都努力想做好。所以，我参加了会议。哦，我的第一印象是这些人很开心。而且他们赚了很多钱。我决定抓住这个机会，试试这些产品。很快，我把产品介绍给了我所有的朋友。我享受着帮助朋友所带来的乐趣，而不是去兜售产品。接下来，我去了香港，和那里的人分享了我的产品，我的公司开始向外扩展，接着是澳大利亚和新西兰。”

“在香港我遇到了我现在的丈夫，他把我带回美国。我们现在有两个孩子：一个儿子和一个女儿，他们仅仅相差一岁。我有一个以我的家——亚拉巴马州为基点的全球性的事业，我可以整天和孩子们玩耍，和我的丈夫过着高品质的生活。我快乐而且充实——生活简直是太美好了。”卡门和她的丈夫约尔舒以及她的孩子们现在居住在谢菲尔德，在纽约有自己的豪华公寓，而且拥有一艘豪华游轮。

珊迪·艾斯伯格独立建立了一个组织，她的经历是这个行业众多女性的缩影。“我们的第一个直销公司小有成就，然而我们的运气出现了急剧转折。比尔得了一种慢性病，他不能再工作了。然后我们发现，我们投注了大量精力希望和梦想的直销公司让我们太失望了。我们的第一次直销事业开始了7年之后，我们陷入了严重的危机。”

“我42岁零9个月的时候，冒险怀上了我现在4岁的那个孩子。那时我的脚踝肿得像大腿一样粗。比尔还在生病，我们没有一点健康安全保障。我们比破产还要糟糕——破产还要容易些。我们的信誉一塌糊涂，背上了250 000美元的债务，我们甚至买不起超市里的尿布。害怕吗？如果说那时我仍然能看到一点曙光，那也是黑暗的隧道尽头的一丝微弱的光芒。就像玛丽·比克夫德说的那样：‘失败不是坠入谷底，而是待在谷底。’”

“就在这时，我的一个朋友介绍我到另一家直销公司，我开着没有暖气、没有空调、没有收音机的大众货车，在405州际公路上开来开去，举办家庭聚会。天冷的时候，开车时我穿上我的羊毛棉靴给我的双脚保暖。热的时候，我在后背厢里放一些冰块来降温。”

“我没有钱做广告，也买不起传真机。我甚至付不起5美元的油费。但是凭经验我知道公司正在运转。我好像成了淘金人，拿着自己的铁铲和镢头，拼命地挖直到见到金矿。第一个月，我挣到了70 000美元（正好是宝宝降生的第二天），另外，我还从零售中获得了4 000美元的利润。”

“通过这件事，我知道了一个沮丧的母亲、一个失业的中年公司经理、一个一天三顿喝燕麦粥的穷困潦倒的人内心是什么感受。我了解那种说不出的绝望。但是我知道，凭着我的敏锐坚强的眼睛和意志，我获得了成功。这不是什么神话。其中的滋味只有我们自己知道。”

我们认识珊迪多年，这是她第一次对我们说如此感性的事情。她并不是唯一一个凭着自己理智和超脱的驾驭力自己逃出苦海取得成功的女强人。珊迪和杰瑞·罗宾现在住在加利福尼亚州。珊迪现在是这行主要的倡导者，她正在全国的直销公司内挑选人才。

作为珊迪的上线，杰瑞这么评价她：“珊迪是直销的老手，但是她把每天都当成是余生的第一天来对待。她热情而有智慧，让人感觉她是发自内心地做一件事。她拥有导师的教导、生活经历，而且她比我知道的任何人都要努力。她是这个行业最好的老师，因为她永远记得自己是怎样获得现在的位置的。”如果你知道自己怎么到达现在的地位，那么你应该也能知道如何教导别人。

你一定记得杰瑞在20世纪60年代的7次芝加哥反资本主义宣言。到了90年代，他完全改变了自己的思想。他和马克合著了一本书——《资本主义宣言》，此时杰瑞意外死亡。大多数认识杰瑞的人都知道他是个激进分子，他敢在电视采访时还叼着烟袋。但是我们仍然记得死前的几个月坐在起居室里的杰瑞。他在安静的环境中走来走去，与先前的自己形成鲜明的对比。真实的杰瑞是位人道的资本主义者。他帮助人们发掘自己的潜力，在资本主义的大潮中发挥自己，而在60年代嘲笑我们的恰恰就是这些。我们永远地失去了他。

单身女性蜂拥加入直销行业是因为这是个自由的行业。不管你是来自哪个行业，就像泰瑞、杰伊、卡门，你会发现它是传统美国公司的最好的替代品；或者你是个家庭主妇，像詹那样生病、贫困潦倒，靠丈夫生活；或者你背后有人支持，像比尔和珊迪，都可以建立自己的组织。所有成功的故事都有两个共同点：（1）入行之初很艰难；（2）停止工作的时候，就像“放一块冰在自己的脸上，又重新开始了”。

丢掉经理的架子

随着越来越多在传统行业或在公司中失意落魄的人响应直销行业的号召，我们应该努力让他们丢掉公司经理的架子，不要把他们的那种态度带到这个行业中来。

在获得金钱的基础上寻求个人发展

可以说很多公司经理人的收入颇丰，但是他们和他们的同事处于一个收入等级的结构上，大多数情况下，仍然担心自己的收入不够高。而且他们通常为传统行业的副作用所累：每周工作 60 小时，压力导致的冠心病，失业，吞并和可怕的新旧代替。而直销是对有这种人最好的改变。

加利福尼亚州的盖瑞·里林做了 27 年的医生。“牙医这个行业确实不错，但是在 1987 年，事情开始变化了。职业安全与卫生条例让我处境艰难。我有快要窒息了的感觉。毕竟牙医这个行业让我很有成就感，并且收入很高。但情况却越来越糟糕，我不得不找一些别的事情来做。但是好像每一个行业都不适合我。我从来没考虑直销，心想还不会沦落到这一步吧。”

“1995 年 8 月，我参加一个牙科研讨会，一个牙医向我提起直销的事情。这根本不适合我，但是我听到他们说他们有一些牙齿产品，我想我也可以来卖啊。最后，我越来越喜欢这个产品，而且取得了公司研究会的同意。11 月的时候，我发现自己不仅在销售这种产品，并且招募了几个同事。排除很多困难之后，我和 13 名同事签了约。但到了 2 月份，他们全部退出了，我又回归到了零。”

“幸运的是，我摆脱了绝望，参加了另一个赞助的领导研讨会，其中的一个领导就是以前自愿教导我的上线。从那时起，作为 52 岁的老代表，我开始寻找新的生活。直销是我的第一次，也是最重要的个人成长与发展。通过一系列的会议和同行的熏陶，我变成了另一个我。我的生活开始由悲观变得乐观了。虽然我仍在兼职牙医的工作，但是我已经感觉不到以前的那种压力和折磨了。现在我感觉自己有让所有人受益的机会。我的生活一片大好，我满怀着热情干自己原来认为不可能的事情。”

赞扬别人，而不是自己

并不是所有的公司经理都这样，但是在他们中间有一种倾向，就是一种自我意识：我们很了不起，为我们工作的人都是不如我们的人，我们的成功源自我们的聪慧。但是在直销中却恰恰相反。帕特和史蒂夫，一对多年的搭档说出了直销中成功的秘诀。你可能会发现这个故事在你建立自己的事业的过程中已经重复了很多遍。它是我们行业的真实写照。我们希望能和您分享。

正如帕特和史蒂夫所说的，“我们的故事讲的不是一夜暴富，而是我们在这个行业存活的时间比别人长的原因。说起来惭愧，我们曾经有三年半的时间没有一点业绩。我们经历了所有低谷。我们一遍又一遍地问自己：‘为什么会没有一点效果呢？我们哪儿做错了吗？为什么别人都比我们做得好？’”

“我们开始走街串巷，但是让我们更沮丧的是每天都能听到很多别人成功的事情。这时，我宁愿听到有人说：‘昨天我开车跑了 3 小时，一无所获！’这样会使我们感觉好一点。（如果非说我们从中学到了什么，那就是把自己放倒是多么的容易，只需拿自己和别人比比就可以了。一样的时间内，别人比我们收获了更多成功。）但是我们继续坚持，因为我们已经发现了成功的真谛。”

“我们坚持了很长时间，我们每天行走八个半小时，来寻找成功的真谛。我们知道那些挣钱高手会到那里。于是我们就提前到那里，寻找他们成功的关键所在。我们找到他，不停地问一些垃圾问题：你是怎样做到的？你做什么来出成绩呢？秘诀是什么？他的回答让我们有些吃惊。”

“他说，‘我没有做什么。我有一群很好的下线，他们实实在在地做事情。你们问问他们吧。’于是我们问了他们，但他们说，‘我没有做什么。我有一群很好的下线，他们实实在在地做事情。你问问他们吧。’我们照做，但他们说，‘我没有做什么。我有一群很好的下线，他们实实在在地做事情。你问问他们吧。’我们从会场上出来才发现没有人做事。只是给了别人什么东西。回到家，我们开始寻找我们的那种人，然后给他们，结果成功了。”

“人越多，力量就越大。我们不停地寻找，找那些知道他们在做什么的人。我们的确让我们的组织有所进展。我们很激动并开始赞扬他们，宣扬他们的成功。然后他们开始寻找别人，别人有了更大的成功。真是不可思议！我们获得了前所未有的成功。过去的三年半里，我们所做的就是找到我们能向其提供机会的人，然后让他们做同样的事情。”

“今天，在全国范围内有上千人愿意把这个礼物送给别人。我们获得了在众人面前昂首挺胸的机会，但是　　我们真的什么也没做！”这家文件公司，史蒂夫是前任导师，而帕特是前任销售代表。7 年后的今天，他们是公司里最能挣钱的人之一——每年有数百万的收入。在早年，他们也没想过退出，他们发展了一套心理学理论："甚至在今天，如果我们没有了下线，我们仍然会重新开始的。它帮助我们明白了什么是成功的真正秘诀：坚持！这是我们从失败中得出的经验，失败抵挡不住坚持！"

刚入行的分销商要避免那些从传统公司中带来的传统行业的经验。对离开传统行业的人们保持同情，并且鼓励他们加入。尽管他们的外表很坚强，其实很多人的内心很惊慌而且脆弱。他们是把自己留在安全头衔的后面，每天面对着可怕的责任。如果坦白地告诉他们，只需要复制他人的系统，他们也同样可以做到。如果时机允许的话，他们就会这样做的。或者，如果他们不愿意做的话，那就寻找下一个吧。用圣伊格内修斯·约瑟·菲尔浦的话说就是："为自己做的事情会随着我们的死亡而消失，为别人做的事情却是不朽的。"

摘要

- 执行中的偏斜指的是大批的公司经理加入我们的行业，带来了他们的管理模式，而这种模式导致生产率的低下和不合理的高收入。
- 这些公司经理刚入行的时候面对这两个挑战：
  1. 一种强烈的挫败感，源于权力的消失和利润、公司汽车和收入的突然消失。
  2. 一种错误的观念，他们把以往的工作经验和工作方式带入直销这个行业。
- 大多数上线分销商都会默认这些公司经理的学历、经验和大公司经理的专业知识，而不自觉地听听他们的意见。
- 以往的公司经理给我们的行业带来两大挑战：
  1. 这些高级人才的到来，可能会吓着赞助人。
  2. 尽管他们在传统行业使用的工具并不适用于我们的行业，但是他们仍然会努力地把先前的管理经验和高科技带入我们的行业。
- 尽管你只有蓝领的工作背景，也不要认为他们拥有大公司的经验和很高的学历就一定比你强。

- 在教导公司经理的时候，控制住你的培训会议，告诉他们传统行业和直销行业的不同之处。
- 尽快告诉这些公司经理们关于我们行业的潜在市场，他们就更快进入状态，做出下面3个决定之一：

  1. 他们开始着手。
  2. 时机不对。
  3. 这个行业不适合他们。
- 特别是对于从美国公司走出来的新分销商，必须教导他们关于产品用途、寻找潜在顾客以及招募的事宜。
- 记事簿和会议纯粹是浪费时间，此外还有幻灯片、监管和制图等。
- 因为传统行业看重的是他们的学历和工作经验，直销应该告诉他们怎样和别人共享自己的缺点以消除抵制。
- 加入直销一般来讲是个不太好的经历，谈谈你自己的故事，让别人觉得和你有关联，他们想听听你为什么要选择这个行业和如何处理以前的问题。
- 和传统行业不同，想要建立大型组织的人必须抛弃以前的坏毛病，而是带头干。
- 不要限制你的潜在顾客，尽可能招募各种各样、各个层次的潜在顾客。
- 家庭会议、诊所和零售都能产生即时的利益。而建造一个组织却是个长期的工作。
- 对于从公司内走出来全职从事直销的人来讲，自我意识的降低是最大的身心挑战。
- 很多兼职的网络营销工作者在刚入行的时候对上司的不满和家人的怀疑忧心忡忡。
- 在直销行业中有成百上千的单身女性。她们在履行其他职责——妻子、母亲、女经理的同时，还在努力建造一个组织。
- 直销对很多商务人士都有深远的影响，最重要的是我们个人的成长和发展。

- 和传统公司工作环境不同的是，对下属的赞扬并不会对你的地位有任何威胁。
- 我们的行业有着一个深远意义的真理：固守自己永远不会成功，把你的成功交给别人，你就会在这个直销世界里获得更大的成功。

结　论

我们职业生涯的前半部分，参加聚会、谈恋爱，然后结婚，我们每个人都在建造一个属于自己的组织。在过去的 6 年里，我们努力地奋斗，希望幸运之神能够光临我们的直销行业。伙伴们对我们的想法很支持，把我们的专业高度上升了一个层次，甚至我们的领导也不断地鼓励我们。

很荣幸我们在很多大大小小的会议上作过演讲。其他直销公司的总裁，像理查·布洛克请我教导他们最优秀的领导。很多行业中的优秀者都来参加我们的大学有关课程，这些课程是在芝加哥的伊利诺伊州立大学设立的。现在这门课程已经在全球范围内教授。作为行业内的顾问和提倡者，我们从曾经与我们一起工作过的人们身上学到了很多东西。

传统行业的招募者被称为猎头，但是我们早期的招募肯定也叫做猎头。从别的公司内挖取分销商来建立自己的组织是严重错误的。我们的哲学观点是找到优秀的公司然后与之合作——不要做直销行业的瘾君子。我们不但不会恳求某个分销商离开他们的公司来加入我们，而且一些不知名的分销商还会来问我们可不可以加入。如果一个直销工作者在一家固定的公司干得很好，并有很好的销售纪录，我们会奉劝他留在原来的公司内。

我们很庆幸加入这一行业。它给了我们时间和金钱上的自由，我们可以做自己想做的事，而且有机会结交很多朋友来丰富我们的生活。在将来的 20 年内我们的职业目标就是写完这本书。马克有好几本书正在计划中，包括一本关于取得自己的财富的书，修订他父亲的一本已出版的书等。瑞恩正在写一本以她的经历为蓝本的书，她已经写了一年多了。然而，在直销行业，我们试图通过公众出席会议、重要研讨会的讲演和书籍磁带以及媒体的教育，来提高和改进我们的专业地位。

在此，我希望你们也能加入我们的行列，把我们的行业变得更加专业。你可以从以下几个方面帮助我们。

首先，不要诋毁别人的公司。我们在一条线上，应该团结一致。出现危险和挑战的时候，我们应该团结一致，一致对外。直销工作者应该与管理者和媒体合作，因为是他们让我们扩大了影响力。最后，不要有任何的诡计。在这里，我们不是要弱化竞争的作用。有些分销商有时会通过贬低别人来抬高自己。但是结果不是这样的。所以最主要的是，我们很欢迎你加入我们，接受简单的哲学原则：我们拒绝诋毁我们的同事，其他的分销商，或多层次市场上的其他公司。如果你不能写下来然后签上自己的名字，那么最好不要说出来。

通常任何诡计都传播得很迅速。如果这里牵涉你自己所在的公司，那么不要逃避。采取行动，通知你的上线。如果可能的话，给你们公司的总裁打电话。一旦发现了，就尽力阻止不道德的行为发生。试图去解决问题，这样你会以你的公司为荣。如果所有都失败了，走开就行了。

我们知道成功来自于你自己公司的发展而不是破坏你的直销竞争者，来自于我们的行业成为利润最高的公司的时候。我们大学课程的目标之一就是让学生认识到他们曾经藐视的公司其实是由很多有真才实学、愿意和他们分享经验的人组成的。在这样的环境中，我们会发现相互诋毁的事情将越来越少。

其次，做一个简短演讲，告诉你的听众非法的诡计和合法的直销工作之间的区别。然后去当地部门获得所有俱乐部和组织的名单。接着，至少和一个俱乐部或组织合作。这样你不但可以帮助他们通过学习改变观念，还可以在你的下属同行中获得尊敬。大多数人仅仅是不理解我们的行业，很多的记者和众多的媒体并没有记录我们的正面的新闻，因为毕竟只有敏感点和负面新闻才能引起报纸的注意，提高排行榜名次。所以用他们的话讲就是：“没有消息是最好的消息!”

再次，任何时候，如果可能的话，购买任何可以通过直销买到的东西。如果你所在的公司不出售你想要的产品，一个分销商正在推销这个产品，那么联系他。如果你不认识他，可以打电话给他们的公司，他们可能会帮助你。不管怎么样，如果你目的明确，当他们意识到你只是对你自己的公司感兴趣，他们就会尊重你的决定。不要购买低级的商品和服务。开始使用我们自己的分销渠道。

作为分销商对这个行业的奉献之一，我们开通了热线。你可以拨打 1-900-潜在顾客和我们取得联系。不要再花费每分钟 3.99 美元做无聊的占星术、精神信息和那些乏味的调情谈话。为什么不投资 1.49 美元为你未来的成功投资呢？任何一个拨打这个电话但是不签约的潜在顾客都是死脑筋。任何一个绝望的分销商打了这个电话肯定会峰回路转。当我们取消以前的几个热线的时候大家很不开心，所以我们又开了一个。我们会定期更新，但是它们会保持原样，始终给您提供帮助。直销唯一的激励专线是很普通的，它事实上是在帮助热心听众扭转不理想的局面。

最后，只需要走出去，以我们是直销中的一员而自豪。我们有很多机会改变我们的现状。而直销世界的美好不会轰轰烈烈，它只是一点一点地渗入我们的生活。它在飞速地发展，我们还没意识到的时候已经改变了数百万人的命运。

如果你喜欢这本书，请推荐给你的朋友，也许会不停地流传下去。在你意识到之前，你会发现这个行业中的所有人都在分享你的个人保养、家庭护理、营养护理、健康、电话交流、环境、教育和个人发展等经验。我们相信直销会发展得很好，一直进入 21 世纪。我们的行业有两点值得关注：（1）强大的营销策略，（2）人和人之间的敏感和真诚。

迪·浩克，信用卡的创始人，认为他在信用卡行业的成功有很好的前景。同样，直销在 21 个世纪也会有飞速的发展。引用迪·浩克的话就是："我们在一个 400 年刚刚过去、一个新的 400 年正在诞生——文化、科学、社会都在发生着前所未有的剧烈变化的年代。未来是自由、民主、文明和伦理的明天，人与自然的和谐，人与人之间的和谐，我们的未来是多么的美好，我们想不到的美好。"我们相信直销能让这一切成为现实。美国的心理学协会前名誉会长艾伯特·班杜拉博士和认知神经科学的专家史蒂夫·品克发现：人的欲望是无止境的。在这个拥有高新技术和学术研究的世界上，每个人控制自己欲望的工具来自于各种认知，就像文中谈到的这样。这些专家认为自我效验与能力的发展同样是控制我们内心力量的工具。根据他们的观点，两者的娴熟性都是我们应该学习和效仿的。

在这本书里我们只是谈到了伟大技术的表面部分，但我们已经大量地增加了很多国家的企业的意见，我们在为伟大的 21 世纪的来临做准备。我们将一起讨论提高操作的伟大蓝图，使数百万的营销人员发挥出他们最大的潜力。我们相信在这个行业，我们每个人的优点和强势都能够发挥得淋漓尽致，这是自由的资本主义的结果。我们还是一个新生的行业，但是有一个理由让我们坚持存活下来：尽管会受到过去经历的影响，我们的行业发展得很迅速。作为一个行业，我们会在未来的世纪里壮大我们的队伍，同时领导我们的团队向前3%——那些达到金钱和时间自由的人看齐。我们相信像洛提斯和班杜拉博士这样的巨头评价技术的正面效应和自我效验的观点是完全正确的。我们正在试图创造和开始进行能够将我们智力应用程序资金化的工程。

我们看到了新千年的曙光，呼吸着新千年的空气，我们从事着大胆的、崭新的、永无止境的行业，它能让我们有更多的自由，并为我们的子子孙孙创造我们美好、富有的未来。我们相信在 21 世纪将会有更多的人加入到直销的行列中来，我们有同等的机会来勘测我们的行业。我们相信我们拥有最普遍的特性。近年来，超过 3%的直销人员每年获得超过 93 000 美元的收入，56%的人获得不足 6 000 美元。那么，中间的 40%的部分，我们相信很快都会成功。作为行业倡导者和领导者，我们将继续研究、分析、简化在人类潜在的提高中起作用的最新科学和学术的成果，然后应用容易复制的策略将我们的无效操作降到最低点，从而使我们能更放心地从事直销这一行。多少年来，人们的收入平平，但是我们相信直销没有底线，它能给我们一个前所未有的美好的未来。

我们乐观得无可救药，我们保证你从来没有听到过　因为，我们明白，你第一年的直销仅仅是个开始。

反侵权盗版声明

举报电话：（010）88254396；（010）88258888

传　　真：（010）88254397

E-mail:　　dbqq@phei.com.cn

通信地址：北京市万寿路 173 信箱

　　　　　电子工业出版社总编办公室

邮　　编：100036